縱非主流　無阻細水長流

每個人都有夢想，同時還要有理想，

作為有理想的建築師，夢想便是對香港的承諾。

本人對香港的承諾，就是寫香港人的故事。

序

少年時，筆者夢想成為建築師，幾經迂迴曲折，最終夢想成真。在退休後，又燃起另一夢想，就是出版一本風格文青的建築讀物。2016年，筆者曾出版《誰把爛泥扶上壁》，副題是：「你所不知的香港建築故事」，如今再度執筆，只因當時意猶未盡……

閣下正在閱讀的，是一本闡述本地建築作品的專訪集，名為《你所不知的香港建築故事》。內容以團隊挑選的建築為經、與設計師感性對談為緯，分享不為人知的建築故事。為方便讀者按流程閱覽，團隊嘗試把香港分成七個區域，引領讀者以遍遊形式，共同欣賞諸位建築師在香港打造的心血結晶。

本書題旨是「縱非主流，無阻細水長流」。這裏介紹的非主流建築，不囿於是否最優、最美，更不是香港人所熟悉的地標。考慮的因素，是從團隊觀點揀選約七十個建築項目，讓對建築有興趣的讀者，漫不經意，遊走大街小巷。

如何分區是一大難題：若按港、九、新界分區，作品會嚴重不均；參照十八區劃分，又過於繁瑣。最後的折衷辦法是以七個地區劃分：港島

北、港島南、九龍東、九龍西、新界東、新界西及離島,每區分別有六至十個專訪。書中涉獵的建築師、園境師及設計師逾一百位,純粹從設計方面着眼;若然有部份項目是與不同的工程團隊合作,包括認可人士(Authorized Person)等,恕本書未能涉獵這方面的內容,甚或有漏網遺珠,我們期待日後補充,讓更多新一代優美建築得以陸續呈現,以彌補這書的不足。

作品的選擇

平心而論,團隊都是清水混凝土建築的愛好者,這風格在香港已有悠久歷史。早在1960年代,司徒惠建築師負責香港中文大學新校舍的總規劃時,已為此奠下基礎。香港年輕人喜愛的日本現代建築風格,從丹下健三的粗獷風格到安藤忠雄的簡約主義,早已活現於香港中文大學校園,至今一直繁衍,於公共建築,尤其明顯。

團隊的憂慮

在各章節中,我們經常提到對舊區改造的擔憂。儘管有人渴求破舊立新,惟更多街坊緬懷過去,擔心失去鄰里互助與純樸民風,筆者亦有同感。新發展所帶來的龐大建築與同質化的商場規模,一下子衝擊城市本來的肌理與人文氛圍,我們曾否反思「以人為本」的初心?

在嚴重缺乏土地的香港,我們是否更需要珍惜每吋空間?香港人為了體驗外國公共花園的純樸自然,經常出外旅遊。若果本地公園能保留綠悠悠大片草地,不是更可滿足香港人夢寐以求的無拘無束與視覺享受?建築學大師路德維希密斯凡德羅(Mies van der Rohe)的金句是「Less is More」;筆者倡議「Building Less for More」。前者講求簡潔,後者主催克制建築規模,為人們多留一點呼吸的空間!

馮永基
人生七十
班門弄

目錄

	序	4
港島北	導讀	14
	TUVE Hotel ｜ 如果可以低調，還何需高調？	22
	H Queen's ｜ 大千世界會向你走來	28
	ACTS Rednaxela 服務式公寓 ｜ 浪遊者之歌	34
	油街二期・綠在東區 ｜ 城市喘息地	40
	星街改造 ｜ 研究說故事的人	48
	藍屋 ｜ 延續一抹藍	54
	香港海濱長廊・中環街市 ｜ 七十三公里	60
	香港海防博物館・消防船展覽館 ｜ 守衛香港的記憶	68
	愛秩序灣公園 ｜ 遠一點、闊一點、深一點	74
港島南	導讀	80
	芝加哥大學布思商學院香港分校 ｜ 生於斯，榮於斯	84
	聖士提反書院附屬小學・伯大尼修院 ｜ 讓歷史走進生活	88
	山頂公園 ｜ 守護者	94
	赤柱海濱長廊・赤柱市政大廈 ｜ 來到海邊小鎮	100
	香港大學研究生堂 ｜ 無畏高山低谷	108

九龍東	導讀	114
	Bridged House ｜ 逆流中的節奏	122
	鑽石山火葬場 ｜ 深深思索，淡淡釋懷	128
	觀塘海濱長廊・起動東九龍・駿業街遊樂場・海濱道公園 ｜ 那秘密在於耐心與毅力	134
	九龍塘宣道小學音樂廳・活託邦 ｜ 自燃體	146
	摩士公園・保良局何壽南小學 ｜ 微型社區	152
	牛棚藝術公園 ｜ 踏上才有趣	158
	零碳天地 ｜ 省出來的美	162
	La Villa De La Salle ｜ 冷卻的熱情	168
九龍西	導讀	174
	香港故宮文化博物館 ｜ 柳暗花明又一村	180
	香港藝術館 ｜ 立方體新衣	188
	西九龍調解中心・龍尾灘・啟德垃圾站 ｜ 簡約的溫度	192
	饒宗頤文化館 ｜ 潤物細無聲	198
	賽馬會創意藝術中心 ｜ 一切從這裏開始	202
	尖沙咀海濱長廊 ｜ 海邊走走	206

新界東	導讀	212
	海下遊客中心・車公廟體育館 ｜ 採菊東籬下	216
	和合石火葬場・白石角海濱長廊 ｜ 最終的美術館	224
	和合石靈灰安置所 ｜ 念想承載地	230
	法國國際學校・香港科技大學逸夫演藝中心 ｜ 不走回頭路	234
	荔枝窩客家生活體驗村 ｜ 北郭先生	240
	班門弄・圖花源 ｜ House of the Rising Sun	244
	香港中文大學圖書館「進學園」｜ 志之難，在自勝	250
	香港中文大學李兆基建築學大樓 ｜ 遊乎其中，不亦樂乎	256
	香港中文大學晨興書院 ｜ 跑道	260
	西貢視覺走廊 ｜ 不只是香港後花園	264
新界西	導讀	274
	香港濕地公園 ｜ 少建不怪	278
	香港珠海學院 ｜ 麻雀雖小	286
	南豐紗廠 ｜ 靈感分享地	292
	青衣西南康體大樓 ｜ 剛柔之間	298
	嶺南大學社區學院 ｜ 活現四合院	302
	Vice Versa House ｜ 內心如是，外在亦然	306

離島	導讀	312
	OOAK LAMMA ｜ 不願等十年的掌聲	316
	心經簡林 ｜ 愜意背後	322
	望東灣青年旅舍 ｜ 總之就繼續跳舞	326
	基督教正生書院 ｜ 回歸的路更長	332
	大澳文物酒店 ｜ 大城小景	338
	Ham Tin Villas ｜ 一種身臨其境	342

給年輕建築師一個機會	346
後記：為甚麼我要出版這書	352
鳴謝	354
參考文獻	355

新界西

39　香港濕地公園
40　香港珠海學院
41　南豐紗廠
42　青衣西南康體大樓
43　嶺南大學社區學院
44　Vice Versa House

新界東

29　海下遊客中心
30　和合石火葬場
31　和合石靈灰安置所
32　法國國際學校
33　荔枝窩客家生活體驗村
34　班門弄
35　香港中文大學圖書館「進學園」
36　香港中文大學李兆基建築學大樓
37　香港中文大學晨興書院
38　西貢視覺走廊

九龍西

23　香港故宮文化博物館
24　香港藝術館
25　西九龍調解中心
26　饒宗頤文化館
27　賽馬會創意藝術中心
28　尖沙咀海濱長廊

九龍東

15　Bridged House
16　鑽石山火葬場
17　觀塘海濱長廊
18　九龍塘宣道小學音樂廳
19　摩士公園
20　牛棚藝術公園
21　零碳天地
22　La Villa De La Salle

港島北

1　TUVE Hotel
2　H Queen's
3　ACTS Rednaxela 服務式公寓
4　油街二期
5　星街
6　藍屋
7　香港海濱長廊
8　香港海防博物館
9　愛秩序灣公園

港島南

10　芝加哥大學布思商學院香港分校
11　聖士提反書院附屬小學
12　山頂公園
13　赤柱海濱長廊
14　香港大學研究生堂

離島

45　OOAK LAMMA
46　心經簡林
47　望東灣青年旅舍
48　基督教正生書院
49　大澳文物酒店
50　Ham Tin Villas

港島北

導讀

普羅大眾常以為香港建築沒甚麼好看,原因可能是人們一般對舊建築情有獨鍾,但香港最美的古典建築早已消失於上世紀六七十年代,以致主流社會對現代建築的觀感,只不過是全無美感的方盒子。它們既不是世上最大最高,又不夠標奇立異,何來「亮點」?因而香港常被詬病此地沒有值得觀賞的建築。

慶幸香港沒有高塔

筆者認為香港沒有所謂「亮點」建築是好事,世上正在進行的高樓競賽,已達到非理性地步。隨着工程技術不斷進步,比拼樓宇高度已無難度,現時全球最高的建築——高828米的哈利法塔,快將被1,008米高的沙特亞拉伯的王國大廈取代,而現時為世界第四高——高601米的麥加皇家鐘塔飯店,更是一座與周邊環境全不協調的超級巨無霸!打從百年前在紐約興起摩天大樓熱潮,經過多年發展,這股熱潮在近二十年間已轉移到亞洲,不但換來了世上現存的十大高樓,當中更有大部份都落在亞洲各大城市。這種瘋狂麻木的追求,漸已失去比拼科技及經濟實力的真正意義!

在世上,不少以千奇怪誕自傲的建築,早已被嘲諷為城市的笑柄。好像中國內地,現時既有優美建築選舉,亦有醜陋建築投票,以提升普羅市民對建築藝術的欣賞。中央政府也留意到這些浮誇的建築物對市容造成嚴重破壞,影響視覺享受,浪費能源,亦與周邊環境不協調,需透過政策嚴禁興建500米以上的摩天大廈。幸甚,香港未有出現此類設計浮誇的建築,香港人對於一味崇尚高度的大廈不但沒有盲目追求,更曾因為興建88層高的國際金融中心大廈一事引起爭議。當年提出反對的一方是陸恭蕙女士,認為在中環的新海旁興建這樣一座龐然大物並不協調,於是發起有幾百位建築師參與的創建香港[1]諮詢大會,提出以建築群的方案替代。筆者亦有參加那次諮詢大會,深深體會本地建築界對這個城市的愛護,共同意識到城市協調的重要性。儘管諮詢大會最終無法改變結果,但已讓官方清楚認識到香港人不會因為樓高而自豪。目前香港最高的兩座大廈,是415米、樓高88層的國際金融中心二期及484米、樓高108層的國際貿易中心,共同扮演維多利亞港兩岸的「香港門廊」。

港島北是看現代建築的好地方

欣賞香港現代建築,可先從港島起步。以港島的中央山脈為分界點,可把港島分成南和北。

本章港島北的範圍涵蓋西環至柴灣,沿岸擁有舉世聞名的美麗維多利亞海港,其中位於中環至金鐘一段,屹立不少地標性建築,包括霍朗明[2]設計的滙豐銀行總行、貝聿銘[3]設計的中國銀行總行、西薩·佩里[4]設計的香港國際金融中心一二期、扎哈·

哈蒂[5]設計的恒基總部、哈里·塞德勒[6]設計的香港會所大廈、保羅·魯道夫[7]設計的力寶中心、SOM[8]設計的友邦金融中心、托德·威廉斯[9]和錢以佳[10]設計的亞洲協會香港中心、特里·法拉爾[11]設計的英國領事館等，均是由世界著名建築師操刀設計的名廈，當中包括本地多位建築大師的作品，儼如一個國際建築博覽館，令香港成為欣賞現代建築的好地方。

走在港島北，可透視香港歷史的脈絡，那是全港最早開始發展的板塊：西營盤有傳統的鹹魚欄與海味舖、上環有南北行延續至今的參茸店，中環則能體現龍應台女士形容的「中環價值」，源於歷史遺留下來的政治及金融重地。

港島中區是當年英國人在香港發展的起點，1930年代，中環曾被比喻為「東方小倫敦」。隨着1970年代香港經濟起飛，在重建發展的誘因下，中環的舊建築逐一被清拆。現今年青人對殖民地年代的香港充滿遐想，以為有優良傳統的英國人，會珍惜殖民時期的建築，確是美麗的誤會！百年來，不知多少優雅的古典建築，已因應經濟理由而湮滅，現僅存的，皆因具有特殊歷史緣由或出於陰差陽錯，才得以保留至今，但已不是香港所能擁有最精彩的古建築了。

由此想像，無論是城中的藝術裝置，或是本書介紹的非主流建築，都會隨着時間逐步消失。以中環雲咸街中央廣場旁的石階為例，那裏本有張智強設計師的耀眼橙黃色裝置The Cascade，但不動聲色就被拆卸。他在內地及外國的作品極受關注，在香港卻不曾多見，內文介紹的ACTS Rednaxela是他在港的近作之一。這本書其中一個重要意義，就是為市民留下照片與回憶。

香港是一個東西文化交匯的城市

香港的歷史背景令這片土地孕育出獨有華洋匯聚的因子，讓我們既能保存不少中國民間傳統文化與節慶，亦吸收了西式生活的元素，令潮流文化得以在各區開枝散葉，成為今天東西文化兼容的城市特色。最早期有蘭桂坊，接着是蘇豪南、蘇豪北、上環、西環、灣仔、大坑等有品味的小區，散發出大城小景的浪漫風情。發展背後，全靠有心人士聯繫民間團體力量，例如灣仔區的星街改造及活化藍屋計劃的成功，有賴羅建中建築師多年來的付出，

他的努力功不可沒；謝錦榮建築師也直接參與了藍屋的活化工程，當中遇到不少困難，必須磨練意志，為社會努力付出時間、心力、智力與勞力才能一一克服。

筆者在荷李活道長大，特別關注它的前景。其特色是星羅棋布的古董店、咖啡室、畫廊、地攤，早已成為旅客熱點，更被外國旅遊雜誌高度評價為必到之選。古董在內地雖然漸有市場，香港新一代對中國傳統文化的興趣卻大減，加上本地古董店有無人接棒的隱憂，這行業正面臨萎縮，已是不爭的事。與此同時，一般咖啡店及畫廊的經營，受制於租金的起落，也面臨困境。近年太平山街一帶出現的文化氣息，正是與該區租金較為便宜有關，這種氛圍能否延續，必須有賴各方的堅持及政府對文化推展的態度。

例如特區政府發展荷李活道已婚警察宿舍，改變了它的用途，為年輕設計師提供零售點，因而出現「元創方」；「元創方」旁亦有香港新聞博覽館，把中區警署活化為年輕人文化熔爐的大館。大館最初的設計是一個由玻璃建構的「竹棚」，樓高160米，遠看有點像冰雕的哥德式教堂；不過最終以「太高」遮蓋附近建築物以及「與古建築格格不入」為由，最後擱置。另外還有由市建局活化及華懋集團共同管理的中環街市，帶出活化歷史建築所體現的協同效應，成為中環的文化新蒲點。有賴蔡宏興建築師代表華懋集團的服務初心，引進香港新舊品牌，延續了這個街市的歷史意義，重新打造一個有本地色彩的生活文化地標，非常窩心。今天，不少中環人喜歡在這裏流連，加上附近有大書店及林偉而建築師打造的 H Queen's，合力發揮中環的西方與本地共生的大都會魅力。

心靈建築師

金鐘原是寧靜的英軍兵房重地，今天已搖身蛻變為中環作為商業及金融中心的延伸。不少地產集團在此處扎根，連帶灣仔區都日漸繁盛。灣仔海旁有香港藝術中心，是已故何弢建築師憑個人勞心努力，為香港打造第一座非政府的藝術中心，故此在藝術中心的地下入口，設有表揚何弢博士的永久專題展，

由陳麗喬建築師策展。陳麗喬建築師熱衷於推動建築文化活動，如策劃港深雙年展及其他不同主題的展覽活動，讓年輕建築師有嶄露頭角的機會。

關於何弢建築師的個人故事，在不同書刊已有詳盡介紹，本書不宜贅述。但無容置疑，何弢先生是一位我們建築界所形容的 Renaissance man，在今天，或許會被稱之為文化達人。筆者早年曾在何弢先生的建築師樓工作一年，雖然時間不長，但深被他的熱情、博學和堅持所感動。當年，他不幸在內地中風，被中央送往北京醫治之際，筆者適逢在中央美術學院任教，故有機會探望。遺憾的是，何博士自那時起，便經歷十八年的折騰，最終於 2019 年在香港離逝。

在 1970 年代，何弢先生是推動香港建築藝術文化的先行者，亦是孕育往後香港優秀建築設計人才的精神導師。正是這位充滿魅力的前輩，驅使黎雋維建築師作深入研究，藉着申請信言設計大使的專題及種

籽資助計劃，全面探討何弢博士的一生事跡。黎雋維建築師是香港的年青建築學者，專注研究本土的建築歷史，吸引年輕人關注建築。上述所提及的信言設計大使是姚嘉珊建築師與香港大學建築學系主任Eric Schuldenfrei共同創立的非牟利建築文化平台，為香港及大灣區提供資金以推廣文化活動，以及支援及策展社區項目和工作坊，讓有潛質的年輕人得以發揮。

談及年輕建築師推動建築活動的熱誠，不其然令筆者想起劉柏堅建築師為公義所發聲，在建築界帶來另一不屈不撓的健康形象。在筆者心中，劉柏堅建築師年輕有

為，尤其在設計方面。無論他在哪間建築師樓工作，都立竿見影，帶來優秀的設計。不過原來他更大的力量，是為公義展示人性的光輝，他為揭露承建商圍標的奸詐行為而身體力行，成功為小業主討回公道，讓社會更明白專業道德的真正意義。可惜的是，他能成功對抗惡勢力，卻未能戰勝癌魔的傷害，英年三十六殞逝，從此未能為香港延續光芒。

灣仔區的重點不得不提香港會議展覽中心。香港會議展覽中心已擴展到第三期，以應付更多國際展覽活動，包括設計營商周、巴塞爾藝術博覽會、典亞藝博、Art Central、Affordable Art Fair等旗艦項目。由於香港的稅制有利藝術商品市場，視藝活動漸趨活躍，近年，香港已成為全球視覺藝術第二大的交易中心，由此引來各地的大畫廊與拍賣場紛紛落戶此間。

在遊客眼中，香港是個動感城市，其國際化、現代化及高效率，是西方年青人特別鍾愛來港工作的原因，香港更被《時代周刊》稱許為「紐倫港」國際三大都會之一。儘管其他亞洲城市正在追趕香港的步伐，但香港配合國家所訂定的「十四五規劃」，定位為中西文化的樞紐，自有必然的優勢。

有關維多利亞港填海的反思

換上全新風貌、形象多姿多彩的維多利亞港海旁，是港島北其中一個令人神往的地方。這個歷時十多年填海打造的新海旁，是值得香港人反思的課題，我們可以先從當年維港填海的爭議談起。

多年前，維多利亞港的填海問題曾在香港

引起很大爭議，當年由徐嘉慎律師與陸恭蕙女士以「保護海港協會」名義反對維港填海，獲得不少香港市民支持，認為填海後會令維港收窄，變成維多利亞河，造成無法彌補的永久損失。根據筆者的理解，填海的用意是要接駁一條由東區走廊連貫中環的地下隧道；政府亦承諾填海後，不會在新填海區內興建其他高密度項目。根據筆者的觀察，經填海而收窄的海面，可以換來新的陸地及公共空間，造就更多親水活動，令市民得益，而且「保護海港協會」也成功推動《保護海港條例》[12]，於1997年6月30日起正式生效，禁止再在維港內進行填海工程，故此認同這「最後一次」維多利亞港填海。

今天的新海旁是由海濱事務委員會督導下的成果，主席吳永順建築師所提倡的「先駁通，再優化」可謂功不可沒；其最大特色是把原來分段分割的海旁連接起來，並在不同分段打造各具特色的設計及親水

設施。沿途可見各位年輕建築師的藝術裝置,包括蕭國健、梅詩華等的作品,以全新思維讓市民親身參與及更貼近海旁,締造一個真正給香港人的維多利亞港。

在中環天星碼頭至金鐘一帶,亦增添了大片綠化空間,各種對市民有所裨益的設施和活動應運而生,包括摩天輪、方程式電動車大賽、藝術博覽會、遊樂場以及全年川流不息的大型戶外娛樂節目,相信曾參與這些活動的市民,不會再指摘當年政府決定在維港填海的舉措,改而享受適度填海帶來的成果。

在這片新造的地上亦將出現一座低矮而龐大,被暱稱為「摩地大廈」的新建築,用意是提供充足的商業店舖以平衡商業租金,打造一個全新空間以連結新舊之間的海旁,讓遊人在逛街、購物、餐飲、觀賞途中,不經意步行到新天星碼頭。新設施還包括大量戶外綠化空間、休憩平台、重設中環郵局及天星碼頭的大鐘,以期成為香港未來的中環地標。為此,政府在賣地條款上首次引入附加要求「設計元素」,最終由王歐陽建築師事務所及 Lead8 獲選方案並共同設計,祈能取得雙贏的結果。

若然要在中環挑選經典建築,1962 年啟用的香港大會堂,是香港不多見的包浩斯風格建築,更是香港最年輕的法定古蹟。

這是艾倫・菲奇[13] 及羅納德・菲利[14] 兩位建築師在 1950 年代為香港帶來突破性的大膽設計,從此成為陪伴着幾代香港人成長的集體回憶,也是栽培了不少香港藝術大師的文化殿堂。筆者在 1992 年及 2002

年先後兩次負責大規模的翻新工程，尤其是大會堂紀念公園及愛丁堡廣場。前者是把紀念公園建構成動態區及靜態區的陰陽關係，以紀念龕為主軸，表達敬意；後者是一系列的香港生活剪影，配合香港電燈有限公司的百年街燈，豐富了廣場的本地特色。

港島北往東行

沿港島北灣仔海旁有一座社區回收設施「綠在灣仔」，是李昭明建築師的作品，為特區政府「綠在區區」[15]計劃下的一個項目。他用木柱廊打造成馬蹄形狀的建築，在陽光照射下，呈現一排明快的線條美，以及投影衍生的節奏感。他的作品聚焦在公共項目上，筆者亦有留意他在公共藝術上的參與，反映年輕一代建築師對藝術元素的熱忱。

每當途經堅拿道天橋，大家會否留意到一座強調菱角線條，立面流動有致，以表現閃耀鑽石效果的商業大廈？它的名稱是 V Point，由廖偉廉建築師設計。他是在英國土生土長的香港人，因為英國經濟不振，來香港找工作，以為留港幾年便返英，誰料從此無法離棄這東方之珠。除了 V Point，他亦設計了位於尖沙咀金巴利道的 Iceberg，但筆者更喜歡的是他在大嶼山鹹田設計的小村莊，留在所屬篇章介紹。

銅鑼灣的維多利亞公園，建成於1957年，在多年前的市政局會議上，被議員嘲諷為形同第三世界的破落設施，因而重建。今天所見的設計是在2002年翻新的版本，設計團隊包括筆者、鄧可欣建築師、劉蔚茵建築師及梅冬景園境師。在翻新工程之前，位於公園東面興發街的一座公廁，是1992年市政局舉辦公廁設計比賽的冠軍產物，設計者包括鄭炳鴻建築師、勞志成建築師及勞建亮建築師。該公廁的設計糅合東西方元素，加上採用自然通風及嶄新的物料，贏得好評。

如是一晃三十年，今天該公廁的設計雖然曾被多次改動，仍可看到當年留下的不少心思。較意外是，第二名獲獎的設計亦有興建成實體，位處賈炳達道公園旁，是一座非常前衛，或稱之為高科技建築風格的公廁，外形更像是一艘太空船，一直沿用至今，是出自周蕙禮建築師手筆。維多利亞公園另一個不為人知的故事，是為每年由旅遊發展局舉辦的「中秋綵燈大觀園」設計比賽提供場地，間接孕育不少新晉的建築師，尤其是林偉而建築師及蕭國健建築師。前者運用竹枝的柔軟度，築成一座五彩繽紛的穹蒼；後者利用膠樽砌成變幻色彩的圓球，令觀眾留下深刻印象。

在天后，為筆者帶來最大驚喜的作品，是位於清風街汽車天橋旁一幢非常簡約的深沉色建築物，舖面是高大生鏽的鐵門，招牌欠奉，非常另類，為一間名為 TUVE 的型格酒店，為林偉明設計師催生的「產品」。何出此言？因為建築內的每項大小設施、傢具、構件、用具，以至其他產品，都是由他一手包辦設計與製造。若業主不是對設計師有信心，這種另類酒店又怎會出現？在酒店附近的天后廟道口，有一豪宅名為柏傲山，最值得欣賞是內裏的園境，邀請了日本禪派大師枡野俊明設

計，採用和式風格，強調與自然融為一體。由於這種以天然大石打造的園境須靠親手開鑿及擺設，換言之是可一不可再，若大家有機會到訪柏傲山，這是香港難得一見最精緻的日本園藝。

位於北角的前皇都戲院，獲新業主悉心保育，是香港遲來的保育文化氛圍下帶來的一大突破，也重新喚起香港人對失去利舞臺戲院的遺憾。若然放在日益重視保育的今天，利舞臺一定能力保下來，成為香港最典雅的歌劇院。比較幸運是「油街實現」，這裏原是香港皇家遊艇會會址，搬遷後舊會址已幾度更換用途，直至成為康樂及文化事務署屬下「藝術推廣辦事處」的主場，對象是一個與民間團體互動合作的藝術平台，舉辦不少在公園內進行的大型雕塑、裝置藝術及公園座椅等設計比賽，間接栽培了不少年輕建築師，無論是小作品還是大建築，都為他們提供了發揮機會。蕭國健建築師、梅詩華建築師、李昭明建築師、梅鉅川建築師及葉小卡建築師等年輕人，一直專注參與戶外藝術項目，筆者從不少大型公共裝置中留意到他們的創意及毅力，是積極參與公共建築的良好示範。

筆者義務協助「油街實現」一期的改造工程，建築物本身屬於英國「藝術與工藝運動」風格，改造方面以保留原有風格為主旨，包括優美的紅磚牆及拱門廊，亦充分利用香港鐵路有限公司贈送的棄用鐵路枕木來鋪設戶外地台；另外，原有船艇的貯存空間亦改裝成藝術茶座，為該區增添一份平民化的文青氣息。二期是新建部份，增建現代化的展覽空間，由劉天行建築師及溫灼均建築師共同設計。這文化展場的另一優勝之處是設有戶外的藝術空間，可舉辦較大型的戶外展覽，給予藝術家更靈活的發揮機會。油街實現對出的東區走廊底部，將興建一條別開生面的木板道及開合橋，與港島北新海濱相連接，完成後相信也會成為香港人的另一全新體驗及新蒲點。

在筲箕灣的愛秩序灣公園，是練偉東園境師的代表作。他本人非常熱愛建築藝術，於園內裝置曾是代表香港標誌的傳統木帆船，為過去以捕魚為業的歷史，留下一個早已消逝的實景。在公園附近的天橋下，有另一座設計優美的「綠在東區」，是「綠在區區」另一用以收集循環物料的據點。沿海旁前行至筲箕灣東大街，建有一座戶外表演劇場，是每個區議會獲撥款一億元而建造的小型工程。

位於柴灣的鯉魚門軍營，是英軍撤走後留下最多英式建築的地方，今天已改成鯉魚門度假村。惟軍營的另一區，是香港海防博物館，袁景煜建築師是成就這個項目的幕後推手，譚士偉建築師是這項設計的靈魂人物；其特色是利用原來凹陷的堡壘，加設帆布上蓋，像軍營帳幕，是一個極具歷史感的建築，亦是公共建築採用清水混凝土的代表作。在太古城鰂魚涌公園海旁有最不為人知的小型展覽館——葛量洪號滅火輪展覽館，[16] 亦是譚士偉建築師另一項目。不少國家都常見退役戰船泊岸展覽，這裏便擺放一艘服務香港多年的滅火輪，內設展覽廳，讓大家認識它過去的豐功偉績。

既然走到柴灣，筆者建議大家多走一段路，前往柴灣墳場不遠處的西灣國殤紀念墳場。那處有綠油油一片的草坡，安放着1,578座排列整齊的墓碑；最值得欣賞是由英國建築師奧基斯[17]設計的麻石紀念亭，凸顯一個鏤空的麻石十字架，上面注

有「1939」及「1945」的字樣,是第二次世界大戰的年份,承載着戰爭歷史與宗教符號、強而有力的訊息及精良的石工,香港較少看到有如此感覺莊嚴的優秀建築。

注釋

1. 創建香港:Designing Hong Kong 是一個非牟利機構,從香港整體性至地區性層面關注本土城市規劃及設計,旨在提升公眾意識,共建一個可持續發展、生活優質的美麗香港。

2. 霍朗明:Norman Foster,英國建築師。透過比賽贏得了滙豐銀行總行的項目,打造了世界上最先進的建築物之一。滙豐銀行總行在當年的造價為 52 億港元,是世界上最貴的建築物,落成於 1985 年,也是 Norman Foster 的經典成名作。

3. 貝聿銘:I. M. Pei,華裔美國建築師。中銀大廈(Bank of China Tower)是中國銀行在香港的總部大廈,由貝聿銘於 1982 年底開始規劃設計,於 1989 年建成,是香港當時最高的建築物,也是世界第五高建築物。

4. 西薩・佩里:César Pelli,阿根廷裔美國建築師,透過比賽贏得國際金融中心的項目,第一期於 1998 年完工,第二期於 2003 年完工,為香港第二高樓,僅次於環球貿易廣場。

5. 扎哈・哈蒂:Zaha Hadid,伊拉克裔英國建築師,於 2004 年成為首位獲得普立茲克建築獎的女性建築師。「The Henderson」是 Zaha Hadid Architects 建築事務所為恒基兆業地產集團所設計的。

6. 哈里・塞德勒:Harry Seidler,澳洲建築師,現代主義的主要倡導者。現時的香港會所大廈為第三代,落成於 1984 年。

7. 保羅・魯道夫:Paul Rudolph,美國建築師,被譽為美國現代主義最重要的建築師之一,曾任耶魯大學建築系主任。力寶中心是與 Paul Rudolph 和王歐陽(香港)有限公司協力完成,於 1988 年落成,前身為香港金鐘道奔達中心。

8. SOM:全稱為 Skidmore, Owings & Merrill(SOM),由 Louis Skidmore 和 Nathaniel Owings 於 1936 年成立於美國芝加哥的建築事務所,John Merrill 於 1939 正式加入。友邦金融中心是 SOM 和 Aedas 建築事務所共同完成,於 2005 年落成。

9. 托德・威廉斯:Tod Williams,美國建築師。亞洲協會香港中心於 2012 年落成,前身為域多利軍營軍火庫。

10. 錢以佳:Billie Tsien,華裔美國建築師,1977 年開始與 Tod Williams 一起工作,二人於 1986 年創立夫妻檔建築事務所 —— Tod Williams Billie Tsien Architects。2014 年,獲奧巴馬頒贈國家藝術獎章,隨後獲奧巴馬基金會選中為其將於芝加哥興建的奧巴馬總統圖書館作首席設計師。

11. 特里・法拉爾:Terry Farrell,英國建築、規劃師,和好友 Sir Nicholas Grimshaw 於 1965 年成立 Farrell·Grimshaw,於 1980 年分道揚鑣,公司重新命名為 Farrells;於 1988 年贏得位於金鐘的英國領事館 / 總領事館綜合樓的設計競賽的冠軍,隨後在 1991 年成立香港辦事處 —— TFP Farrells。

12. 《保護海港條例》:在 1997 年香港回歸前,由當時的香港立法局議員陸恭蕙女士以私人草案形式於 1996 年提出,旨在禁止在維多利亞港範圍進行填海,以達致保海港的目的,草案獲大比數通過,並由 1997 年 6 月 30 日起生效。

13. 艾倫・菲奇:Alan Fitch,英國建築師,任職於工務局。

14. 羅納德・菲利:Ron Phillips,英國建築師,任職於工務局。

15. 「綠在區區」:環保署在十八區設置了回收環保站,接收塑膠、玻璃樽、小型電器、四電一腦 / 光管、充電池,以至廢紙及金屬等常見的回收物。

16. 葛量洪號滅火輪展覽館:葛量洪號滅火輪於 1953 年投入服務,2002 年退役。交由康樂及文化事務接收及加設介紹該滅火輪歷史的小型展覽館於鰂魚涌公園。

17. 奧基斯:Colin St Clair Oakes,英聯邦戰爭公墓委員會的建築師,負責設計第二次世界大戰後位於亞洲各地的戰爭公墓和紀念館,包括新加坡的克蘭芝陣亡戰士紀念碑(Kranji War Memorial)。

TUVE Hotel
如果可以低調，還何需高調？

在天后清風街一隅，有一間不起眼的酒店，很容易在第一次尋找它的時候錯過；但當你找到了它，相信這裏會成為一個令你難忘的地方，就如設計師本人一樣。

約了林偉明早上九時在他位於荔枝角的辦公室見面，甫出電梯，便知道是這裏了。門外的一面大鐵牆與這座平凡的大廈形成了一大對比。林偉明坐在辦公室內，靜待着門鈴響起一刻。

周六九時的辦公室特別安靜，林偉明說不上睡眼惺忪，但以往這個時間，他未必會在這裏出現。他亮起了面前的屏幕，原來是準備了簡報。

林偉明畢業於香港理工大學的室內設計系，畢業後去了福斯特建築事務所（Foster + Partners）待了七年，主要負責兩個項目——香港國際機場和滙豐銀行的翻新。他沒有詳談箇中細節，只是憶述項目完成後，他的幾個路向。「Norman Foster 當時回倫敦，我的其中一個選擇就是跟着去。」正疑惑他為何沒做這個選擇之際，他直白的說，「我是港產來的，去倫敦就要減人工。」說畢，便忍不住大笑起來。

林偉明選擇了創業，他於 1999 年成立了設計集人（Design System），「創業不難，尤其只有一個人做時，接兩單生意就足夠了。」不過俗話說，創業容易守業難，「難在維持。」林偉明不緩不急的吐出了幾個字，「頭十年我們基本上都是做商業項目，但十年過去，我腦海中產生了疑惑，感覺這樣下去好像不行。」不行的意思是？「很辛苦。比如同一時間做五間舖，而辛苦之處在於不知道這是為了甚麼。」

林偉明經常和同事聊天，與其說聊天，不如說他作為一個上司，希望能與同事一起成長；就連公司的項目，他都並非唯一的決策者，「我不以自己的名字為公司命名，就是不想太個人化。」他笑言甚至公司名都不是他構思的，「我經常跟他們說，我很想他們在走出這個門口時，能拿走一些東西，也希望他們想想自己真正喜歡甚麼。」

林偉明決定放下商業空間的項目，尋找其他可能性。在數年前的某天，有人拿着一張照片去到他的辦公室。照片是丹麥攝影師 Kim Høltermand 在瑞士拍下的一個湖，名為 TUVE。似真非真的湖泊上飄着淡霧，透着一絲靜謐感，帶着一種朦朧美。「我們想將一幢樓宇改建為一幢中小型酒店。」林偉明靜靜的聽着來者訴說對於這張照片的感受。

酒店入口走廊設計構思圖。酒店沒有華麗大堂，只有一條窄的曲尺形走廊。設計着眼營造氣氛，省略裝飾，只剩下幾何、物料紋理和對光的運用。

酒店正門的設計以精簡為主。

在酒店入口的大門處，空間被簡化成只有牆和地面，光從地面向上照，而不是常見的從上向下。由推開大門開始，已進入了一個不一樣的空間。

簡約利落的巨型水泥立方前台後，是帶有點點星光的天花與櫃身，恍如星空。

「你知道藝術是從甚麼時候開始嗎？」林偉明忽然問道，見無人應聲，便繼續分享。有一次，林偉明去法國出差，跟愛馬仕的創意總監 Pierre Hardy 見面，當時他正在幫愛馬仕做櫥窗設計，「第一次見面，我以為去跟他聊生意，誰知道他第一句就問我剛剛的問題。」

「我當然說不知道。」於是，Pierre 就由原始人的時代說起，「當我們還長有很多毛的時候，早上要打獵，晚上要爬到樹上睡覺⋯⋯然而有一天，這群人在結束那天的打獵後，順帶上山欣賞了日落。」他繼續引述 Pierre 的話，「就在這個時候，你懂得了欣賞美，藝術就開始了。」

林偉明走到清風街，看着街上少許雜亂、少許地道的風景，他想起了 Pierre 說的話。繼而思考，做酒店的意義是甚麼？本質又是甚麼？他翻開字典查閱，看見對於酒店的定義：為旅客提供居住的地方。

「我的理解也很簡單，一個 settlement，一個 adventure。」但酒店卻剛好相反，先是旅遊冒險，繼而才安頓下來。若按林偉明所說的：酒店的本質是睡覺和冒險，那該怎麼呈現？「一種未曾有過的體驗而帶來的驚喜」，林偉明直述。

酒店名為 TUVE，不僅與瑞士的一個湖有着相同的名稱，就連氣氛也有絲絲相似的感覺。酒店破天荒的將招牌低調呈現，若不仔細尋找，基本看不見，因為招牌有可能就在腳下，對此，林偉明卻說：「沒有招牌就是招牌。」

推開大鐵門，暗暗的燈光從地面散出，穿過曲尺形的走廊，空間簡化得只剩下物料紋理與光影，而幽暗的環境讓人錯以為在玩密室逃脫。酒店登記大堂設於一樓，沒有豪華的裝修，只有一張巨大的登記枱，因為這裏並不是住客逗留最久的地方。來到房間門口，推開房門之際，忽感柳暗花明，簡約和明亮的空間產生了強烈的對比。房間裏就連傢具和櫃子都貫徹「隱若、揭開」的理念，面對眼前一個正方形的盒子，唯有在你選擇打開的時候，才會知道內裏裝載的是何種傢具。甫入浴室，又是另一種感覺；如水墨般的石牆和一面黃銅飾面鏡子，散發着一絲強烈的感覺，「浴室也不是逗留最久的地方，所以強烈一些也無妨。」

從色調、設計到空間所營造的氛圍，TUVE Hotel 就如 Kim Høltermand 相片中那似幻非幻的湖般，朦朧中帶着神秘與詩意，讓人不禁走近探索。看似簡化的元素和設計，實質是林偉明濃縮和提煉下的結果，而那些驟眼讓人不為意的質感，只要細細感受，便會慢慢浮現。

1. 在登記大堂設計構思圖中，只繪有一張登記枱和兩張小長凳。因為不想跟客人隔着櫃枱溝通，因此繪下跟客人並肩圍在櫃檯角落對話的畫面，顯示這裏注重人和人的關係。
2. 房內的淋浴室。房間作為旅程的終點，氣氛應該平靜、舒服，因此光的運用也比公共空間柔和，紋理也變纖細了，這是設計師對「好好休息」的理解。
3. 如水墨般紋理的牆身帶來強烈的視覺效果。洗手間內的黃銅飾面，其常用的部份會因為經常觸摸而被打磨得光潔如鏡。

27　港島北

H Queen's
大千世界會向你走來

步入林偉而的辦公室，不像是走進一個建築師的辦公地，該怎麼形容好呢？大大小小的畫作、密密麻麻的雕塑依牆而立……其實這麼說也客氣了，應該說凡有平面的地方，都被這些大小藏品佔據了，唯剩下一條必走的路。

他的辦公桌在入門處右手邊，不是一個最顯眼的位置，桌上放着一幅未完成的畫和一個顏料盤，上面還有半乾的顏料，工作的電腦已經被擠到辦公桌的最角落處，存在感甚低。至於從門口直望的那面大白牆，他留給了香港藝術家劉彥韜的油畫作品《Abandoned》（2014），畫中有一個紅色的轆鞦靜靜地安置於一片空地中，說不出是哪裏的空地，只是靜謐中還帶着一種莫名的憂鬱。

看着眼前琳琅滿目的大小玩意，林偉而說，「黃竹坑的工作室才叫擺滿藏品。」聽完眉毛都忍不住稍稍上揚，心想原來眼前的只是冰山一角，「遲點還想將公司搬入黃竹坑，那裏沒有城市那麼緊張。」

林偉而和太太林梅若梅從千禧年代初起，開始將目光放在當代藝術作品上，多年來，蒐集了九十多件藏品，命名為「Living Collection」，當中不乏香港藝術家的作品，記錄了香港當代藝術發展的軌跡，並在 M+ 博物館開幕之際，捐出了九十件藏品。

俄國唯物主義哲學家切尼雪夫斯基說過，「藝術源於生活而高於生活。」夫妻倆的收藏之路就是始於旅行時購買的一些小物件，這些物件就好像儲存了那段旅行的一些回憶與心情，繼而衍生至後來的「Living Collection」。他們對於藝術及收藏的理解就如其名，「源於生活」。林偉而不僅愛收藏，近年還開始將注意力放在創作上，就算是他的正職——建築，也不想離開「藝術」二字，當中不得不提於 2018 年落成的 H Queen's。

一座樓高二十四層、外形如透明玻璃盒子的建築物坐落於熙來攘往、縱橫交錯的皇后大道中與士丹利街交界，簡約和現代化的建築風格散發着屬於中環的氣質。若然說在高樓林立的中環，最不缺的就是又一座高樓，那麼 H Queen's 又該以何種姿態存在？

走進 H Queen's，只見電梯樓層標示着卓納畫廊、豪瑟沃斯畫廊、白石畫廊、佩斯畫廊等來自世界各地的畫廊，年中舉辦多場國際級的藝術家

1. 以LED燈把樓層照亮，從遠方望去，H Queen's與附近的建築產生強烈對比。
2. H Queen's的幕牆利用三層Low-E極清玻璃阻擋紫外光，玻璃亦加上白色的「frit」，令光線在室內更顯明亮，色溫近乎陽光，有利藝術品陳列。
3. 頂層加入了大型陽台，餐廳可以完全開放。

展覽。這座以「直立式藝術空間」自居的建築物於世界各地並不常見，它得以成為畫廊的集中地，與香港作為國際化都市，甚至近年成為全球三大藝術市場的角色，以及城市密度有着不可分割的關係。

2013年，巴塞爾藝術展（Art Basel）收購了香港國際藝術展（ART HK），同年更命名為香港巴塞爾藝術展（Art Basel HK），在沒有疫情的影響下，幾乎年度一次在會展舉辦一連數天的藝博會，吸引了世界各地的畫廊、藝術家、藏家及藝術愛好者到來，好不熱鬧。一直關注藝術收藏的林偉而，察覺到巴塞爾藝術展的到來對本地藝術生態圈，甚至對香港藝術家的影響，以及香港藝術市場的轉變，因而在腦海中萌生了這個大膽的想法。

H Queen's 原本是一棟舊商業大廈，於2013年被恆基地產收購，最初的想法只是在這個擁有眾多寫字樓的地方再興建一棟「寫字樓」。林偉而談及中環，他只覺非常商業，「而且周末未必會去，再者就是，中環最不缺的就是寫字樓。」

中環除了商業大樓，其實也是不少畫廊的據點，只是散落於不同地方；有些在畢打行，有些在荷李活道，有些則於商業大廈內，「但一到周末，大部份商廈都會落閘，讓逛畫廊的人有種偷偷溜進大廈的感覺，有種說不出的隔閡。」因此，在整個構思及設計過程中，除了外形，林偉而更着重它能做甚麼，帶來甚麼。「建築師作為一個服務行業，除了滿足客戶，其實有時也可以主動走多一步，就像這個原本很普通的地盤，如何讓它變得有趣一些？」

離 H Queen's 不遠的畢打行，也匯集了數間畫廊，但兩者還是有一定的區別。林偉而直言，「畢打行的本質不是為畫廊而設，所以放置大型藝術品時會有所不便。」吸收了這個經驗，H Queen's 在設計上，留有高樓底的空間，設有高空吊臂的運輸裝置及開合幕牆，方便畫廊運輸及放置大型藝術作品。與此同時，建築選用了玻璃幕牆，在和煦的陽光底下，室內的空間變得十分開揚，成為一個真正為畫廊而設的空間。

甫出位於不同樓層的畫廊，還可感受到出自不同設計師之手的空間體驗，如卓納畫廊和豪瑟沃斯畫廊的空間就出自美國建築師 Annabelle

如玻璃盒子般的設計與組合，讓空間充滿通透感。

Selldorf 之手；佩斯畫廊則邀請了意大利建築師 Enrico Benetti 與 Dominic Kozerski；而白石畫廊由日本建築師隈研吾操刀：「讓大家去到 H Queen's 不單是看藝術品，也能看到很好的設計。」

建築師與藝術家一樣，都有能力創作雷聲大的作品，而且在這個「十五分鐘就能成名」的年代，要引起話題並不是難事，但 H Queen's 偏不走標奇立異的設計路線，反而安靜的聳立於熙熙攘攘的中環一隅。「一個好的建築可以影響和提升周邊環境，甚至有所貢獻。」林偉而直言，他很抗拒與周邊環境沒有關係的建築，更害怕故弄玄虛的設計。

林偉而性格隨和，三言兩語間總傳來笑聲。談及如何和建築結緣，他還是邊笑邊說，「我好像也是渾渾噩噩的進了建築系。」林偉而在香港長大，中學最後一年去了美國讀書，他從小便愛畫畫，「沒甚麼東西可以讓我安靜坐着兩三個小時。」但在傳統思想的影響底下，藝術總是帶着沒有前途的帽子，「今時今日的社會很不同了，行行出狀元，只要喜歡，去做就是了，但當時不是。」林偉而的父親從事房地產事業，常與建築師打交道，「建築也叫畫則，看起來好像比較接近『畫畫』這件事。」於是他在父親的鼓勵下，選擇了建築。

「其實我是享受的，但第一個學期基本上是不合格的，因為完全沒有概念建築是甚麼。」他笑着憶述，「還記得當時放學做完功課後就去玩，也不知道原來其他同學晚晚都留守工作室埋頭苦幹。」笑說還不忘補了一句，「我的老師還提議我轉科。」當下他才知道怕，開始認真讀。

在康奈爾大學的第二年，林偉而碰上了一位特別喜歡東方藝術的教授，「那時我才慢慢了解原來很多建築師都受到東方文化的影響，包括 Frank Lloyd Wright、Ludwig Mies van der Rohe 等，後來我也漸漸注重東方文化如何應用在我的作品中。」而這絲東方文化情懷可見於他的一些創作，包括早些年的中秋節，林偉而在維園前後帶來了「綵燈大觀園」、「動感之娛」和「中秋塔」等大型藝術裝置；2006 年的威尼斯建築雙年展，他以竹為靈感，結合棨棚藝術展出作品「竹梯」；還有位於北京的 Nishimura Restaurant 所融入的藝術裝置與陰陽對比的設計理念等，「現在回頭想想，原來畫的一些草圖和設計都和大學時期所接收的資訊，甚至和我的畢業論文很相似，所以其實學校的教育對我的整個職業路向都有影響。」

「但並非所有影響都來自教科書，從朋友身上也可以學到很多。」大學時期，林偉而有個來自南美洲的好朋友，與他的內斂與保守不同，朋友的性格爽直和不吝嗇的情感表達影響了他對於人與人之間的溝通，以及待人接物的看法，「這麼多年來，我生日的時候他都會打電話給我……」說到此處，林偉而哽咽難言。這簡簡單單的四個字，看起來輕巧，卻難能可貴，停頓片刻後，林偉而接着說，「朋友之間也好，工作上也好，怎麼去表達自己其實也很重要，這一行也不是說設計好就行了，待人接物也很關鍵。」

畢業後，林偉而去了波士頓工作，朋友去了達拉斯，後來因工作原因再次相遇，當時朋友所在的公司有一個將舊有倉庫改造為設計中心的項目，「他找了我們公司，還指定要我做。」整個項目用了足足五年時間，等同林偉而在波士頓的時期，「這個項目最後出來的效果，其實就好像現在的 H Queen's。」與此同時，從那個項目中，林偉而也逐漸開始注重建築和室內設計的關係，「可能有很多建築師會有這樣的想法：我做建築，為甚麼還要做室內設計？但其實有不少著名的建築師不會做完一個外殼就算了，他們會自己做室內設計，兩者之間其實是互相影響的。」

1987 年，項目結束，林偉而選擇了回港發展。他曾於陳丙驊建築師有限公司工作了半年，深覺在香港做建築與美國大有不同，於是便把心一橫，選擇到發展商公司百利保工作，一待就是六年，「既然都這麼侷限了，不如從發展商的角度出發，看看又會是怎麼樣的。」再到後來，在機緣巧合下，林偉而於 1992 年加入了思聯建築設計有限公司（CL3），成為四個創辦人之一，「不過多年後，CL3 剩下自己了。」

看着他辦公桌上未畫完的畫，腦海中浮現了他在訪問不久時便提及現時「上午工作，下午畫畫」的日程，其實不管 CL3 剩下幾人，不管是建築還是藝術，他心裏所想的，終究不會離得太遠。

ACTS Rednaxela 服務式公寓
浪遊者之歌

花了好一陣子才將張智強的訪問梳理清楚，不是因為沒頭沒尾，而是重點太多。執筆之際，看着眼前畫滿「星號」的筆記，再次勾起訪問中尤為深刻的一句話——「以下一定要寫！」

那一刻，這六個字恍如被按下慢鏡，久久縈繞在耳邊。接下來嘛，自然就是他的威水史，只見筆記上的字跡愈來愈潦草，寫到最後連自己都難以辨認……

形容詞是一個可以快速整理一個人立面的好方法，但該怎麼形容張智強呢？腦海中的詞就像熱鍋上的螞蟻，又如筆記上的「星號」一樣，一時之間難以細數，需時釐清。

張智強梳着油頭，如果你肯靜靜聽他説話，相信那雙如銅鈴般的眼睛不會吃了你。他説話的語速有點快，就像用了 1.5 的倍速，和他做訪問，基本上只要聽就好了，因為也沒有甚麼機會發問，就算問了，他也會繼續説完他想説的話。

走進張智強位於鰂魚涌的辦公室，門口當眼處放着他的得意之作，他邊走邊介紹，「我的書多過誠品……我的辦公室大過住所……」已經不太記得一些細節了，因為樓高兩層的辦公室堆滿了他的戰利品。隨着他的步伐，來到第二層，在昏暗的燈光和舉杯把盞下開始了訪問，他說這樣才有情調，這也難怪筆記愈到後頭愈潦草。

1994 年，張智強成立了邊城設計有限公司（Edge Design Institute Ltd.）。在 Edge 成立的二十五週年之際，他的慶祝活動就是將其一分為二，變成 Mini Edge 和 Super Edge。「我以前有一個幸運數字——二十，公司都試過超過二十人，結果就是甚麼項目都要做，跟我不太合適。」現在，Mini Edge 縮減至六人，貴精不貴多，「我們這裏有點像少林寺，個個都十八般武藝。」而張智強就像方丈，指點一下迷津，再雲遊一下四海；另一邊廂，Super Edge 就像一個武林大會，雲集高手，但這個大會不是比試功夫，而是合作。張智強説得眉飛色舞，叫人不忍打斷，雖然中間多次跑題，讓人誤以為已經說完，但當你正準備問下一條問題時，他的一句「我還沒說完」便會再次回到點上。「這是我的大計。整個世界的趨勢就是合作，大家互相應援，所以項目規模可大可小，不知道多靈活。」

1	2
3	

1. 二十四平方米的三角形空間內放着一張四米長的多功能坐椅，室內的大玻璃巧妙地令空間看來無比寬敞。
2. 位於香港西半山的一座十九層高服務式公寓，大廈外牆綴以鮮明的橙色，配以巨型窗戶設計，以求擴充內部有限的空間。
3. 單位的實用面積為二十四平方米，剛好比公共空間（升降機、大堂和一對防火樓梯）的總和面積少。

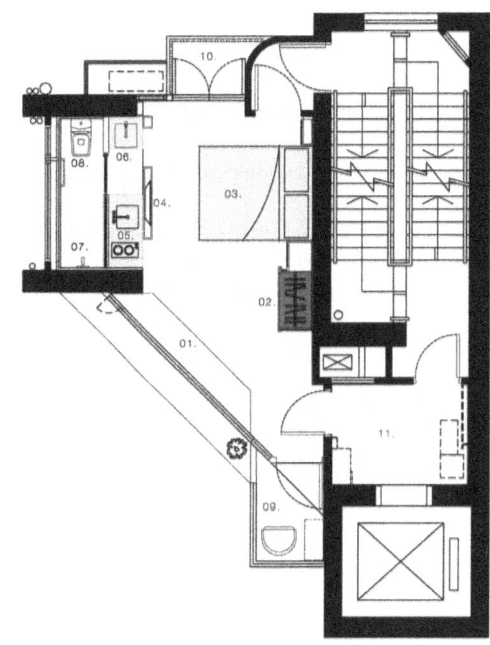

張智強有三個妹妹,從小就一起住在西灣河一個334呎的房子裏,「因為面積有限,所以經常想怎麼可以將房子變身。」身為哥哥,廳長之位非他莫屬,他還記得中學時期已經開始畫居住地的平面圖,「如果姑姐來住,就把整個閣樓讓給她,把三個妹妹安置在最暗的地方⋯⋯」說完他也忍不住大笑,怎麼可以這麼邪惡。「所以建築某程度對我來說,未必是一個興趣,反而是為了解決很實際的問題。」

張智強中學時就讀皇仁書院,是個不折不扣的乖學生,成績也是名列前茅,「我每日都好怕遲到。」會考成績也不錯,分數足以進香港大學建築系,「誰知道面試失敗了,因為性格太內向了。」看着眼前這個滔滔不絕、笑聲不斷的張智強,很難想像他不說話,還帶點靦腆的模樣。

張智強進入大學的第一件事,就是想方設法的轉科,他不停地跑辦公室,見老師、找學生輔導,「當時哪有先例?老土一點來說,就是需要堅持,不要認命。」本來是挺勵志的,但從他嘴裏出來,還真有丁點老套。張智強在校是個風頭人物,倒不是因為成績優異,反而學業平平,如願入讀建築系後,他將中學時期五年的壓抑一下子釋放出來,「當時好反叛,甚麼都去到盡;成績不行又怎麼會怪自己,當然是怪老師、怪同學⋯⋯」大笑過後,不忘補了一句,「其實把責任推到別人身上也沒用,也要反省自己。」

張智強形容自己是在大學四年級開竅,「當時見到學校有個米蘭設計展的海報,就和同學一起參加,還實牙實齒說一定要贏。」那是第十七屆米蘭國際建築三年展國際學生競賽,面向全球各地,只有十個冠軍名額。「但我們真的贏了。」至今提及,他依舊瞪大眼睛,「我想拿的獎就一定拿得到。」

張智強參加比賽在某程度也是一種反叛與不甘,證明成績平平又如何,一樣能拿獎。他還清楚記得當時的比賽主題是「office of the future」,「你說巧不巧?我們當時就對着海報說一定要贏,真的贏了才精彩。」本就年輕氣盛,拿了獎就更不用說了。大學五年級,張智強基本上不是在做功課,而是寫投訴信,「把事情鬧得很大,全部人都知我不喜歡誰。」

說到得獎,有一件經典事跡不用他提醒,也自覺須劃上星號。1996年,張智強獲香港建築師學會頒發的青年建築師獎,「但你知道嗎?我根本就不是young architect。」他瞪大了的眼睛隨着笑聲變成一輪彎

月。他夠年輕,只是不是建築師。在他得獎之後,香港建築師學會接到投訴,要求改制,自此,青年建築師獎的其中一個要求便是擁有建築師牌才有資格獲獎。話雖如此,張智強依舊用他抵死的語氣説道,「我不是建築師,但我拿了 Young Architect Award,更厲害啦!」聽起來有少許諷刺,但這就是張智強,總是笑言建築家比建築師好聽。

張智強沒有寫過求職信,在畢業前已經被建築事務所相中,1987 年畢業後就直奔巴馬丹拿集團(P&T Group),一待就是七年。離開之際,也不忘遞上一封整整寫完七頁紙的信,其中四頁是對公司的不滿,最後三頁是他七年裏的工資走勢,「怪罪別人也沒用,自己沒牌嘛。」如是者,Edge Design 便成立了。

張智強不僅瀟灑自由,還是一個徹頭徹尾的享樂主義者。「錢,花了才是你的,還要趁它蒸發前先花了。」張智強曾經還有專門的旅行代辦人,安排出遊行程,「去哪裏不重要,純屬想離開。」累嗎?經常到處走,「不會,最有創意想法的時刻,就是不在公司的時候。」他依舊笑了笑,接着説,「我在香港時,經常把電話設定在飛行模式,不喜歡開電話,挺守舊的吧?」

認識張智強的大概都知道,他十分迷戀住酒店。住就算了,還住到出書,從體驗談到設計:「退休後想出版一本講全香港最討厭的酒店的書,不過這個你先別寫,我還沒退休。」張智強將住酒店的喜好歸咎於從小居住的地方小,以及喜歡新鮮感。「香港有個很特別的現象,就是高密度,但所有事情都可行,而我對於家的定義,就是由家到你的鄰居,再擴展到整個城市,其實都是你的家。」家和酒店二選一,他居然説對酒店更有歸屬感,這歸屬感來自於新鮮感,「我算過了,如果要在香港買 1,000 呎的房子,每個月可以住十晚酒店,每晚預算 3,000 元,這樣的生活可以維持二十到三十年。既然如此,何樂而不為?」説完,他又忍不住大笑起來。

看着他書架上的書,還有數不清的獎盃,恍如看見了一次又一次的反叛,「其實有幾年也曾經覺得挺失落的,因為做不到建築師,起碼名義上不是,所以當時就不停參加比賽,不停贏比賽。」而讓他一炮而紅上天的,竟是那個他從小居住的房子。

他果真將兒時的想法成真,將 334 呎的住所化身為一個「變形蝸居」,以可移動的機關與間隔為靈感,讓人感受到的是超過 334 呎的空間體驗。2007 年完成時,他已預想會有人採訪,「只是沒想到現在還有人討論。」除了訪問、出書,Apple TV+ 於 2020 年推出的全新紀錄片《Home》的其中一集就是「變形蝸居」,他還千叮萬囑,「你一定要看!」

「變形蝸居」為他帶來了一些後續項目,包括 ACTS Rednaxela。項目是一梯一戶,私密度非常高,空間雖然不算太大,但一如他的變形蝸居,注入千變萬化的可能,從而充滿驚喜。「説了十多年,才發現原來踩中了一個環球現象 —— 愈住愈細。」不過,這也是張智強的神奇之處,在細小的空間中,盡情的、徹底的發揮空間的可能性。除了多變的空間,張智強在傢具等細節中也花盡心思,落地玻璃窗前是量身訂製的雲石工作台,配上鮮明的橙色義大利品牌 Arper 椅子,為簡約的空間增加一絲點綴。

説到產品,他在訪問中還提及家品品牌 Alessi 的一套《功夫》茶具,以純銀及紫砂打造,而茶具的設計師當然就是他了。他依舊毫不客氣的説,「我覺得應把它放進香港茶具文物館。」不過最讓人印象深刻的是那套茶具的價錢,「李嘉誠都派秘書來了,不過聽到五十萬後,就走了。」説完,還不忘補一句,「靠你了,幫我開齋!」這時,只要回以一個尷尬而不失禮的微笑就行了。

臨走前,他還不忘介紹兩個擺放在門口處、被 M+ 博物館收藏的模型,分別是以一比一呈現的變形蝸居,以及 ACTS Rednaxela,「到時去博物館就可以看到了!」正準備用菲林相機紀錄之際,他打趣的故意將頭湊過來,「咔嚓」一下,快門就定格在未定焦和未準備好的表情上,如此愛美的他,看見這張照片一定很想銷毀。

12　　大廈的外牆設計，打破大部份香港住宅物業為了滿足房屋條例最低要求所衍生的狹小窗戶設計。此外，露台設計採用橙色，營造出露台依附在深色外牆上的對比效果。公寓旨在探索香港「牙籤樓」的可能性，一百平方米的面積也可發展成高樓。

油街二期　綠在東區
城市喘息地

油街實現是一個公共藝術空間，前身為香港皇家遊艇會會所，是英式的古建築，被評為二級歷史建築物，位於港島炮台山與北角的鬧市中，其建築環境既富文化色彩，又具民生氣息，很有文青氣氛。活化後，它以藝術連結社區，主責推廣視覺藝術的展覽和活動中心。油街二期利用開放式的廣場和展覽廳，探討城市與自然共生的規劃思路，提供一個健康、安全的生態載體。

為提供更廣闊的空間展現藝術創作，油街實現二期於2019年擴建，與毗鄰的公共開放空間整合，目的是把藝術元素帶入高樓密集的環境，方便市民在享受悠閒之餘，欣賞藝術作品，增加接觸藝術機會，同時，透過建築設計，令新展覽廳呼應歷史建築，很有時代感及藝術性。

新增用地可擺放大型戶外藝術裝置，以及舉辦社區放映平台、藝術表演、座談會、工作坊等活動，讓更多公眾參與。主建築物有一條長長的扶手斜坡，與建築設計的樑架互相穿插，形成一個標誌性的建築手法。在這結構上方，是一間晶瑩剔透的展覽空間。若然聚焦地面，則看到大片白色鵝卵石地鋪，與周邊的綠草碰撞，構築成版畫般的圖案，從功能上，它為市民留下一個可供休憩的園景空間。

負責項目的建築師劉天行也曾負責終審法院的建築項目，深感古建築的美和價值。他說，「建築不是為順應條例或將空間填滿，而是怎樣給市民創造一個優良的空間。」回看「油街實現」一期及二期，正是活用一座舊建築，通過新舊結合，呈現一個全新的面貌，使看似封閉的空間，在一呼一吸間蘊藏着無限的可能與無盡的變奏。

環保議題與人類的未來息息相關，「綠在區區」計劃是在2014年的政府施政報告中提出，目標是於全港十八區設立協助社區回收資源的設施，同時結合環保教育。項目公開招標，由一些公益團體營辦。

建築師王安華說，為了在十八區選擇合適的地段做「綠在區區」，首先要做兩個樣板，為往後的十六個項目作參考。項目以沙田和東區打頭陣，建築師選擇了最能發展的地點。「綠在東區」坐落在汽車天橋底，那裏原是一個停車場，也是市民往來南北的通道，因此建築師決定保留通道，讓舊區和新區連接。雖然這些地點的位置都是具有挑戰性，但是這個亦是富有趣味的地方。

新的主展廳和各戶外展示空間形成一個二十四小時開放式的博物館。設計以混凝土屏風構建藝術空間的框架，框架內外組成不同的活動空間。主展廳呈玻璃盒子，位於一樓，恍如一個高架舞台。

1. 主展廳以玻璃及玻璃磚為主要外牆物料，加強空間的通透性，在視覺上將公共的廣場和相對寧靜私密的庭院連繫。
2. 主展廳在視覺上採用開放的設計，於晚上形成燈籠效果，在這個石屎森林裏成為焦點。（郭達麟設計的《Floating Monkey》藝術裝置）

你所不知的香港建築故事

45　港島北

跟印象中的廢品回收站不同,「綠在東區」利用了不同的再造物料,採用貨櫃為基本元素,並配合創新和綠化的簡約設計,加上大量的鐵和木,又以錯落的玻璃令建築內部獲得陽光和風。建築師溫灼均這樣形容「綠在東區」的設計:「貼合東方味道,融入中國藝術層次的表達手法。」儘管是一個回收中心,感覺卻十分寧靜,回收中心內加入了一些竹樹屏風,以助降溫,更將不同用途的貨櫃演繹成一個庭園的感覺,提升它的用處和感官。建築物還可用作教育用途,主要是透過社區教育和鼓勵市民參與回收工作,讓他們多了解環保的重要性,培養環保意識,改變生活習慣。

橋下別有洞天,「綠在東區」將綠化建築帶入天橋底,或許能令這些貨櫃拆件,重新生長出不一樣的個性。

1	3
2	

1. 設計以現代的建築技術和物料去演繹傳統的中國庭園。從室外到室內,從迴廊到亭台樓閣,帶出傳統天人合一的生活態度,符合現代對環保的重視。
2. 由建築師溫灼均設計的「緣在沙田」位於工業區中心,締造了一個能夠融入社區的綠洲。
3. 建築群以舊貨櫃改裝而成。庭園及通道恍如亭台樓閣及迴廊,演繹出由室內到室外,公共到私人空間的起承轉合,帶出中國庭園的層次感。

星街改造
研究説故事的人

該怎麼形容羅健中好呢？一個建築師，卻不以「起樓」為最終目標，反而一直在研究怎麼講故事。抱着不信邪的心態，在網絡搜尋引擎的搜尋欄上輸入「羅健中建築」五個大字，結果並沒有來個大反轉，反倒找到一些帶着「社區敘事」、「非常香港」、「城市日記」、「歷史活化」、「城市規劃」、「從下而上」等關鍵字的文章。

訪問那天，羅健中以一貫的西裝革履示人，戴着一副無框眼鏡，説話慢條斯理，聲線也剛剛好，那種溫文爾雅的感覺，如果放到古代，像極了説書先生。他和夥伴 Patrick Bruce 在 1992 年共同創立的公司——歐華爾顧問有限公司（The Oval partnership）也完全不提建築二字，不是他們不做建築，只是建築並非他們的全部。

「我們的同事，有不少都是學者，教書的。」羅健中望了望會議室外的辦公室，然後繼續分享他對建築實踐的理解，「不一定要起樓才叫 Architectural Practice，用你的建築知識改善一個城市的生活，提升城市人的幸福感一樣是在實踐建築。」

2009 年，特區政府與太古地產合作，展開活化灣仔舊區計劃，包括現時的星街小區。鍾情於舊區和公共空間的羅健中，一直想找機會為城市中的肌理與公共空間做些事。「聽到活化，一般的做法就是改善建築物裏的空間，但我們更加希望提升街坊的生活質素。」

項目開初並沒有以如火如荼的姿態進行，反而不疾不徐，先在日街設立了一個 Pop-up Store，將「星街小區」的可能性展示出來，旁邊設有一面許願牆，讓大家寫下「理想中的星街」；再展開多輪的焦點小組，盡可能的了解街坊想法，最後收集到八百至九百份回覆。

「真的很有趣，原來大部份人都覺得現時的星街很好，想保留原有氣氛，不想它變成太古廣場。」羅健中沒想到得到的會是這個答案。不過在保留原有氣氛的同時，也並非一成不變。星街聚集了不同階層和年齡層的街坊，包括老人家和小孩。於是，團隊在樓梯、扶手、行人路、燈光等細節做了修整，「原來這些小事情，比煥然一新更重要。」

「星街小區」由日街、月街、星街、聖佛蘭士街及永豐街組成，而「日、月、星」取自《三字經》中的「三光者，日月星」，以呼應香港於 1889 年設於此處的首間發電廠。

香港自1840年代開埠以來，星街就聚居了不少來自澳門的葡萄牙人以及天主教團體。他們在此設立修院、孤兒院、聖堂，在星街和聖佛蘭士街一帶，還曾是香港首個天主教徒的安息之地，歷史讓星街小區瀰漫着一絲西洋氣息和一點南歐氣氛。

走在暖陽透過樹枝縫隙揮灑而下的大街小巷中，可以嗅到微風飄來的咖啡香味，還有大排檔裏傳出鐵鏟與鐵鍋相碰的聲音，不用嚐都知道是鑊氣十足的小炒；樹下的板凳上，老人家正帶着剛放學的孫子，吃着小點心……只覺一股慵懶感在空氣中油然而生。

「有慵懶，也有陰氣。」羅健中笑了笑，就算經過一百五十年的洗禮，這幾種氣氛仍在。「所以我們想保護的並不只是某些單幢建築，而是想保留這種 psychogeography，讓過去的歷史、人和事，甚至鬼都可以繼續留在星街。」這無疑與一般建築師從主觀出發去思考建築很不一樣，這些歷史和故事對當地居民來說是很重要的價值觀，「又或者說，與他們所期望的價值觀吻合。」

一般建築師在做完項目之後，都希望成品能有辨識度，讓人認出來，「但星街的項目，反而讓人想在做完之後，好像沒做一樣。」說到這裏，羅健中會心一笑，「對我來說，這是一個很大的啟示。」

在「星街小區」之後，羅健中與蒲美琪女士於2013年一同創立了「非常香港」（Very Hong Kong），以社區為主導，組織各類創意文化活動。Very Hong Kong 就像一個中間人，列出一些閒置官地，讓街坊申請用作社區公共空間；其中一個主要項目——「非常協作」則幫助不同的團體尋找適合用地，並向政府申請用作地方營造項目，包括現時的「川龍社區攝影中心」、「天拉吧——天水圍故事館」、「太子照顧者支援中心」等，羅健中笑稱自己是非牟利機構的地產經紀。

Very Hong Kong 成立同年，就在星街小區的大街小巷嘉年華——「非常街頭」。現場有獨立樂隊、展覽活動、工作坊，月街更化身為伸展台，讓香港理工大學設計系學生展示他們的服裝作品，現場洋溢着熱鬧的氣氛，還有人免費贊助香檳，讓大家盡興。

1. 獨立小店、咖啡室及特色餐廳陸續進駐日、月及星街，令這個灣仔後花園充滿文青氣息。
2. 非常香港（Very Hong Kong）於2013年在星街小區籌辦了一連串地方營造活動，圖為於東美花園舉行的街頭音樂會。
3. 由用戶自發創作的塗鴉壁畫，為星街增添一抹藝術感。
4. 在東美花園裏，原有樹木被保留，綠蔭下是路人乘涼的好地方。

你所不知的香港建築故事　　50

經美化後的行人路，成為餐廳戶外用餐區的好地方。

「很開心，竟然沒有收到街坊投訴，而且還有商舖願意借出地方，讓模特兒換衣服。」羅健中回想起那場開心嘉年華，也回想起曾經的擔心。在活動舉辦前，他一如展開「星街小區」項目時的做法，進行了很多家訪，試試水溫。「其實整個過程就是大家一起建立對話與理解，並在此基礎下，大家互相幫忙、解決問題，而不是自己一廂情願去做。」

在訪問中，羅健中多次提及知識鴻溝（knowledge gap）如何影響結果（outcome）。這會否是他執着於街坊參與的原因？「建築師有理想，但未必知道怎麼去做，所以往往在把項目做出來後，感到很 frustrative。」

早在「星街小區」的項目之前，羅健中就和聖雅各福群會合作，在灣仔聯發街一帶，將一塊荒地化為公共休憩處——「洋紫荊園」，現時為聯發街休憩花園，那是香港首個由街坊設計的公共空間，一個由下而上的範例；後來的例子還有大王東街等，同時也將留屋留人的概念注入藍屋的活化項目。

相較於興建一座建築，羅健中更執着於地方營造（place-making），從而提高社區的生活質素及歸屬感。與此同時，他相信若想找到在地的解決方法，讓市民參與公共空間和城市的規劃與發展是最直接的。「如果沒有市民的參與，通常都會捉錯用神，就算做很多研究調查，想出來的解決方法也未必是街坊想要的。」

如果問他甚麼是建築，或許他在中學時期就已經答得上來。「那時每個周末都會和家人去海運大廈的 Swindon，我在那裏找到了一本書。」Nikolaus Pevsner 的 *An Outline of European Architecture* 讓他對建築有了初步的認識。「在英國讀中學時，也會看 Charles Jencks 的書籍和論文。」「你中學就讀 Charles Jencks？」只見羅健中笑了笑，「當時寄宿，沒事做，剛好圖書館有，就讀了。」

甚麼是建築，他是知道的；而甚麼是建築實踐或者建築文化，他在上大學後也逐漸了解；但對於現行的教育和體制如何訓練一位建築師，他由始至終都抱有疑惑。

「那個年代，只要他們認為是好建築，你跟着去做就沒錯，不難的，他們也會教你，那幾年就是學他們那套，過程中也會有所得着。」羅健中平淡的語氣中，透着一絲無奈，「如果想參加比賽，得獎、取高分，那就跟着他們的那一套做，但這種做法其實是⋯⋯」羅健中說到這裏，頓了頓，「屈服了，真的屈服了。」他不自覺地重複了兩次，「所以我不是 Rem Koolhaas，他就是我行我素，不管別人怎麼想，抱着『你不喜歡就 fail 我吧』的態度。我是屈服的，屈服在他們的權力之下。」他不禁再次強調，「但我做出來的東西最後都拿到了 A。」

羅健中一直用「他們」和「這些東西」去形容體制下的教育者和產物，儘管語氣平淡，但仍然遮掩不住他的不解與不認同。「究竟建築師的 professional culture、professional practice、architectural know how，怎樣才能對社會作出更多貢獻呢？這個貢獻能創造價值，而這個價值又未必是金錢⋯⋯」他從第一天入行就帶着這問號，至今仍然在尋覓答案。

有別於其他建築師，訪問那天，放在桌上的不是建築模型，而是一本本「城市日記」（Urban Diary）。打開「城市日記」的網站，在「關於我們」一欄中，是這樣描述的，「通過深入探訪、探索大街小巷，以歷史、文字、相片、手繪、錄音及影像塑造及還原社區面貌。城市日記相信，看似不重要的日常生活，能為社區規劃拾遺、補白，成就城市的可持續未來。」

他翻了翻其中一本，裏面是一個又一個關於香港人與香港這片土地的故事，那麼講故事和做建築有甚麼關係？「我們大部份的工作是做社會研究，用大數據做社會研究、做城市設計，然後透過敘事去進行溝通，讓人明白。」簡單的總結或許就是先研究，後設計。羅健中隨後還補充了一句，「從五千年前到現在，最有效的溝通方法就是說故事，你寫報告是溝通不了的。」

從研究怎麼去講故事，繼而透過講故事去做城市規劃，他形容這是「Push architectural practices boundary」，回看那句「看似不重要的日常生活，能成為社區規劃的拾遺、補白和未來」，簡單又耐人尋味。而他，不是不做建築，只是不尋常的做。

藍屋
延續一抹藍

回看藍屋歷史，它是平民建築，而不是輝煌的代表，「但平民建築也是香港的一個面貌。」負責藍屋活化的建築師謝錦榮表示，「它代表着香港某個年代的集體回憶。」

藍屋實則是 1920 年代的唐樓，設計上居下舖，是香港餘下的百多棟唐樓中，保留較完整且家喻戶曉的少數。謝錦榮最初對藍屋的印象是讀書時期途經此處，「記憶停留了在那個時候，當我出來工作後回到這裏，才發現它已經變成藍色了。」

一次參加石硤尾舊公屋的導賞，機緣巧合下認識了兩位聖雅各福群會的社工。「當時他們想申請地舖做『灣仔民間生活館』（現「香港故事館」），給居民聚腳，增加居民的歸屬感，我是從地舖開始做的。」

那時藍屋還沒被納入活化歷史建築伙伴計劃，謝錦榮完成了「灣仔民間生活館」不久後，就聽到有消息說，市建局和房協想收購這裏。一來二去，謝錦榮與街坊、社工和關心這個社區的人逐漸混熟，對這個地方也多了一層感情。於是，他便和聖雅各福群會的社工一起跑城規會，做計劃書，幾經波折下，最終收購變活化，「那時就好像做義工一樣，直到和聖雅各一起參與『活化歷史建築伙伴計劃』，贏取了投標，才稱得上是出師有名的項目。」

藍屋之得名，皆由傳說中一段小插曲而流傳至今。根據古建築專家林社鈴建築師所引述，由於當時政府負責維修保養的單位有剩下藍色的漆油，在貪方便底下而把整幢唐樓塗成藍色，成為坊間佳話。藍屋地下的華陀醫院是聞名廣東的黃飛鴻師傅徒弟林祖顯的一所藥局，憑此歷史脈絡成為政府當局認為要保留藍屋的一個考慮因素。

「We 嘩藍屋」（藍屋建築群）獲得 2017 年度聯合國教科文組織（UNESCO）亞太區文化遺產保護「卓越大獎」，是香港首次獲得此級別的文物保育項目。而讓藍屋家喻戶曉的，想必不只是它的歷史與標誌性的藍色外牆。作為香港首個「留屋留人」的活化計劃，藍屋將活化的「活」體現得淋漓盡致，與此同時，它亦是香港少數由下而上，就連街坊都可以參與設計的保育項目。

藍屋有百年歷史，歷四代人居住，「初初接觸藍屋居民時，大概還有十幾戶住在這裏，有些想走，也有些人想留下。」如果説一個地方承載着

某種情感與故事,那必然與人息息相關。走進藍屋單位中,還可看見一些板間房的間隔,「就好像粵語殘片中的七十二家房客,在五百呎的空間住了十幾伙人家,是會感觸的。」

謝錦榮心目中的好建築是能夠承載一種情感與回憶,「現在很多標誌性的建築只是一種張狂的表達,其實沒有內涵,也沒有意思。」儘管在歲月的洪流中,很多東西都正在消失,但謝錦榮正在用他的微薄之力留住一些東西。「過去十年間,我做設計時,經常會滲入一些正在消失的東西,有時可能只是一些很細微的部份,比如說天星小輪的扶手、水磨石等,但如果連這些細節都忽略了,這些東西只會變得越來越模糊。」

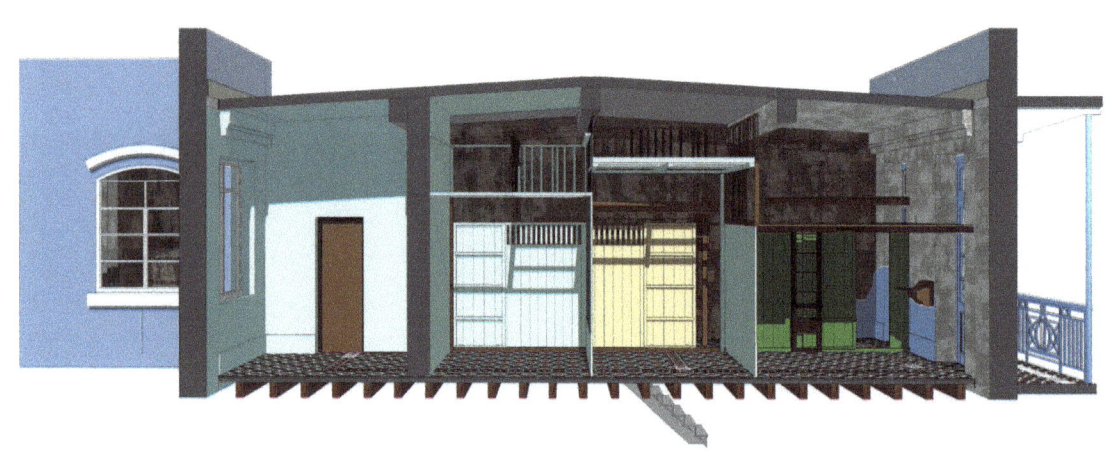

1	2 3
	4 5

1. 插圖記錄了昔日板間房佈局。一個五百平方公尺的單位可以割成十多個斗室,幾十人共用一個只有灶頭和水龍頭的煮食空間。
2. 以前荒廢了的空地,現在是居民及周邊鄰居的聚腳地方。
3. 相鄰的黃屋,與旁邊的藍屋、橙屋連成一個古建築群。
4. 從景星街斜看橙屋與公共空間入口。
5. 藍屋的前身是華佗醫院,後改為華佗廟,供街坊求神治癒病患外,還會贈醫施藥。

從石水渠街看藍屋的局部立面。下舖上居是唐樓的功能特色，挑出的陽台配上別致的花鐵欄杆，記載著居民的生活日常。

香港海濱長廊　中環街市
七十三公里

隨着夜幕降臨，點點星光倒映在泛起漣漪的海面，伴着海風的輕撫，只覺愜意無比。「如果用一張照片代表香港，一定是維多利亞港。」維港是香港的天然資產，從事多年海濱建造的吳永順毫不猶豫地說。

在銅鑼灣長大的吳永順，幾乎每天都出入海濱，「我就讀的幼兒園就在百德新街附近。」那時的百德新街沒有燈箱和廣告牌，最多只是霓虹招牌，落地的大部份店舖也是街市與士多。「避風塘有漁船在賣魚，我經常跟嫲嫲去買海鮮。」回想起從前，吳永順難掩雀躍，「但海旁好像離我們越來越遠了。」

有人說，香港是填出來的，那麼填海，又離不開移山，用移山填海來形容香港，好像一點也不為過。在發展的洪流中，昔日帶着鹹腥的海風，如今似乎只剩下了鹹，原始淳樸的小漁村生活已然不再是常態，在填海與不填海的爭議間，吳永順只是淡淡地說了一句，「為何不去想如何將海濱還給市民呢？」

2004年，特區政府成立共建維港委員會，現為海濱事務委員會，吳永順則代表香港建築師學會加入。從事海濱工作至今，已有十餘年之長，

「那時候大家都膽粗粗，說有個願景，將維港打造成綿綿不絕的海濱長廊，還港於民。」

計劃中的海濱長廊共七十三公里，從2004年開始，截至2020年，十六年間完成了二十四公里，「一開始也摸不着頭腦，比如說從筲箕灣到堅尼地城，荃灣到鯉魚門⋯⋯到底要怎麼做呢？」但就是一筆一足跡，一步一腳印，腦海中簡單的兩條線成了他不停研究、發掘、找方法的動力。「不踩進去就不知道會遇到甚麼困難，就好像打麻將，有得上就上，有得碰就碰，不可以想着天糊。」

銅鑼灣的避風塘有水上天后廟、尖沙咀的海旁能看見最繁華的中環夜景、北角的T字型碼頭有點不修邊幅，但傍晚時分，總會看見很多人在那裏釣魚，周邊放了很多舊凳子，很有趣。最喜歡哪個海濱長廊？「看心情吧！」吳永順沒有一個確切的答案，「各有特色。」不過他說，最近挺喜歡堅尼地城的卑路乍灣海濱長廊。

以往處理海濱項目時，走的是傳統管理模式，一般要經過規劃、諮詢、設計、收集意見等程序，耗時較長，而且難以改動。「現在是先開場，

再優化。」他形容卑路乍灣海濱長廊就是一個試驗場。

卑路乍灣海濱長廊的設計並非傳統的固定模式，不時還有期間限定的裝置，「無論是沙灘凳，還是卡板，大部份裝置都可以搬來搬去。」空地也沒有特別的指示牌，「喜歡的可以踩滑板，或者溜直排輪，也可以帶上寵物來散步。」

十幾年下來，吳永順理想中的海濱一直都是與人、與生活息息相關的，就像兒時的日常，或者再自然不過的生活片段。他感嘆道，這幾個月做海濱長廊的體驗跟以往很不同，「過去在框架裏，從來沒機會去做實驗。」

除了有新的靈感和發現，他還表示，做設計時跳出傳統的框架後，可以很快地回應大家的需求。「原來很多人都喜歡有桌子、凳子的公園，尤其疫情禁了堂食。」如是者，「Dining Table」、「Work from Harbour」的零星想法陸續出現；而那些沒有被特意規劃的空間，反而讓大家輕易找到一些規律，感受到人與空間的互動，「好久沒試過在逛海濱長廊時，聽到這麼多歡笑聲。」

現在，吳永順還是會經常去銅鑼灣散步、取景，為他的水彩創作找靈感。除了工作，畫畫最能讓他找到開心的感覺。吳永順讀書的年代，身邊大部份人都會讀醫，他卻喜歡畫畫。中學開始，他跟水彩畫大師靳微天學畫，那時和他一起學畫畫的師兄游榮光，現在已經成為香港著名的水彩畫家。他感嘆，讀建築要消耗很多時間，「如果那時沒有放下畫筆，現在可能就跟游榮光一樣了。」說完他也忍不住笑了起來。

創業是不少建築師的選擇，吳永順也不例外，只不過創業這件事在他身上卻顯得極為戲劇性。畢業之後，吳永順進入了關吳黃建築有限公司（KNW Architects & Engineers），後來公司重組變成關吳建築有限公司（K & N Architects Ltd），再到後來就剩下了「關」（Kwan & Associates）。公司經歷多次重組，他依舊還在，「那時就很乖的在打工，沒有轉工的想法，倒是公司後來倒閉了⋯⋯」說到這裏，大家忍不住笑了，「打工做到公司倒閉，就可以自己做老闆。」我們不嫌事多，在旁邊調侃道。

你所不知的香港建築故事

除了具創意的大草坪，還有趣致的蘑菇避雨亭。

港島北

1 如步行之後想小休,椅子恰好就在眼前。
2 將海濱連接再非夢想,現時更把海濱打造成各種休閒空間。
3 這座透過公開比賽而建成的大型裝置,顏色繽紛。

面對忽如其來的歇業消息,他表示自己當時也沒甚麼時間思考,「不知道是否天意,就像從岸上掉下了水,第一時間一定馬上上水。」

全公司一起失業,要麼各散東西,要麼就再組個團隊。那年是 1999 年,吳永順和三位同事,四個人在兩三天內決定創立自己的公司 —— 創智建築師有限公司（AGC Design Limited）,而原本還在進行中的建築項目也成了新公司表現自己的機會。

由一百多人變成十四個人的團隊,工作量大大減少,加上競爭者的虎視眈眈,過程就像老鷹捉小雞般刺激。手上的項目大概只剩下原有的十分之一,有些客戶還直接對吳永順說,「我信不過你們這群年輕人。」然後就換建築師。這次經歷無疑是吳永順事業上的一次轉捩點,於他而言,有很深的感受,只是一切來得太忽然,並沒有時間沉澱。

公司創立至今已經二十餘年,涵蓋不同項目,還多次與不同建築師合作,如 Tod Williams and Billie Tsien 的亞洲協會香港中心,更三次與 Zaha Hadid 合作,一起興建香港理工大學創新樓;本來還有機會與磯崎新一起完成中環街市的活化項目,「不過到最後並沒發生,也算是經歷的一種吧。」言語間,聽得出他還是有一點失望。

無論如何,陪伴公司成長的海濱項目一直都在進行中。「做到今時今日,2020 年,完成了七十三公里中的二十四公里;2021 年,想做到二十五公里;2028 年,做到三十四公里……」十餘年過去了,到底是甚麼讓他繼續堅持?「因為沒做完。」吳永順毫不猶豫地說。那麼是不是要在有生之年完成七十三公里呢?「其實我沒想過這個目標。」吳永順很坦白地表示,「十六年才做了二十三公里,如果好命活到一百歲時,可能剛剛好夠完成目標。」

看着眼前這個有「建築界木村拓哉」之稱的吳永順,雖然說着一口廣東話,但那熱情如火和有一點張狂不羈的氣質,在剎那間還真有點像木村拓哉。雖然整個海濱項目是以數以十年去計算,也未必能在有生之年完成,但七十三公里是一個清晰的方向,更承載了當初那個膽粗粗的想法。

「有些東西不可以強求,但目標就是能做多少是多少。」吳永順在訪談間,經常忍不住大笑,以輕鬆的態度應對了不少難坎,但到了某個時刻,那些經歷卻淬練成一種說不出來的沉靜,令人對他抱有信心。

| 1 | 2 | | 由中庭構建的戶外空間,是舉辦活動的重要場地。
現代主義崇尚樸素,以功能為主,對大多數進出中環街市幾十年
的香港人來說,最感舒暢便是中央的寬闊階梯,今天仍保留著。

香港海防博物館　消防船展覽館
守衛香港的記憶

香港海防博物館的前身是一個叫鯉魚門炮台的軍營，現在它成為香港歷史博物館的分館之一，換了一個角色守衛着香港的海港、香港的記憶。

香港海防博物館源於 1997 年香港回歸前，港英政府提議找一個地方好好收藏及儲存一批義勇軍的制服和槍械，康文署便提出鯉魚門地區有很多荒廢了的軍營，只要稍加修理，便可好好使用。負責項目的建築師譚士偉認為，這些都是香港的文物，如果把它們放置在一個破爛的建築物裏，未必有人前往參觀，更別論發揮到展覽及延續故事的作用。

譚士偉到訪軍營時，無意發現了一個舊鯉魚門炮台。當時的舊炮台亦很殘破，租借給電影公司拍攝越南戰爭片。但是這個碉堡特色是建立在地下，而不是建在地面上。雖然炮台已經相當殘破，但這個設計在當時來說十分先進。這引起了譚士偉的興趣，促使他到訪不同地區考察，發現無論是內地，或是香港的其他地區，都找不到類似的建築設計，這個砲台更曾租借給電影公司拍攝越南戰爭片，可見其歷史價值和吸引力。

「如果可以將這些文物放在碉堡裏，整件事情都會相得益彰，人們更能聯想到當時二戰中發生的事情。」譚士偉想。但當時幾個負責這項目的單位，對這件事的想法都有差異，尤其當時這個碉堡並不開放，它位處啟德機場的航空線範圍，安放了一些民航線的儀器，用作計算風切變，涉及航空路線的安全，不能隨便變動。

為了解決這個難題，第一關先要通過市政局。他跟多個議員開了無數會議，甚至到現場考察，將項目的構思解釋得十分清楚。回想起當時出席會議的議員都議論紛紛，認為涉及的問題很難解決，無疑是一個富爭論性的項目，譚士偉卻說，「不試就不會知道結果，總得先試試看。」終於，八十多歲的貝納祺議員站了起來，說這個項目應該會很有潛力，後來慢慢得到其他議員的支持，反應愈來愈正面。

香港再也找不到另一個有地下碉堡的博物館，於是將設計構思提交至市政總署，但該署擔心堡壘內缺乏恰當的展覽場地，於是建議以天幕覆蓋下陷的庭院。之後譚士偉向市政局正式提出這個設計，局方認為這說不定是一項有意義的工程，於是通過了這個設計概念。譚士偉由此開始做正式設計，以「軍人精神」作為參考及靈感，包括最初提議的帳幕元素，亦參考了軍人所居住的帳幕。楊政剛議員、袁景煜議員還發動到加拿大考察，因為當地同期有英國軍事防禦工程需要保留，可作參考。譚士偉更自費到內地、英國去考察相近似的建築，發現海防博物館的確擁有十分先進而且富有特色的軍事結構。

作為建築師，譚士偉關注的是設計概念是否可行。1997年回歸將近，資源集中在迎接九七的工程中，沒有太多人手可以參與海防博物館的設計項目，幸好招標時聚集到以前也在建築署工作的前同事一同合作。他們先花時間將遺留下來的民航線儀器整合，卻在測試儀器的途中，遇有民航客機墜毀，使工程一度陷入停止。又由於現場有很多檢測儀器位置都已經相對固定，在設計圖上很難再作發揮，加上人手和資源緊張，時間有限，地形亦複雜，他們未有完整方案就開始施工，一邊施工一邊完整方案。有了方案後，還得經過建築署內部及市政總署仔細審批，民航處作出放寬的決定，可以重新將固有的儀器裝置到其他位置，工程展開後，他們又與承辦商禮頓公司合作，處理財政預算的問題。整個設計過程爭分奪秒，譚士偉每星期都會收到同事大量的電郵提問，譚士偉説，為了更有效地解決問題，他每天都會到工地現場考察、回答問題，即場坐着吉普車到不同的地點，做記錄和解決問題，主持設計工作。

香港海防博物館的布幕是這個項目的焦點。布幕由德國公司設計，香港團隊審閱，再斯里蘭卡手造生產，零件則來自內地。布幕的重要元素是一種太空物料，譚士偉需要親自到不同地方跟進生產。支撐布幕亦依靠中間的鋼索，而布幕的高度又受啟德機場的限制，不能太高，以免影響飛行。在克服這些掣肘的過程中，譚士偉學習了很多，布幕在設計上也作出相應的改變，由一枝桅杆延長到四枝桅杆，底下的支撐點也影響到地下室的位置，支撐點需要再做調整，才能落地，完成後，整個布幕似是一張凌空的蜘蛛網。

工程最終得以提早完成，承建商也願意花時間改善細節，讓事情變得更加盡善盡美。由工程的建築師到合辦商，整個施工團隊都建立了一份深厚的友誼和信任。

2000年7月25日，香港海防博物館正式開放予市民參觀。隨着海防博物館的開放，令譚士偉感到快樂的是一大班小朋友隨學校旅行到訪時表現出雀躍的神色，感受到原來學校旅行的目的地可以是一個室外、室內環境兼備的博物館。他們可以在這裏跑跳、玩樂，也可以有所獲益。另外，海防博物館還吸引到世界各地的海關人員前來參觀，包括一些退休軍人在此回顧、認識和共享軍事文化，串連了很多二次世界大戰的故事。

海防博物館透過展示文物及古蹟徑，道出香港的海防歷史。

如今，海防博物館依然透過展示文物及古蹟徑，道出香港的海防歷史。能夠負責海防博物館這個項目，譚士偉十分光榮。回望當初，香港得以建成一個海防博物館實在不易，設計時需要考慮得十分周全，但這些付出沒有白費，海防博物館留下了很多寶貴的歷史記錄和人物故事，這些勾起歷史的體驗，才是這個建築最值得珍惜的部份。

完成海防博物館的工作後，譚士偉在活化、保育等議題更有把握。2007年，譚士偉便負責了另一個活化保育項目的建築設計 —— 葛量洪號滅火輪展覽館。

葛量洪號滅火輪展覽館位於消防船葛量洪號內，這一艘葛量洪號在1953年至2002年間，一直是香港消防船的滅火輪，曾參與無數船舶的大火撲救及海上救援的工作，直至退役一刻，它仍是亞洲最大的消防船。船名來自第二十二任香港總督葛量洪的名稱。展覽館面積約1,200平方米，展出獨特的消防文物，市民上船可以了解各種各樣的消防設施，認識海上救援工作和消防歷史。

由開展保育工作之初，建築師團隊便研究將船隻放在公園裏，康文署館長認為，船底被蠔殼貫穿的情況雖然嚴重，但還有補救空間。他們一方面修復船隻，一方面思考怎樣讓它被公眾看見。由於船隻體積不小，運輸上需要請一架由內地而來的搜救船協助。船上的消防設備和房間在復修後仍然保留着，展覽館以海上消防歷史為主題，船隻本身亦見證了香港的消防歷史，以及反映了香港1950年代造船業的成就。

這個建築項目的一個有趣特點，是它本身是一艘船，而非憑空興建出來的建築物。譚士偉談到，他在接到這個保育項目時，也正處於學習保育的階段，保育是通過保留一棟古建築，讓人從中認識到很多相關的人、事、物。他曾經報讀港大保育碩士課程，在工作上亦接觸很多保育的項目，甚至做學術研究，希望能持續關注這個議題。

1	3
2	4

1. 博物館的前身是鯉魚門炮台的軍營，現在換了一個角色守衛着香港海港的記憶。
2. 博物館的布幕以「軍人精神」作為參考及靈感，遠遠看去就像一張凌空的蜘蛛網。
3. 葛量洪號滅火輪展覽館以第二十二任香港總督葛量洪的名字命名，展出獨特的消防文物。
4. 葛量洪號在海旁公園，市民上船可以了解各種各樣的消防設施，認識海上救援工作和消防歷史。

愛秩序灣公園
遠一點、闊一點、深一點

在港島東區的筲箕灣一隅，有一艘紅色的木船停駐在高樓之中，形成了一個大型水景，為喧鬧的城市添上別樣的風景。原來這是愛秩序灣公園，由園境師練偉東設計。

從大型水景到漁船的設計，每個細節都連接着這個地方的歷史與故事。愛秩序灣一帶曾是漁村，練偉東接手項目時，第一時間便是在地考察——由遠眺山巒，經過社區，走到填海位置，再到海邊……只為尋找連結社區脈絡與歷史文化的線索，最終把項目的主線定位為「昔日漁村」。

由最初的草圖起稿，以至整個公園的落成，練偉東一直全程參與。愛秩序灣公園佔地約 22,000 平方米，前身是停車場和哥爾夫球場。這裏的高強度燈光和噪音問題，曾影響着附近的居民，同時由於路段問題，市民難以前往旁邊的休憩地，因此整個環境令人感覺十分不良好，也成為了練偉東的首要挑戰。

愛秩序灣公園以「漁村」為切入點，坐落於公園中的漁船就是這裏的焦點。漁船是從汕尾一間船廠訂製的真船，由港口運來香港，再由承建商拖到岸邊，並以大型貨車拉入公園，整個過程曾引來不少市民圍觀。公園內還有很多大小不同的亭子，模仿舊村的高蹺小屋，配合小溪、瀑布，做出大型水景，同時在視覺上連接公園外的筲箕灣避風塘。如果站在公園向海的方向望去，最先會看到公園裏的水池，一直延伸至外面的海濱長廊，繼而便是大海，這條直線成為了連結自然的線。

公園還有不少值得公眾發掘與感受的細節。例如愛秩序灣公園附近的譚公廟，每年都會舉辦慶典活動，臨時搭建的戲棚均採用竹枝建成，練偉東以此為靈感，在公園的設計中加入竹的元素，以回應這裏的地區文化。此外，他特意將公園入口的設施向後推，為前方路徑留下較大的空間，引進人群。園內的大涼亭則面向草地，與草地和石屎路連接，把空間延伸，如果涼亭的空間不夠容納使用者，人們仍可使用草地。

至於面積中等的兒童遊樂場，白天雖有老人家在這裏做伸展運動及使用遊樂場的設施，但因活動相對靜態，聲量不會影響旁邊的小學上課。到了下午三時到五時，小朋友放學，便會一窩蜂聚集到兒童遊樂場玩樂，使整個地方變得活潑和歡樂。

「設計兒童遊樂場時，我一直在思考整個家庭的需要。」練偉東特意把洗手間設在遊樂場旁邊，好讓小朋友在玩耍中途需要去廁所時，不用走

1. 水景配置大小不同的亭子，模仿舊漁村的高蹺小屋。市民在沒有欄杆的木甲板上可以近距離接觸水面。
2. 公園通過不同水景，如小溪、瀑布等，引導人們從太安街的主入口到漁船所在的大型水景，並在視覺上連接園外的筲箕灣避風塘。

得太遠。考慮到安全性，還特意繞着整個遊樂場範圍建設裝有玻璃的涼亭，方便家長清晰觀察小朋友的動向，同時亦可安放嬰兒車、大型隨身物品等。每每到訪愛秩序灣公園，都能感受到熱鬧的氣氛，常見老人家、小朋友在這裏休息玩樂，周末還有外傭在這裏聚會，亦有人帶上樂器在此做演出，生命力豐富。如此種種，都是設計師經思考、觀察、實驗和實行的結果，「我還記得在落成後的第一個周末到公園，看到整個兒童遊樂場座無虛席。」

不過，由於園內設計涉及水的元素，水一直都是公共建築需要面對的一大難題，因此公園在落成之前，曾經過多次修正與協調。練偉東仍記得有一晚與上司何永賢建築師到鰂魚涌社區會堂做公眾諮詢，聽到家長擔心水池區域存有安全隱憂，為此，建築師在水池四周種植花草樹木，只保留仿魚棚位置，讓觀眾能夠接觸水面，幸好當時康文署的同事接受，「有些事情你不試就不會知道，因此首先是不要害怕，重要是怎樣與多方單位溝通。」

最終公園於 2011 年開幕，當時練偉東看到一班小朋友坐在攔河邊，用腳輕輕接觸水面，這個畫面使他感受很深，其實有時設置太多保護設施，又或豎立過多的指示牌，會否反而令公眾放下戒心，反而引致危險？

練偉東兒時曾跟隨父親做木工傢具，長大後修讀環境科學和園景建築，當時的園景建築學系每兩年只收取十一名學生。畢業後，他以園景師的身份參與過香港濕地公園的項目，由於他此前參與過拓展署的工作，曾以不同品種的植物做實驗，測試植物的生長模式，比如水生植物需要在水深多少的環境裏生長等，因此當他負責濕地公園的項目時，便能將實驗的成果應用，植物成為了他的一種建築語言。

在愛秩序灣公園中，只要仔細觀察，便會發現很多看似不起眼的爬牆虎。它們會在不同季節呈現不同的生命力，如秋冬時會落葉，呈現紅色，春夏則呈翠綠，它們跟建築物的分別是植物總在變化，而人也一樣，作為園境師的他同樣在變。一個建築師需擁有獨立的思考，才不怕面對困難和嘗試。公共建築的壽命可以很長，往往安放在同一個位置十年、二十年，甚或更久遠，建築師設計作品時怎樣將它和社區、公共空間連接，並且好好愛護，是一個值得思考的議題。「看事情要看得遠一點，看闊一點，看深一點。」這是上司何永賢曾給練偉東的寄語。

港島南

導讀

港島南包括山頂區、薄扶林、香港仔、深水灣、淺水灣、赤柱、大潭、石澳等風景怡人的地區。

從歷史上，山頂曾劃定為西洋人的專屬區，至二戰後才解除限制，現今已成為富裕人家聚居的賣點，隨着時代變遷，不少優美的古典西式建築，已被重建為豪華大宅。山頂有其特殊元素，應尊重歷史事實，包括有關老襯亭的故事，其最早的位置並不是今天大家熟悉的凌霄閣或旁邊的獅子亭，而是柯士甸山遊樂場往上行不遠處的一座舊涼亭。附近亦是世界建築奇才已故扎哈‧哈蒂女建築師的發祥地，1982年一位姓蕭的香港商人舉辦山頂私人會所國際建築比賽，她是得勝者。雖然當時她過於前衛的設計未能付諸實行，卻是締造扎哈‧哈蒂神奇成就的起點。筆者借此糾正外國網頁報道有關該比賽位置的說法，地點既不是在九龍的山頂，也不是在凌霄閣。

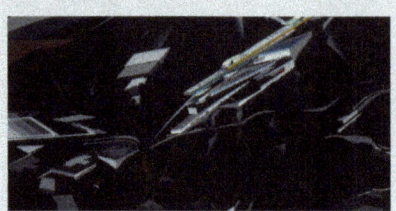

還原山頂的舊風情

「山頂改善工程」是一個很獨特的項目，緣於旅遊事務署希望為旅遊人士改善山頂一帶的配套。這工程是由筆者自發爭取擔當，並與景國祥建築師合作，範圍不只限於更新各項設施及增設由一輛舊纜車改裝的旅遊諮詢中心，更大目的是為香港打造一個純西方園林美景，以回復昔日舊山頂的古雅景緻；透過改用古典款式替換新式園景設施，營造一個美麗的復古氛圍。

參與山頂工程的另一得着，包括中途加插一段挖掘古蹟的小插曲，那是在山頂涼亭地基下的新發現，例如百年前港督卜力爵士的夏日別墅剩下來的部份瓦片地舖及當年的汽水樽等等，可惜在挖掘展開不久，卻有聲音要求保護那1970年代才興建的涼亭，跟着又接獲發展局要求停止挖掘的通知，如是者唯有把一切回歸原狀，殊感可惜。此外，工程諮詢期間惹來反對人士的聲音，箇中如何角力，如何化敵為友，回想山頂工程的經驗，可謂五味紛陳，百感交集。

在摩星嶺的芝加哥大學

由山頂步行至摩星嶺炮台區，會路經一棟位於山崗上的建築，那原是青年旅舍，是鄭炳鴻及乙增志兩位建築師的得獎之作，奈何時代變遷，遠離市區的青年旅舍已難於經營，早已改變用途，原來得獎建築的外形，今已面目全非。

芝加哥大學香港校園坐落於薄扶林的炮台區，校舍利用港英年代囚禁政治犯的白屋加建而成。設計由溫哥華著名華裔建築師譚秉榮夥拍甄孟仁建築師一起負責，採用

流線形玻璃幕牆的外觀,順應地形山勢而建,以減低體積及重量感,令穿梭狹窄馬路的車輛不感壓迫。由於玻璃幕牆反映周邊樹影山色,令本來不高的建築群更融入自然,是很有智慧的優美建築。除此以外,譚秉榮和甄孟仁也成功取得虎豹別墅的活化工程,擔任項目建築師,而胡燦森建築師則為項目經理。虎豹別墅原是胡仙女士的物業,幾經波折,最後成為特區政府其中一個活化歷史建築項目。在譚秉榮和甄孟仁的設計下,虎豹別墅活化為現今的虎豹樂圃,以推廣藝術文化音樂為主。譚秉榮建築師生於香港,在加拿大成名後返回出生地,與拍檔甄孟仁建築師一同為香港設計了幾座突出的建築,當中也包括西九文化區的戲曲中心。惟他不幸因腦溢血病逝,未能看到作品完成,也許是建築師的畢生遺憾。

位於薄扶林的伯大尼堂,是 1875 年由法國外方傳道會興建,其後由香港政府接管,曾計劃交給香港大學,最後改為香港演藝學院一個非常優美的第二校舍。經重新粉飾後的伯大尼堂,見證新舊部份之間如何融合的建築語言可以如此不凡。負責改造工程的是廖宜康建築師。在伯大尼堂鄰近有另一幢較細小的古雅平房,是牛奶公司遺留下的物業,亦是另一個活化歷

史建築伙伴計劃[1]的項目,名為薄鳧林牧場。在半個世紀前,這一帶是牛奶公司的牧場,筆者少時曾到此一遊,一大群掛上銅鈴的乳牛在山上吃草,從遠處傳來的牛叫與鈴聲,依稀如荷蘭風情。

薄扶林亦是香港大學的位處範圍,建有不少校園建築,當中最優美的現代建築,非香港大學研究生宿舍莫屬。它坐落位置的高低差距很大,反令嚴迅奇建築師得以發揮所長。他擅長以精明的設計營造通達性,能把不同的空間貫通得宜,令穿梭往來的經驗由沉悶變成輕鬆,本身是港大校友的嚴迅奇建築師,因而為母校留下一幢值得自豪的校舍。有百多年歷史的香港大學,在薄扶林已經歷多年的歲月沉澱,走在其中,筆者懷緬起半世紀前的香港大學。曾幾何時的儒雅氣息,古樸的校園築跡,隨着去舊迎新已逐漸消失。今天的港大校園,即使走進陸佑堂或馮平山博物館(現香港大學美術博物館),也察覺不到那裏曾孕育過無數歷史英豪與文人雅士。

在港島南的新藝術區

黃竹坑由工業地帶搖身成為吸引年輕人的新區域。由於租金較便宜,這裏曾吸引不少喜愛特大空間的畫廊,進駐該區的工廠大廈,逐漸形成紐約切爾西[2]的香港版。但不能否認,黃竹坑最大缺點是以汽車為本的道路設計,令步行不便,若要參觀分散於不同工廠大廈的畫廊,需穿越不少行人天橋及乏味的街道,令畫廊發展又有回流中環的趨勢。儘管如此,近來大量新落成的工貿大廈,似是迎合年輕人喜愛自僱式工作室的風氣應運而生,遂引來型格的雅格酒店。

雅格酒店是吳偉麟建築師和拍檔 Peter Lampard 建築師的作品,以灰磚疊砌外牆看似編織毛衫的紋理,室內裝飾則採用粗獷而活潑的風韻,以配合這區優皮化的願景。他另一項建築作品是位於九龍尖咀山林道的山林舍酒店。作為一位非常年輕的建築師,能成就出大型項目,談何容易;再參照本書有關其他回港創業者的真實個案,說明香港仍是年輕專才一展所長的福地。

由黃竹坑往赤柱途中,可看到一座外牆似被藤蔓纏繞、設計略帶熱帶風貌的香港海洋公園萬豪酒店;再穿越深水灣、淺水灣、春坎角一帶林立的豪宅,都各有特色,惟當中最突出是吳享洪建築師所設計的影灣園連同模擬從前淺水灣酒店的商場部份,一直是遊客必到的打卡重點,雖已建成多年,至今仍保持良好。

赤柱的南歐風

赤柱原是當年英軍最先駐紮的地方,後因水土不合才遷往中環。早於 1840 年代初,這區已建有赤柱國殤紀念墳場,長久

以來都是不少外國人聚居之地，美國會所亦選址大潭。美國會所由美國建築師小威廉·特恩布林³設計，他擅長設計海濱建築，利用空間與自然的碰撞，巧妙地把握海景、地貌、建築之間的關係，將其融合得天衣無縫，故此他被挑選擔任這個項目的建築師，也是他在香港的唯一作品。對於有機會親臨會所人士，一定認同這是香港最優美的會所大樓。

特區政府計劃將赤柱定為重點旅遊區。由於這裏擁有海濱景色，以及早已從金鐘將整幢美利樓搬遷到此，加上有不少特色西餐廳，外國遊客特別鍾情，令大家不期然想到要營造一個南歐小鎮的情懷。改造赤柱的計劃包括興建一座赤柱市政大廈，由溫灼均建築師設計。基於這裏的周邊街道狹窄，故以弧線型的轉角，配合中國四合院概念，設施向內，相互共融。在此加插花邊小故事，原來在該大樓項目開展初期，曾接獲不少投訴和嚴苛批評，認為建築設計錯誤及擔心成品不美觀等，直到作品完成後，才令市民完全改觀。

至於海濱的改造，是筆者與溫灼均建築師連同梅冬景園境師共同策劃。我們先大膽要求拆卸海濱一座笨拙而龐大的臨時街市，將之重建為一組形似滑浪風帆的小店群替代，小店呈彎狀沿海濱排列，以騰出空間，擴充木板道，令整條新海濱長廊暢通無阻，延伸至美利樓。設計團隊更挑選美利樓邊緣的海旁，興建一個赤柱碼頭——這個原本建於1902年的中環卜公碼頭，在1967年被搬到黃大仙摩士公園，變身為涼亭。美利樓如一百年前再次回到海上，地點卻變成了今天的赤柱海旁。

位於赤柱東頭灣的聖士提反書院，內有新舊建築。所謂新建築，是指由已故何弢建築師於四十年前設計的校舍，採用A字形態的清水混凝土建築，是當年相對前衛的風格，時至今天依然耐看。聖士提反書院附屬小學位於赤柱黃麻角道，由廖宜康建築師設計，看來像一個大方盒穿破蔚藍天際，非常悅目。

赤柱確實有豐富的旅遊景點，由新海濱到舊市集，由洋墳場到老村屋，由古建築到日戰前出現的八間屋⁴都有。赤柱亦是明星喜愛的蒲點，名屋、名人的集中地。在參與政府工作之前，筆者曾設計位於赤柱灘道的 Stanley Crest，六座全海景別墅原是大膽的泥紅色，現今已被更改為淡色調，途經時差點認不出來。別墅對面亦有梁志天建築師設計的旭日居、吳享洪設計的海灣園，以及余嘯峰建築師在南灣道設計的獨立屋，後者是一幢向海的方盒子，隱藏著細緻的室內空間設計，與幽雅的戶外花園、修長的泳池與塊狀的建築輪廓，

是另一層次的簡約美學。

無與倫比的石澳

由柴灣轉入石澳,是港島繁華城市背後一處隱世的小村,這裏反映外國人特別鍾情香港的原因,正是只需二十分鐘路程,便由大都會的五光十色,轉眼變身為茂翠重山、蔚藍海岸,甚至巨浪滔天的大浪灣。

石澳的不同凡響,正是它最靠近城市,卻又最緊貼郊野,集齊應有盡有的景致與特色。當中包括具有歷史性的建築:1955年建成的歐式石澳巴士總站,是中國近代建築大師徐敬直先生的作品;二十二幢絕世大班屋,乃從十九世紀開始來到石澳的顯赫家族,他們進駐這個從不喧嘩而有絕色美景的世外桃園,今天所見的巨宅,都是由著名建築師設計,各有不同風格,不同凡響。

這裏亦不乏另類建築,例如今天仍可觀賞從前由高文安建築師改造的石澳村屋。上海出生的高先生,其第一桶金正由他在石澳的小屋改造開始,由於其東西混合風格別樹品味,鄰居都找他擔任設計,令他的建築色彩逐漸開枝散葉,石澳的彩色小屋已成為遊客打卡的景點。在石澳岩石灘上,亦有非常奇特的魯賓遜式岩石屋,由此可見,石澳雖小,卻無與倫比。

註釋

1. 活化歷史建築伙伴計劃:香港特區政府自2008年起,將政府擁有的歷史建築活化;向成功申請的非牟利團體撥款及提供補助金,收取象徵式租金,以社會企業方式營運。
2. 紐約切爾西:Chelsea New York,紐約曼哈頓的新畫廊區。
3. 小威廉‧特恩布林:William Turnbull Jr.,美國建築師。
4. 八間屋:簡稱「八間」,位於赤柱大街二號,由七個二級歷史建築及一個三級歷史建築組成的歷史建築群,因八間相連的排屋而得名。

芝加哥大學布思商學院香港分校
生於斯，榮於斯

在2011年11月22日，與譚秉榮建築師一起午膳，他親手送上自己的建築全集 Bing Thom Works ——他的故事，直接反映作為海外華人對回饋祖國及出生地的一份心跡。

譚秉榮建築師在香港出生，1950年隨家人移居加拿大溫哥華，在當地受教育及開展事業，一步一腳印，今天已成為加拿大一位非常傑出的建築師；從吾輩的視點，他更是香港人在外國建築界卓越有成的典範。生於斯的一份情懷，令不少海外華人，期望能為自己的家鄉做點事，更何況譚秉榮是一位富有願景及理想的建築師，當然也希望在出生地留下果實與心意。

譚秉榮建築師能達成衣錦還鄉的願望，緣於早年他與黃錦星建築師在加拿大建立的師徒關係。適逢香港西九文化區管理局舉辦戲曲中心國際設計大賽，當時黃錦星建築師在呂元祥建築師事務所（Ronald Lu & Partners）任職，透過穿針引線，兩間經驗豐富的公司合作參加競賽，憑着展示大戲台的意念，在五個決選作品中脫穎而出，贏得西九戲曲中心的項目。

為實現計劃，譚秉榮建築師安排同是來自香港的拍檔甄孟仁建築師回港開設分公司，銳意在這裏發展；除西九戲曲中心外，期間亦成功取得虎豹別墅活化工程及芝加哥大學香港分校項目。

虎豹別墅原是胡仙女士的物業，幾經波折，最後成為特區政府其中的活化歷史建築項目，並公開接受申請。鑑於胡女士緬懷舊居，且與譚秉榮建築師早已認識，因而合作申請。由於胡譚二人的特殊歷史背景及藝術修養，贏得評審委員會的一致好評與信任，虎豹別墅活化後，昇華為虎豹樂圃。

無獨有偶，芝加哥大學布思商學院總部遷出新加坡，落戶香港，選址在摩星嶺的白屋，並招標設計新校舍。參賽的十二間建築師事務所當中，譚秉榮的設計獲評審團特別青睞，全因他的方案最尊重原有地貌生態系統的完整性及懷抱大自然，令新舊建築相輔相成。

他的設計是一座有如懸浮於半空、既透明又輕盈的玻璃建築，要達至這效果，有賴與工程師及承建商緊密商討所得的成果。在這裏不得不補充，譚秉榮建築師對建築藝術的水平要求高，他深信與承建商維持相互

1　強調曲線的玻璃幕牆,讓建築被山林樹影環抱,融入自然。
2　建築師利用玻璃幕牆作為建築的外衣,藉以反映周邊景觀,令建築更輕盈雅緻。
3　低調簡潔的建築,配襯滄桑古木與殘破的炮台,形成虛實對比。

尊重的合作精神,是一個成功設計的必然條件,因此很重視與承建商的互動互助,這是他在加拿大所實踐的「設計與建造」模式,由建築師主導下所帶來的作品保證。這與香港所謂行之有效的「設計與建造」迥然不同,後者是由承建商統籌一切,建築師難於左右大局。

芝加哥大學的美,是設計上利用波浪線條,營造恍如絲帶的流暢感覺,物料採用剔透玻璃,令學生享有置身於開放式教育的愜意,有時與歷史建築交流,有時又與周邊的林木對話;因為建築本身的輕巧及玻璃反射出園林的雅緻,加上空間感覺的輕盈,令人群無拘無束遊走於不同時代的空間,體驗歲月蒼蒼的足跡。

認識譚秉榮建築師,始於西九戲曲中心,由接觸到彼此親切的交流,當中最令人撫今追昔的,正是他時刻流露對這出生地的一片丹心。他如願以償,在香港設計了三件心血結晶,遺憾是他突然於 2016 年離世,來不及親睹結晶品的完成;他得以釋懷的,是香港人不會忘記他留下了優美的建築,為香港增添榮耀與光環。

聖士提反書院附屬小學　伯大尼修院
讓歷史走進生活

「我爸爸是不是我的偶像？」廖宜康眉毛稍稍上揚，重複了一遍問題。「絕對是我的偶像。他負責華富邨時，比我年輕多了，四十歲都還未到。」談及父親，廖宜康總是毫無保留地表露他對父親的欽佩。

與廖宜康聊起他與建築的緣分，很難不提及他的父親——廖本懷。廖本懷是一位建築師，更是香港首位華人政務司，同時亦被人稱為「香港公屋之父」。皆因1960年代起，廖本懷着手的香港公共房屋建造，從根本性問題出發，改善了當時公共房屋的惡劣環境問題，提升了人的生活空間質素。廖本懷結合園景設計，將綠化帶入屋邨，以人為本，打造了一個配套設施十分充裕的社區環境，當中最為矚目的就有「平民豪宅」之稱的華富邨。

「他從來沒有要求我要跟他一樣，甚至曾叫我不要讀建築。」廖宜康回想起初報讀建築系時，父親還特意坐下與他促膝長談：「他和我說，做建築要熬的，經濟回報也未必很好，不過最重要一點，就是永遠沒有最好，只有更好⋯⋯」

受過一番思想教育後，廖宜康還是不死心的說了一句，「應該餓不死吧！」如是者，他依舊循着自己的內心選擇了建築系。「其實他也感到開心的，不過作為一名父親，他必須跟我分享他的經驗。」

廖宜康先後畢業於英國皇室學府伊頓公學（Eton College）及美國康奈爾大學（Cornell University）。畢業後，在多倫多工作了三年，於1992年回港，加入了王董建築師事務有限公司，一呆就是十年。

「我不是一個到處走的人，我連見工的履歷都沒有。」那時候的廖宜康已經三十八歲了，對於一個建築師來說，要麼跳出來，要麼就一直待着。「當時剛完成一個西九的項目，有個叔伯從上海回來，看見後覺得很不錯，於是說服我出來創業，還給我第一個在上海的任務。」

2002年，廖宜康開了自己的公司——廖宜康國際有限公司。不過公司剛成立不久，腳都沒站穩，就碰上了非典型肺炎（俗稱「沙士」）爆發。「沒辦法，租約簽了三年，不能說走就走，只能戴着口罩飛了，幸好機票也便宜。」在徬徨之際，他沒忘當初的決心，儘管經濟蕭條，自己四個月沒有支薪，伙計的糧他卻沒有怠慢。回想起舊日的起起落落，他似乎早已看淡，笑着說，「現在不也是戴着口罩嗎？」

| 1 | 2 |

1. 聖士提反擁有悠久歷史，在新舊交融下，新增建築沒有花俏的外衣。
2. 在歷史的洪流中，舊有建築已飽受摧毀。翻新後，以現代化的面貌重新示人。

因為父親的緣故，他自小不乏看建築的機會，周末的其中一項娛樂就是隨着父親逛地盤，對於建築與空間所營造的共振與情緒，他很早就感受到了，只是當時還小，不知道這種感覺為何而來。「以前還會拿功課給爸爸看，我都會盯着他的表情，看看他有甚麼評價，不過長大之後就少了。」

「有一次我父母遊埗，剛好碰到聖士提反書院附屬小學（下稱「聖士提反」）的校長，大家閒聊間，校長就提及：『你兒子幫我們設計了這所學校，我們很喜歡。』她還問我爸媽見過沒有，然後我們就像平常一樣，互相傳短訊，有緣分碰到就會去看一下。」

聖士提反擁有悠久的歷史與故事，見證香港的起起落落。1901 年，八位華人商界領袖及社會賢達上書港督，想為華人幼童開設一所英文書院，以作高質素教育。書院於 1903 年成立，經多次搬遷，於 1930 年坐落於赤柱東頭灣道，背靠聖士提反灣畔，其中小學部仍提供學生寄宿。

聖士提反在歷史的變遷下也出現過不同的角色，在 1941 年日軍入侵香港期間，學校的書院大樓曾被英軍接管，改為緊急軍事醫院，不出半月，日軍於聖誕節佔領了聖士提反並闖入了書院大樓刺殺傷患、醫生及護士，後人稱此事為「聖士提反書院大屠殺」。自此，聖士提反便淪為日軍的拘留營，直至 1945 年日本投降。

聖士提反至今仍保留了八幢戰前建築物，包括書院大樓、馬田宿舍、舊實驗室和五幢平房。大部份建築和設施在戰火下都曾遭毀壞，經翻新後，以現代式建築材料取代了舊式結構，但大體上仍保留原貌。除了原有建築以外，隨着學生增加，聖士提反也新增不同的建築群，包括由廖宜康負責的聖士提反附屬小學於 2016 年落成的何崇鎏教學樓。

在新舊交融下，新增建築沒有花俏的外衣，簡約的線條、色調，與周邊的環境十分融洽。廖宜康表示，在優渥的環境下，空間是新舊校舍中很重要的元素，包括人與空間的互動，也是他設計聖士提反時的風格重心。校園頂層是連接大樓及主校園的橋樑，裏面有十二間教室、圖書館、劇院等，新翼外牆還有攀石牆，自然採光與通風的設計讓校園與室外空間充滿無縫銜接的感覺，中央的核心空間提供了一個學習交流的機會，讓師生之間的關係更為貼近。

廖宜康表示，活化建築，甚或處理新舊結合的建築群，有時未必拆掉重來才是好的，當中包括一些很值得保留的歷史價值。「我還記得剛開業不久，做了薄扶林的伯大尼修道院的修復，這是我其中一個特別有感覺的地方。」

伯大尼修道院由巴黎傳教士埃特朗日雷斯於 1875 年建成，擁有過百年歷史，曾為傳教士居所及療養院。花崗石的大門門楣上，刻着《若望福音》中的「Domine, ecce quemamas infirmatur. Jn III.」，意思是「主啊！

1. 伯大尼修院歷史悠久，於1875年由法國教會興建。
2. 香港唯一的新哥德式風格的教堂，保留白色外牆和尖形拱門，是香港的結婚熱門地。
3. 玻璃花窗在夜晚時分，顯得更為迷人。
4. 在原建築上，加以玻璃頂上蓋，注入一絲現代化風格。

「請看你所鍾愛的人病了！」修道院曾經歷關閉及用途上的改變。2006年廖宜康完成修復工作，將原本的牛棚改為劇院，在原建築上加以玻璃上蓋。新哥德式風格的教堂讓它成為香港最受歡迎的結婚熱門地之一，「還記得當時一年舉行三百多個婚禮。」現時為香港演藝學院轄下電影電視學院的新校舍，延續其故事。

除了父親的影響，他還十分記得在大學四年級那年，跟着一位教授去羅馬看了很多意大利的建築，有很深的體會。「那個教授是一個城市規劃師，他看到的不是單單眼前的事，也不是只從一個建築出發，而是整個城市的規劃。我們當年做的西九項目，用的就是他這套。」2002年，廖宜康參加西九文娛藝術區設計比賽，名次僅次Norman Foster，身居第二。

和廖宜康談建築，談的不僅是建築，還是全球化問題。「冰融了很難再復原，看看新加坡，新基建需建於海平面五米以上，by law！香港呢？別說千年之後，不聞不問的話，百年之後都泡湯了……」其實坐下不久，廖宜康已經談及體制了。他始終認為，建築師有能力為城市和社會做出改變，而這些早已不能以金錢作為衡量標準。

山頂公園
守護者

認識馮永基建築師，是因為一次採訪。我的印象十分深刻，不僅因為他為人和善，還因為那時我剛出來工作，這是第一篇正式見街的人物訪問。那天，整個訪問過程都很愉快，聊他的畫、聊他的人生，反倒沒怎麼聊他的建築，如是者，一個下午過去了。事後他才和我說，「怎麼這個記者不願走的。」

還記得做那個訪問時，我寫了很久，也苦惱了很久，後來才發現是因為自己太緊張了，所以包袱很大；如今，再次執筆寫他，包袱仍在。寫馮永基多少有點難，因為他已經接受很多次訪問，再寫會否跟其他訪問沒分別呢？帶着這些「包袱」，再次翻開那本我們第一次見面做訪問時，他贈予我的書——《誰把爛泥扶上壁》。從年幼讀到青年、從年青讀到中年……字裏行間充滿詼諧幽默，輕輕帶過坎坷的童年與艱辛的求學時期；讀他如何與建築結緣、如何將「厭煩」的建築變得「好玩」，看他如何以調皮的字眼書寫硬繃繃的建築，讓人時而會心一笑，時而感到耐人尋味。

不知從何時起，馮永基已是一頭銀髮，鼻子上頂着一副圓框眼鏡。他說他不過九十度近視，戴不戴也無妨，不過戴了倒是多了一絲文人氣息，只要不開口，還能存有一絲距離感。然而，他一說話就像破了攻防，三言兩語總能讓身邊人開懷大笑，讓氣氛變得融和，與他正經的外表形成反差，讓人有點出其不意。

為了籌備這本書，我們因此得到「三日遊全港」的機會，熱血如參加大學時期的「城市定向」（City Hunt），拿着任務紙，朝九晚七的跑遍港九新界。過程故然開心，但一天下來，確也很疲憊，然而，看着馮永基每去到一個地方都會喋喋不休的講建築、講歷史、講故事，那句話到嘴邊的「好攰」，立馬吞回肚子裏。

還記得那是一個無雲的禮拜日，有馮永基最喜歡的一片潔淨藍天。來到遠離市區的山頂公園。聽着溪潤的潺潺水聲，偶爾夾雜着清脆的鳥鳴聲，眼前綠草如茵，遠處有大海與島嶼，看着這如斯風景，煩憂立馬一洗而空。山頂改善計劃是馮永基退休前的其中一個項目，當時同期還有尖沙咀海濱美化工程和香港濕地公園。伴隨着呼嘯而過的涼風，我們沿着同樂徑，途經老襯亭，走到了舊總督山頂別墅守衛室。「同樂徑，聽起來很親民吧？但英文是 Governor's Walk，即是港督自己行的後花園。」馮永基開啟了歷史課模式，邊走邊說。

從英國訂購的仿古涼亭,既划算、精緻又實用。

回看山頂的歷史,根據 1904 年香港政府通過的《山頂區保留條例》(Peak District Reservation Ordinance),華人是不得居住在這區的,因此山頂成為了洋人的專區。山頂受歡迎也不是沒有原因,香港天氣濕熱,根據地理,海拔高幾百米的太平山山頂溫度要比市區低幾度,因此山頂成了洋人的避暑之地,就連總督的避暑別墅也選址於此,就是貪它夠「風涼水冷」。

這條不平等的《山頂區保留條例》直至二戰才被廢除,加上當時位於山頂的避暑別墅因戰爭遭受破壞,後隨着粉嶺興建了另一座總督別墅而逐漸被荒廢,因此,這座曾經最宏偉的山頂別墅最終於 1946 年拆卸,只剩下了守衛室。1970 年代,山頂改建為公園開放給公眾,而別墅遺址則於 1979 年加建了涼亭,站在那放眼望去,恍如將香港景色盡收眼底。

經過整整一個世紀的洗禮,山頂留下了不少西式建築,形成了獨有的特色。2006 年,建築署展開山頂的改善工程,馮永基在處理這個項目時,並沒有大肆添加新的建築物,他先是將充滿違和感的涼亭、公廁、街燈、花圃等拆卸,繼而換上充滿古典氣息的英式更亭、涼亭、街燈等設施,將過往歷史痕跡與面貌重新呈現。

對於馮永基而言,放下自我包袱不難,難就難在要舌戰議員。在山頂改善工程中,有立法會議員提出質疑:為何要走回頭路,懷緬昔日建築風情?同時也擔心所添置的仿舊建築會被扣上「假古董」的帽子,讓香港成為另一個「宋城」。馮永基不這麼想,「大家所身處的立法會大樓也屬於仿古建築,是仿羅馬式的建築,鑽石山的志蓮淨苑是仿唐建築,為何我們不抗拒,甚至喜歡?」於他而言,山頂的「復古」並非重新仿造古城,而是屬於尊重歷史的精神符號。

其實在進行山頂改善計劃的過程中,還有幾段小插曲。前總督山頂別墅遺下的守衛室於 1995 年被列為法定古蹟,馮永基與團隊有意將其由「貯物室」變為「山頂歷史展覽館」,用以展示一系列中環至山頂一帶的歷史故事,奈何計劃趕不上變化,因得不到支持而無法實現。事與願違的還有無法將山頂上的一些重大發現一併重現於世人眼前。

| 1 | 2 | 3 | 經重新包裝成西式古建築格調的公廁，配合周邊的園林配套，包括噴泉、燈飾、欄杆、鋪設，感覺懷舊。 | 前港督避暑山莊留下來的更亭及周邊平台，經設計團隊改建後，非常切合歷史更亭的原來風貌。枯樹襯托素白的舊建築，倍感蕭瑟及古意盎然。 |

2　山頂公園的設計是建築師揚棄個人喜好的建築風格，捨新復古，反樸歸真，回復從前西式園林的自然風貌。

話說，在山頂展開的多項改善工程中，其中一項便是將1979年落成的中式涼亭改為維多利亞風格的涼亭。在工程進行期間，有人挖到了一些物件，「我們還特意從英國檔案局取得了避暑山莊的圖則，推理涼亭台基下藏有別墅的遺物；當時我們還找來了古物古蹟辦事處一起研究及挖掘。」說到此處，馮永基難掩興奮。

過程中，先是發現了大量由英國明頓．霍林斯（Minton Hollins）公司製造的地磚，後來還有八塊刻有「Governor's Residence」的界石及兩塊軍部的界石。這些界石大約在1910年豎立，按紀錄共有十五塊，加上早於1979年建立涼亭時發現的兩塊，現時共找到十塊。「當時還安排了無綫電視上來一起見證，誰知道……」馮永基拍了拍大腿，忿忿不平中又帶點可惜，「有人提出現存的涼亭屬於集體回憶，不同意拆卸，那計劃也只能被迫煞停了。」

雖然無法重現這「山頂大發現」，但從山頂花園到柯士甸遊樂場一帶，維多利亞式設計讓這裏呈現了一種歐陸美，置身其中，有一刻像從煩囂的大都市中抽離，尋回一絲靜謐時光。馮永基直言，「如果以建築角度或設計角度去看，它沒有甚麼個人特色，但是我很滿足，因為故事和意義超越了建築美學。」

龍應台在《香港筆記》中寫下這樣一段話：「因為畢爾包（Bilbao）是個極其普通不起眼的小城，它可以用一個標新立異的特殊符號建築作為地標來突出自己。香港卻是一片璀璨，地標如雲，當地標被地標淹沒的時候，你還看得見地標嗎？地標還有意義嗎？」

馮永基對此深感認同，「很多人以為我做濕地公園的項目最開心，其實這個項目更開心。」山頂改善計劃是馮永基主動請纓攬下的，論發揮空間，它未必最大；論仿古風格，更非他所愛；但這就是馮永基，對於公共建築、地方文化，他從不將自己放在第一位，相較於個人喜好，他更在乎「尊重歷史」和「還原真我」。或許就如龍應台所說，香港一片璀璨，山頂公園又何須再多一個矚目地標。

看着這無雲的藍天，在旁的大樹頂着光禿禿的枝椏，散發着冷意，卻又透着詩意，靜靜的等待春季的到來，為它冠上新芽。

赤柱海濱長廊　赤柱市政大廈
來到海邊小鎮

受父親影響，溫灼均建築師從小就接觸藝術品，溫父不時在周末帶他到古玩店尋寶，讓他對藝術史開始產生興趣。在英國完成高中後，溫灼均進入了劍橋大學，就讀建築系。讀書期間，他經常到大學圖書館閱讀跟建築相關的書籍，嘗試尋找自己喜歡的風格。由於建築學科很難自學，他也找了相應的興趣班和工作室，希望學到有關設計的方法。

溫灼均認為，學建築應「自由地探索」。當時在劍橋大學讀建築的中國人很少，他曾想過到 Architectural Association 學習，但發現很多名師都是以師徒制的方式教學，缺點是學生需要完全按着老師的意思做設計，他比較傾向在一個自由度高、能自己做設計的地方學習。

溫灼均花了很多時間，消化學術理論的知識，讓它們沉澱，畢業後，他又看了很多老師寫的文章，繼續學習，尋找不足，再繼續鑽研，直至他開始由純理論的範疇踏入現代建築語言（Modernism）的領域，立時感到暢快自如，意識到一個建築學生如要充分學習建築語言，如果欠缺了這一部份，很難可以更上一層樓。

帶着疑問，溫灼均在大學三年級的時候，來到巴黎參觀巴黎聖母院。他在一個黑暗的角落坐下來休息，在當刻閉眼感受空間裏的寧靜，並留下了眼淚，「就在那一刻，我知道甚麼是建築。」溫灼均說，他雖然沒有刻意尋找建築的意義，但在歷年建築之路所遇過的體驗，都不及那次的感覺強烈和震撼。

儘管他在求學階段，對很多關於建築的事情都有疑惑，他也不逃避，一步一步去發掘和理解。「Architecture is through buildings」，他認為建築有別於繪畫藝術及音樂藝術等，只有建築藝術能夠切實地把自己包圍，讓他身在其中，歷在其中，這種感受無疑是獨特的。

畢業後，溫灼均在英國建築公司工作、考牌，後來英國出現經濟危機，他便回流香港，由私人建築師事務所做起，十日便要做起一幅設計圖，到後來機緣巧合進入建築署，一開始沒想到能在建築設計上得到今日的自由度，好像冥冥中有主宰，只要信念強，便會找到發揮的空間。

赤柱綜合大樓於 2005 年落成，項目是由上司關柏林引薦。溫灼均想做一個「A town hall in a beach side town」。他參考現代方法的演繹，試圖做出如芬蘭建築師艾華‧亞圖（Alvar Aalto）手下賽於奈察洛市

1　　卜公碼頭從 1902 年落成至 1925 年,一直為香港總督及其他政要往返港島時使用,並用作舉行歡迎或送別儀式,直到 1925 年被皇后碼頭取代。
2　　夕陽西下,碼頭安靜的聳立於波光粼粼的海面。

政廳（Säynätsalo Town Hall）的設計神韻，以清水混凝土外牆做出跟傳統香港市政大樓不一樣的面貌。溫灼均先是在中庭設立一部電梯，又在樓內開了很多扇窗，希望使用者能從內裏看到外邊的景色。大廈的中央庭院仿照中國四合院興建，設有許多開放的通道和樓梯，帶來自然風，冬暖夏涼，天台花園地上則加設光源，利用光線，使空間由下而上都變得通透。此外，中心庭院的玻璃地台也是個天窗，日間讓陽光透進社區會堂，晚間則讓社區會堂的燈光燃亮中心庭院，當時玻璃底的設計是種創新，溫灼均亦親自選擇了將一棵大樹植於中庭，增強生命力。與此同時，位於斜坡的赤柱綜合大樓順路勢而上，與周邊環境互相呼應，特別是拐彎處的一抹弧線牆身，以玻璃幕牆為主，為建築帶來一絲輕盈感；在旁的樓底引你行至屋頂花園，帶來另一種感觀。

由赤柱綜合大樓延伸，前往赤柱海濱長廊，穿過窄巷裏的小店，會看到一個個小賣亭裝有呈白色帆船的船帆棚頂。這裏以前是臨時街市，曾遮擋了整個海濱的視野，清拆後，視野立即開揚多了，彷彿與海連接，建築師更加闊了外邊木製的行人步道。

赤柱一帶的風格相當多元化，來到赤柱海濱大街，就會感受到一種異國風情，酒吧林立，似是一年四季都夏日氣息充沛，帶給人休閒的感覺。

窄巷裏小店林立，有着老香港的情懷和縮影。在海岸長廊的旁邊，有兩座富歷史意義的活化古蹟分別於此地重置，那是建於1846年的美利樓和卜公碼頭。

卜公碼頭前身是畢打碼頭，位於中環，即是現在交易廣場的位置，後來經歷多次拆卸再重新整合，因受中環填海工程影響，被1900年落成的卜公碼頭取代。以前港督來香港就職，就是坐船到中環的卜公碼頭上岸。1965年，卜公碼頭又因維多利亞港填海工程而再遭清拆，並於同年興建第二代卜公碼頭。1993年，第二代卜公碼頭再因中區填海計劃而被拆卸，渡輪服務則移往中環碼頭。

卜公碼頭原本採用英國引入的鑄鐵蓬頂，鑄鐵蓬頂在拆卸後，被遷移至黃大仙摩士四號公園的露天圓形劇場安放，保留了跨時代設計的上蓋，是香港首座採用低炭鋼鐵結構件的建築物。2006年，建築署將此上蓋重置於赤柱公眾碼頭，並按卜公碼頭原有樣式興建，最終建成赤柱卜公碼頭，成為赤柱的新地標。

赤柱卜公碼頭是溫灼均開始研究中國建築的起點，設計結合了漁村概念，也影響到溫灼均在做以後的建築設計時，能作更深入的構思和表現。

沿用赤柱大街露天餐飲區的設計原則,休憩空間海景開揚,盡展赤柱海濱長廊的獨特氣息。

港島南

	2	1 位於中心庭院中的玻璃地台讓自然光滲入下一層的綜合禮堂。禮堂夜間的照明光,通過玻璃地台照亮整個庭園。
1	3	2 大樓以現代手法演繹一個海邊小鎮的市政廳,同時運用多個垂直向式平面,輩固水平向式的陽台概念,產生多個不同層面的建築空間。
		3 赤柱綜合大樓由多個細小的幾何空間元素組合而成,既符合不同設施的需要,亦和諧地配合四周環境。

香港大學研究生堂
無畏高山低谷

胡恩威曾這樣評論嚴迅奇:「香港並不是沒有『國際級』的建築師,只是沒有具視野和文化修養的業主,所以要認真地從事建築設計是一件非常非常痛苦的事。香港政府只把建築看成管理工具。香港人和香港的發展商只把建築看成投機工具。所以香港絕大部份的建築都是『錢的建築』,不是培育人類發展的『人的建築』。嚴迅奇的作品是屬於『人的建築』。用懷才不遇可能有點過分。香港人的確是浪費了嚴迅奇的設計天份。」胡恩威也是讀建築出身,經常發表評論文章,以毫不留情的文字見聞。他對嚴迅奇的評價很高,同時也帶着忿忿不平。

土生土長的嚴迅奇沒有師從甚麼國際大名家,畢業後僅工作兩年,便和友人出來創業,成立許李嚴建築師事務有限公司(現為嚴迅奇建築師事務所有限公司),直至今天。1983年,他參加法國巴黎巴士底歌劇院國際建築比賽,並奪得了一等獎的榮譽。那年,他年僅三十一歲。雖然方案最後沒有落成,但也為他往後的建築路開了一個好頭,一座又一座的「地標」在香港拔地而起,或許用「地標」也有些不太適合,畢竟他是這麼抗拒所謂的「地標建築」。

在香港,從北京道一號到國際金融中心、從香港大學研究生堂到珠海學院、從香港特區政府總部到東九龍文化中心、香港故宮文化博物館等建築,他多的是讓自己更為炫目的機會,不過,他心目中建築的真誠在於其造型必然是外在與內在互相呼應,特別是在香港這個以市場為主導的彈丸之地。所以不用問他,「你的風格是甚麼?」比起只流露於表面的風格、誇張的造型,他更看重建築與環境,以及建築與人之間的關係。

嚴迅奇不僅在香港留下一座又一座的作品,在國內國外同是,但回看他的母校 —— 香港大學,卻只有一件他的作品。香港大學研究生堂就是出自他的手筆,能在母校留下作品,他表示十分珍惜。香港大學研究生堂的選址高低錯落,甚有挑戰。看着這塊既不是大平地,又是山坡的地,不忍問道,在此地形上做設計是不是特別難?他回想起初接觸這個項目時,也在思考的幾個問題:如何克服高高低低的入口,讓人走上山坡時,不僅不覺得累,還很享受呢?建築分為畢業生宿舍、畢業生堂和會議中心,看似分離,該如何做到空間上的連通?

「地形的高低,可以讓建築群做出來有獨立的感覺,但如何做到視覺上的融合是一個挑戰。」嚴迅奇喜歡挑戰,有挑戰就有需解決的問題,「既然地形如此,可以嘗試製造一個『有關係』的建築,利用建築增加

  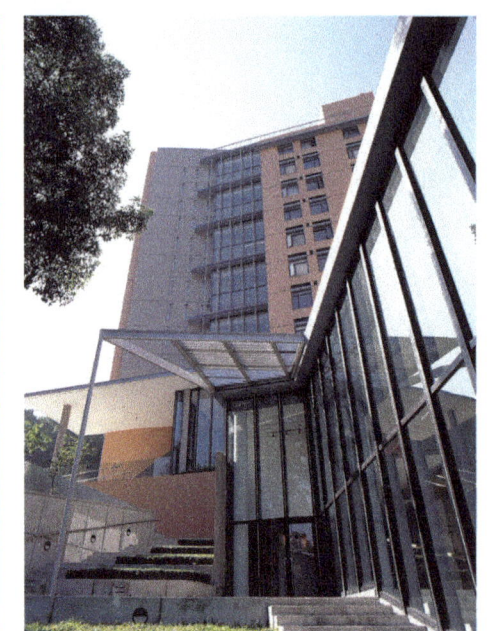

校園上層和下層的關係，提升人流的體驗。包括在建築中設置綠化平台，讓人們從上層走下來時，可以見到大樓裏面的活動。你可以選擇走進去，或經過那個公共空間，停下來。這個公共空間可能有展覽、課堂、各種各樣的活動，增進學生與老師的互動。」

胡恩威說香港地現實，但在嚴迅奇眼中，看似限制處處的地方，也可以在狹縫中見生命力。如果說天賦是天賜的，那麼熱情和堅持就是自己的作為。嚴迅奇的建築路沒有如魔幻電影般的曲折離奇、高潮迭起，但他就是這樣一步一步地走過來的。

| 1 | 2 | 3 | | 4 |

1. 會議中心的中庭空間可作交流、展覽等。
2. 室內與室外的公共空間與景觀互相融合。
3. 建築迎合山勢，盤旋而下，室外公共空間與室內公共空間依附地形從高至低，連接校園山上至山下，提供師生日常往返校園的交流場所。
4. 從概念手稿可見，建築依山而建，將自然與人工互相結合。

九龍東

導讀

如何把九龍東劃分東、西?嘗試以彌敦道為分界,由南往北走:尖沙咀的西面為香港藝術館,東面有 K11 MUSEA,匯聚不少各地名家設計的合成品;在 K11 MUSEA 外的空間,例如星光大道上,有吳鎮麟建築師、葉晉亨建築師、馮奕萍建築師和 LAAB 團隊設計的一個會變形的海邊檔,其用途為美食亭,以及一個以開揚為設計重心的「茅室」,同時加入不同綠化等元素,打破一般公共洗手間給人的舊有印象。若從城市肌理角度,前身較低矮的麗晶酒店,更切合尖沙咀海旁的櫛比鱗次,襯托出維港的美景。這建築是 1970年代由美國建築事務所 SOM 設計,是繼 1962 年由意大利建築師吉奧・龐蒂[1] 設計的尖沙咀瑞興百貨公司(現為彩星中心)落成之後,另一位外國名牌建築師在香港留下作品的例子。

鑑於過去有飛行線的規限,尖沙咀建築物的發展高度一直受限於 61 米,隨着機場從啟德遷往大嶼山,高度限制亦被解除,九龍的立體輪廓相信會隨着發展起變化;目前尖沙咀東的商廈有重建的空間,如何在過程中建設成有性格的新天地,端視發展商是否願意投放資金以提升環境質素。新加坡政府有制定各區總體規劃及調控發展方針,香港規劃署只有城市設計指引,發展商自由度與靈活性極大,幸好香港有「城市規劃委員會」及「海濱事務委員會」把關,香港海旁今後不能再隨意安插摩天高樓。

尖沙咀沿海濱往紅磡方向是香港理工大學,屬校園建築;它位於香港紅磡海底隧道九龍進出口最觸目位置。香港理工大學原由香港工業專門學院發展而成,開設大量職業主導的課程,為求方便市民上課,選址靠近工業區的紅磡。由香港工業專門學院升格為香港理工學院,首要任務是擴大校園,最先由巴馬丹拿建築師事務所設計,以紅磚鋪砌的校園建築,刻意營造西方傳統校院的氛圍。香港中文大學、嶺南大學、珠海學院最初設計校園時,同樣也是委託單一建築師操刀,所以有其統一的風格。

隨着理大校園不斷發展,不同的建築師自會有不一樣的設計,由扎哈·哈蒂設計的理大賽馬會創新樓,首先打破理大的傳統紅磚外貌,以白色鋁板包裝成一個流線型的「女士手袋」,這是坊間為這建築而加上的暱稱。在理大建築群中,平台上另有一座突出的建築,是單層流線的理大圖書館新翼,由巴馬丹拿集團夥拍彭一欣建築師設計;中大及嶺大新圖書館亦是她的傑作。

在紅磡的另一邊,有一幢以盒子緊扣、呈現虛實關係與陰陽互動的校舍,為香港理工大學香港專上學院,由王維仁與林雲峰兩位建築師合作設計。王維仁是少有從美國來港到香港大學教書的台灣建築師,是一位多年以來為香港付出不少的「非常香港人」。他形容這建築是垂直式北京四合院概念的示範,惟總體上仍能保持理工大學的主調顏色,很值得我們入內觀賞一幢呼應中國傳統建築理念的作品,如何配合現代多層建築,重新演繹。

如想欣賞九龍東的本土情懷,需要從舊區中尋找。遊走於旺角女人街、通菜街、花墟道、九龍城等橫街窄巷,自有一番風味,反映百年來市民的休閒生活。九廣鐵路旺角東車站的天光墟及昔日的雀仔街,亦隨着市區重建計劃及市民改變消閒模式,可預計這些傳統街道會逐步消逝。

土瓜灣的牛棚藝術村及牛棚藝術公園是這區值得留意的文化空間,前者由原為屠牛的牛棚搖身變為文化園區,有點像廣州紅磚廠創意藝術區或台灣的華山 1914 文化創意產業園區。若以人流及知名度,讀者一定不同意筆者的比喻,因為牛棚藝術村長久以來未嘗熱鬧,筆者所指的共通點是彼此的前身及改造手法。紅磚廠前身是罐頭廠,華山文創園區前身是造酒及樟腦廠,與牛棚藝術村的「身世」相近。另一相同之處是改造手法非常簡單,保留粗糙原味,不似香港其他活化歷史建築項目般花費不菲。不少香港的年輕藝術家正是喜愛它夠樸素及較少限制,缺點是不少展廳沒有空調,在悶熱的香港夏日並不好受。

牛棚藝術公園亦是由牛棚改造的新天地,由勞志成建築師設計,他採用大量有關牛棚與文化元素結合的概念,是費盡心思成就的休憩空間。基於這兩處距離港鐵站頗為遙遠,加上牛棚周邊還未有年輕人聚居,要待土瓜灣七街重建後,才有望帶來一番青春氣息。

主力在內地發展的香港建築師

本書介紹眾多位的香港建築師中,共有四位以內地發展為主軸,他們分別是余嘯峰建築師、呂達文建築師、歐暉建築師及阮文韜建築師。他們為何捨近圖遠,各有不同背景與因由,惟他們都有一個共通點,就是形容內地的發揮機會多,海闊天空,無遠弗屆,反而在香港的機會較少。

在宋王臺附近,有一幢非常樸素的深灰建築,是名為「活託邦·啟德」的服務式住宅。它的名字很酷,必然來自很酷的設計師 —— 那就是阮文韜建築師與劉振宇建築師的香港作品。這種帶有青春氣息的酒店在香港並不多見,更遑論香港建築師的作品。本書只選了幾間風格類近的特色酒店,在北角有 TUVE 酒店、黃竹坑有雅格酒店、尖沙咀有山林舍酒店及啟德的 Oootopia 活託邦。它們的共通點是簡約

其外，趣味其中，不追求豪華亮麗，只在乎新潮創意。

九龍城寨與寨城公園

九龍城由於靠近舊啟德機場，早年樓宇建築高度曾經受限，樓房低矮，現仍保留香港早期尚未士紳化的舊風情，又因該區泰式食肆林立，所以有小曼谷之稱。九龍寨城公園更是另一異類，為香港歷史遺留的特殊產物。按中英兩國於1990年初共同調解的協議，同意先拆卸不安全、不衛生、不人道的九龍城寨違規建築，改建為嶺南式公園，並申明不容許寨城公園有商業元素，因此園內不會有任何生財活動，避免中英雙方獲取延後利益。

自小資助筆者學費的一位伯父，在菲律賓退休後回港生活。他當時因積蓄有限，迫於屈居九龍城寨的蝸居，因為沒有許可證[2]，安裝了的升降機永不升降，他所住的頂樓，雖然租金最便宜，生活卻最吃力，水電依賴有背景人士提供，非常昂貴。四周環境極之狹窄、雜亂及骯髒，內裏難見天日。筆者熟悉當年城寨的生活和環境是甚麼一回事，絕非年輕人所幻想的浪漫城區，更不同意保留那些嚴重違規的醜陋建築，對於當年的拆卸行動絕對支持，絕無遺憾。惟今天仍有不少年輕人追憶九龍城寨，卻沒興趣遊覽寨城公園，相信這源於坊間出版的九龍城寨專書，作者是外籍人士，介紹時以局外人獵奇心態出發，圖文並茂，怎不令讀者嘖嘖稱奇，產生無限聯想。

加多利山是九龍旺角火車站旁的小山崗，其中佔地最大是拔萃男書院，內裏有一座小學校舍，由周德年建築師設計，特色是強調橫線條與凹凸之間的交錯關係，還有一座玻璃亭，以通透玻璃與工字鋼結構的組合，用極簡約手法表達輕盈剔透。加多利山最多是名人居所，通常用昂貴物料鋪砌外牆，惟其中一處的圍牆是用粗糙通心水泥磚砌成，異常樸素，惹人好奇，原來內裏有兩幢現代主義風格的平房，是陳家三代居住的 designer houses，外形極有性格。陳樂文既是屋主，亦是設計師，在其大園中，我們愜意地聆聽他少年時的反叛調皮。

在九龍塘香港城市大學內的邵逸夫創意媒體中心，外形是由幾個立體三角互相構成，特別奪目，為丹尼爾．李伯斯金[3]建築師在香港留下的作品。九龍塘的宣道小學內亦有一大膽、富創意的作品，是一個名為「狹縫中的花朵」（Wallflower）的音樂廳，以流線及彎曲物料組合有機空間，把原來的古板建築完全顛覆，是阮文韜及劉振宇建築師所追求的全新突破。

筆者必須介紹的是名為 Bridged House 的白色房子。在此先說一個小故事，此屋的業主有一天突然來電，徵詢筆者意見，希望能為他設計位在九龍塘的房子。筆者第一時間介紹兩位正於瑞士巴塞爾的赫爾佐和德梅隆建築事務所[4]工作的年輕建築師 —— 施琪珊與陳維正。幸而業主夫婦也願意放手讓年輕人一試，更坐言起行，馬上飛往巴黎，而施琪珊與陳維正亦從瑞士巴塞爾到巴黎匯合。因為這個機緣，他們一拍即合，從而回流香港，開展人生的新頁。

九龍塘是豪宅區，有數以百計的獨立大屋。筆者不是吝嗇介紹香港的住宅建築，而是此類建築大多外觀平凡，只有少數可以從建築美學角度欣賞。在九龍塘喇沙利道有兩棟豪宅，是何宗憲設計師的作品，正是筆者要介紹的另一位傳奇人物。何宗憲生於台灣，在新加坡長大，到港大讀建築，最終選擇在香港扎根。不曾想，原來他的父親好不容易才把全家由台灣移民到新加坡，怎料他在一次不經意申請來香港

實習時愛上此地，因此毅然離開新加坡大學而來香港唸書，並放棄父親為他打好的事業基礎，未有繼承父親在新加坡的業務，最終選擇在香港落地生根，發揚孜孜不倦的獅子山精神，反映香港百年以來能吸引各方人才的成功之道。

位於窩打老道有一名為「禮著」的豪宅，外觀採用四根柱子扣合成方盒，令四角留有戶外露台，形成對稱的建築組合，是該區較為突出的住宅設計。筆者在渭州道設計了一幢黑白雙色的平房，利用陽光投影的概念，表現主人的生活情懷，留待在另一章節介紹。

鑽石山的人間淨土

九龍東如鑽石山，給大家的印象，是充斥着複製的公共屋邨及毫無特色的工廠大廈，以為沒甚麼好看，誰料這區反而有更多值得介紹的作品。志蓮淨苑及南蓮園池是唐式建築及園林，香港人有份參與籌建，是本地最值得大家驕傲的中國建築典範。從總體規劃、嚴謹用料、施工精準、維修保養，無微不至，是遊客不能向隅的好地方。這建築曾經申請列入「世界文化遺產」，由於建築本身落成至申請時，只有十多年歷史，故引起不少市民嘩然。申請人的論點是：鑑於要好好保護唐代建築法式，故此需要申請文化遺產，以承傳中華文化的精粹。儘管申請未竟全功，卻反映香港對維護中國傳統建築方面，盡心盡力。

距離志蓮淨苑不遠有另一驚喜，是被重重屋邨包圍的鑽石山火葬場，又是另一人間淨土。一座可媲美安藤忠雄作品的設計，差點被遮蔽在石屎森林中，附近居民哪敢相信一座優雅建築只在百步之遙！鑽石山火葬場及新靈灰安置所是由鄧文彬建築師領導的團隊設計，當中包括陸忠霖、李翹彥、劉達楹建築師的共同合作，打造了一個既有東方智慧及簡約清新的環境。鄧文彬建築師為何要着力改變殯葬類建築的形象，從內文的訪問中便會了解其一片丹心。香港人每遇見簡約設計，隨即稱讚為「好日式啊」！筆者特別欣賞這個項目，它顯現的是中國文化的概念，既清逸而不仿古，取古意而不造作。若以安藤忠雄的風格比喻，是讚美其採用清水混凝土的恰到好處，不能因簡約便等同日本式，唐風亦可如是。

卜公碼頭在黃大仙

距離鑽石山火葬場不遠有黃大仙摩士公園，公園內有一座大型劇場設施，背後還有一段小故事。原來在1967年興建摩士公園時，由中環遷移了一座1902年落成的卜公碼頭鑄鐵上蓋，並放置在此間。為何從中環搬到黃大仙？有一說法是當時中環填海，需要拆除1902年的卜公碼頭，鑄鐵上蓋被棄置海中，由負責摩士公園工程的建築師撿拾回來，重新放置於摩士公園作涼亭用途。這故事真確與否已無從查核；亦有推測指當年工務局的建築師主要來自英國，不忍傳統英式建築被棄置，所以循環再用。

多年前，筆者在摩士公園發現這件歷史文物，提議把這個具有歷史價值的物件再次搬移，置於靠近美利樓的赤柱海旁，將歷史建築匯聚成一個系列，以還原部份歷史。有關卜公碼頭上蓋的第三次遷移，曾令當時的黃大仙區議員極之詫異，他們在地區服務多年也不知道「執到寶」，若要他們事後放棄寶物，必然提出交換條件，就是拆一送二，補回摩士公園新涼亭，另加送有蓋大劇場，這成為了摩士公園擁有大劇場的因由。從黃大仙到彩虹，還有兩個小景點：其一，原來的啟德明渠被優化為啟德河，鄭炳鴻建築師曾為此工程出謀獻策，規模上雖不能比擬首爾的清溪川，但意義重大，並開啟了當局對美化明渠的思維。另一個小型建築位於彩虹港鐵站附

九龍東的大變身

香港作為一個由移民組成的國際城市，人口的流動，移來與遷走，各有前因，各有追求。正因移民本身就是「求變心切」的群體，由這種 DNA 組成的香港人，心底裏特別熱衷求變及善於應變。在我們自詡為「醒目仔」的意識形態下，凡事早着先機，或如從前一句警世俗語「執輸行頭慘過敗家」，早已深入民心，間接帶動香港的高速發展，但這也必然導致人文風貌的變遷。

如是者過了半個世紀，九龍東又再變身，並涵蓋啓德、九龍灣、觀塘一帶。引用官方口徑，這是「CBD2」[5]，即香港「第二核心商業區」。在啟德機場遷離後，政府欲利用這片最大的平地，建設一個優美的新城區，為此更開設專責的辦公室，並諮詢各界意見、舉辦公開的規劃概念比賽等等，令大家寄以極高的期望。

經十多年的發展，啟德亦接近完成階段，最先是建成郵輪碼頭，為霍朗明建築師與王董建築師事務所合作的成果。霍朗明建築師與香港有極大淵源，香港的各種交通運輸樞紐，都由他一手包辦：赤鱲角香港國際機場、紅磡九廣鐵路總站、尖沙咀海運大廈新翼及啟德郵輪碼頭。坐落在啟德海旁的郵輪碼頭，長 850 米，規模龐大，頂層平台設有空中花園，擁有難以匹敵的地理優勢，讓遊客盡覽維港兩岸。

期待已久的新城 —— 啟德

啟德是前啟德機場的用地，機場搬遷後，啟德就成為東九龍的新寶藏，有歷史遺留的龍津石橋，成為景點，並通過公開設計

近，名為香港乳癌基金會賽馬會乳健中心，由譚蘇建築師事務所設計，最先吸引我們團隊留意的是它豐富奪目的色彩，繼而看到其外觀分佈着不同大小的方塊窗扉，有點像荷蘭畫家蒙里安處理幾何線條的駕輕就熟，設計手法既富美感，相信是刻意從女性角度出發，以樂觀的態度呈現，是一個能讓人提起精神，對康復懷抱希望的活潑小品。

從見識「陳寶珠」到認識九龍東

香港人口在開埠時錄得 6,000 人，到日佔時期增至 60 萬，再到 1950 年急增至 220 萬人，由於移民人口的急增，帶來香港多方面的迫切需求，尤其土地問題首當其衝。1953 年至 1954 年，港英政府開展大規模填海計劃，觀塘是香港首個開發的衛星城市，沿海土地發展工業地帶，成為大型工業區，此乃今天廣義上九龍東的雛形。

記得在 1969 年，筆者在一次找暑期工的體驗中，留下了畢生難忘的畫面。那一年，我是一位十七歲的中四學生，在全無頭緒的情況下，一天獨自乘坐巴士到觀塘工業區面試。當我嗅到刺鼻的空氣，噢！我就知道自己終於進入觀塘了。當巴士抵達觀塘巴士總站，一下車，眼前便有數以千計的女士迎面而來，我從未見識過如此浩蕩的「女兒國」，原來是剛巧碰上了工廠下班的剎那情景，一眾女士蜂湧追趕巴士回家的震撼場面，頓然使我有了「陳寶珠來了」的親身體驗！

在那些年，香港人工低廉，密集的勞工都是家庭的經濟支柱。在重男輕女的環境底下，女性多到工廠工作，「工廠妹」自然成為社會最大的群體。眾所皆知，工廠一般是流水作業，工人生活枯燥，唯一娛樂便是看電影，電影橋段亦以「工廠妹」為賣點。以陳寶珠打造「工廠妹」的草根形象，成為香港藍領階層的偶像，與代表白領的蕭芳芳，分庭抗禮，瘋魔全港。儘管我不是陳寶珠的粉絲，但那天眼前萬千「陳寶珠」的澎湃，是九龍東最早令我印象深刻的一幕。

比賽建成龍津石橋保育長廊，讓香港人可從休憩中了解一段港英年代不感興趣的歷史。啟德區還興建了一個香港人期待已久的啟德體育園，將成為香港的另一矚目建設。特區政府一直為香港籌劃未來多元化發展的基建設施，企盼香港除金融及旅遊外，亦兼備文化、體育、娛樂、科研等多樣化硬件，為日後年青人多一個發展契機鋪路。

啟德體育園佔地二十八公頃，整個園區的設計來自建築師博普樂思的手筆，即HOK[6]的分支公司全權負責。HOK 亦是香港大球場的建築師，球場外觀猶如兩片貝殼，線條簡潔，造型非常優美。即將面世的啟德體育園同樣帶有工業風味道，另添上新潮色調，更見適合運動場館的建築風格，相信完成後不會令市民失望，從此香港便有條件舉辦大型體育盛事；設有五萬座位的室內場館，更可舉辦大型演唱盛會。

啟德發展計劃是繼西九龍文化區外，另一位於九龍半島觀賞新建築的好地方，包括借用機場跑道概念演繹而成的啟德空中花

園，亦有新設的學校村，包括別樹一格的保良局何壽南小學。這座建築勝在空間變化多端，清水混凝土的運用層出不窮，很有特色，一看便知悉是溫灼均建築師的個人風格。位於承啟道的垃圾收集站，是曾偉倫建築師以鋁板建造幾何形態的小品建築，同樣值得親臨觀摩。與此同時，在旁的啟德車站廣場設有一片綠油油的草地，還有草地滾球場、寵物公園等公共設施，為石屎森林增添一個喘息空間。

點評第二核心商貿區

九龍灣有不少工業大廈正在新舊的交替中變身，當中有重新興建的，亦有舊廈換新顏。一個成功例子是機電工程署總部大樓，是由前身的啟德機場空運2號貨站大樓改建，由鄧文彬、劉達楹及麥尚青三位建築師組成的團隊負責。建造業零碳天

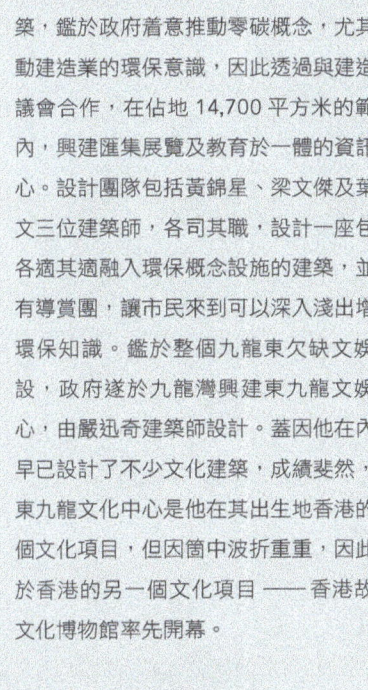

地則是新建於九龍灣一幅地皮上的專題建築，鑑於政府着意推動零碳概念，尤其推動建造業的環保意識，因此透過與建造業議會合作，在佔地 14,700 平方米的範圍內，興建匯集展覽及教育於一體的資訊中心。設計團隊包括黃錦星、梁文傑及葉頌文三位建築師，各司其職，設計一座包含各適其適融入環保概念設施的建築，並配有導賞團，讓市民來到可以深入淺出增進環保知識。鑑於整個九龍東欠缺文娛建設，政府遂於九龍灣興建東九龍文娛中心，由嚴迅奇建築師設計。蓋因他在內地早已設計了不少文化建築，成績斐然，惟東九龍文化中心是他在其出生地香港的首個文化項目，但因箇中波折重重，因此他於香港的另一個文化項目——香港故宮文化博物館率先開幕。

觀塘的工廈大變身，亦逐步在士紳化的過程中邁進，尤其在駿業街公園附近，先是這公園第一期的改造，帶來一個以觀塘工業為主題的現代設計，在第二期發展，康樂及文化事務署亦為此舉辦一個戶外雕塑比賽，把七個觀塘區從前的工業主題表達於作品，七個主題分別是：製衣及成衣、紡織、玩具、塑膠、電子、印刷、鐘錶；得獎者中不乏建築師，比如玩具主題是由羅發禮建築師設計的大鐵人，令人回憶起曾經流行一時的鐵製玩具。他的另一件作

品，是在荃灣海興路興建混凝土水管過渡屋，以解決部份年輕人的居住問題。

駿業街公園是一個觀塘步向現代化的先行工程，由王維仁建築師的團隊與王安華建築師，引進幾個貨箱，在很短的時間內創造工業風格的戶外空間；連同旁鄰的熟食中心，穿上潮流的外衣，亦是王安華建築師的一番心思。與此同時，也看到新一代的大業主，早已聘請外國名家設計，包括由美國建築事務所 ARQ[7] 設計的城東誌，令這平凡的街道變得不平凡。偉業街 133 號由荷蘭建築事務所 MVRDV[8] 負責翻新，翻新過後，租客隨即變換，霎時由緊貼潮流的型人進駐。

起動九龍東

觀塘從前叫官塘。官塘海灣（官富鹽塘的意思）原是傾倒市區垃圾的地方，後來把垃圾池遷徙到醉酒灣以配合發展計劃。由於觀塘海濱長年是貨物起卸區，因而變得骯髒，散發陣陣惡臭；改造觀塘海灣是一項大手術，首要是改善水質，清除惡臭，繼而重建海濱。

為切實執行大手術的第一步，特區政府揀選在觀塘海濱設立「起動九龍東」的專責辦公室，目的是將九龍東打造成為一個智慧型城市，為香港發展智能城市作試驗。在推動 CBD 的大前提下，政府有心分散

商業中心區，令九龍東走向多元化，惟最大難題是各持份者先從自身利益考慮，困難可想而知。順道一提，地區人士曾力推興建高架單軌火車的建議，政府經多番分析後決定放棄；皆因世界各地的高架單軌火車系統正被淘汰，反映這兼附觀光性質的交通工具，在現實上沒有多大的運輸作用。香港已全面發展地下鐵路系統，那是一個人口稠密、地少人多的城市最佳選擇，若然把大量人流從地下深層引至高架的運輸系統，乘客需要由地下鐵路經電梯接載到地面，再轉乘升降機接駁到高架火車，如此杯水車薪的運作，費時失事，難以成功。

「起動九龍東」辦事處的設立是以協調改造九龍東為旨，「開荒牛」以凌嘉勤規劃師為首，並有何永賢建築師領導的團隊，包括李翹彥建築師及後來加入的王安華建築師，以及由鄧文彬建築師倡議自建，在這裏，先要補充以下一段故事。

起初，「起動東九龍」只是一個短期的項目團隊，需要設置一個臨時兼省時的辦公室。為避免讓公眾覺得有偏袒之嫌，故沒有租用私營商廈。觀塘繞道天橋底棄置多年，長滿雜草，團隊何不以身作則，從自身辦事處的硬件設計開始，示範用一系列貨箱堆疊成建築組群。沒想到這充分利用天橋底的成功例子，很快引起對作為過渡房屋及環保收集中心等建築意念的關注，既彰顯工業風味，又延續觀塘的舊日情懷，何樂而不為？筆者亦獲邀請，義務為「起動九龍東」設計標誌，沒料一直沿用至今。這所辦公室扮演全方位功能，兼顧設計、聯繫、統籌、執行，更需用心化解不少來自各方的制肘及民間團體的疑慮。

整項計劃最先開展的是觀塘海濱的第一期工程，藍兆偉建築師在設計上已勾畫框架，由接手的團隊繼往開來，變得更加精彩，連同由溫灼均及區佩瑂建築師共同設計的海濱道公園，令本來了無生氣的觀塘繞道橋底，不消幾年便化腐朽為神奇。今天的觀塘海濱、已搖身變成香港具標誌性的新海濱，色香味俱全的休憩區，及浪漫情侶不能錯過的日落黃昏。

注釋

1. 吉奧・龐蒂：Gio Ponti，義大利建築師、設計師、藝術家；於1927年，與Lancia、Buzzi、Marelli 創立了Il Labirinto，Venini 和 Chiesa，生產高質感的傢具產品。

2. 許可證；指的是機電工程署所頒發的升降機許可證；九龍城寨的樓屋全部沒有入伙紙，因此不會得到機電工程署所頒發的升降機許可證，故升降機損壞後，便不會再有人進行維修。

3. 丹尼爾・李伯斯金；Daniel Libeskind，波蘭、猶太裔美國建築師。

4. 赫爾佐和德梅隆建築事務所：Herzog & de Meuron Architekten，由Jacques Herzog 和 Pierre de Meuron 於1978年在瑞士巴塞爾成立的建築事務所。

5. CBD2：Central Business District 2。

6. HOK：HOK 的全稱為Hellmuth，Obata + Kassabaum，由George Hellmuth、Gyo Obata 和 George Kassabaum 於1955年成立於美國密蘇里州聖路易斯的建築、工程和設計公司。

7. ARQ：Arquitectonica International Corporation，由Bernardo Fort-Brescia，Laurinda Hope Spear，Andrés Duany，Elizabeth Plater-Zyberk 和 Hervin Romney 於1977年成立於美國邁阿密的建築事務所。

8. MVRDV：由Winy Maas，Jacob van Rijs 和 Nathalie de Vries 於1993年成立在荷蘭的建築事務所。

Bridged House
逆流中的節奏

離約定時間還有四十分鐘,順帶逛了逛附近的 H Queen's 和大館。不得不說,香港的冬季真的特別短,訪問那天,正值一年之初的一月,無雲的藍天,讓暖陽在下午兩點時分特別驕縱,順着石階往上爬,一股溫熱感由內而外散發出來。

施琪珊建築師和陳維正建築師共同創辦的 Ida & Billy Architects,從西環搬到了中環,就在大館對面的雲咸街。這裏雖然沒有西環巷弄的靜謐感覺,坐在窗邊,偶爾還是能聽見車的鳴笛聲,但也算不上喧鬧,而且每天上班,走過百年石板街,對着城中罕有的由古建築群改造而成的公共空間,歷史及文化氣息濃厚。

看着窗外的大館,記憶和視線緩緩將畫面拉到十多年前的瑞士。2009 年,陳維正辭掉了許李嚴建築師事務所的工作,隻身一人來到瑞士,準備在 Herzog & de Meuron 開啟新的篇章。在此之前,他曾在數間公司工作過,這是他第五次換工作了。陳維正用他溫和的語氣緩緩地說,「每次轉工其實不是為了升職加薪,只是想追求再好一點。」何為好,陳維正在這一刻沒有明言,而他的職業之路,就像大學時的青蔥時光,在浮浮沉沉中尋找答案。兩年後,施琪珊也乘上了飛往瑞士的航班,和陳維正從同行變成同事。

陳維正和施琪珊其實是大學時期的同班同學,兩人從相識、相知到相愛,至今已超過二十個年頭了。施琪珊在畢業不久後加入了建築署,一待就是六年,練就一身「打不死」的精神;前往瑞士前,她先後於北京的 Steven Holl Architects 和許李嚴建築師事務所工作了一段時間。

為甚麼離開香港?在訪問開始不久,他們已經以一句陳述說明:「因為迷茫。」

陳維正和施琪珊說話很斯文,穿着也十分簡約,一黑一白,就像剛從無印良品走出來;但骨子裏,他們都帶着一絲不甘 —— 不甘於止步不前、不甘於隨波逐流、不甘於因與別人的想法不同,而否定自己。

香港是個花花世界,自由經濟帶來了蓬勃,也難以避免市場成為主導。「有時當商業模式去運作,可以發揮的空間就比較小。」陳維正性格沉靜,比較寡言,偶爾不慍不火地吐出一兩句。在旁的施琪珊比較健談,接着訴說當時內心的掙扎與迷茫。「時常覺得我們的信仰與香港的規範產生衝突,有時甚至懷疑,自己是否過於怪異?」施琪珊反問,「但去到國外後才發現,我們的想法原來很正常。」

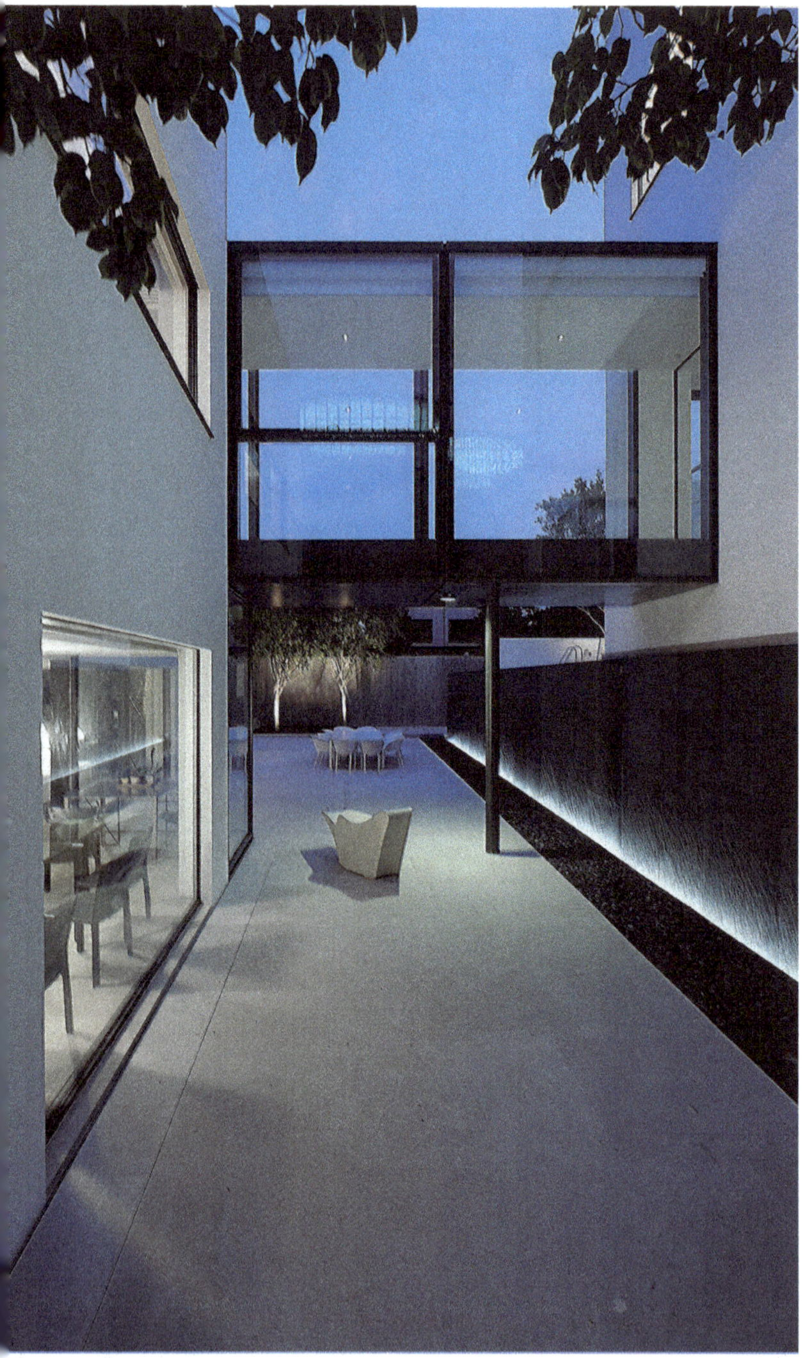

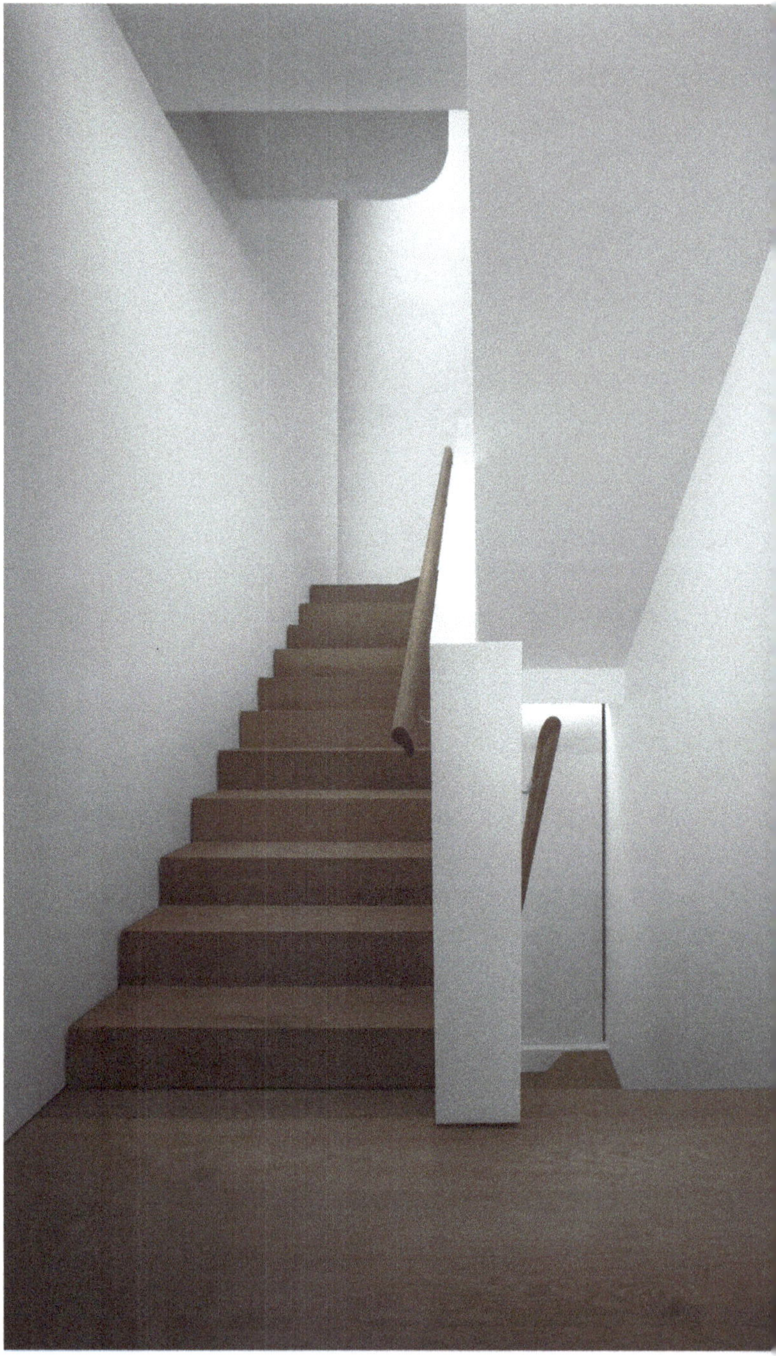

1　新鋼樑連接了兩個房子。原有游泳池的圍牆被拆除，池水溢出造成流水牆，成為室內飯廳的景觀。
2　樓梯空間就如一個形和光的畫廊。度身訂造的扶手強調觸摸和抓住時的手感。

瑞士工作這段期間，陳維正感覺開竅了，「真的在做建築。」施琪珊補充，其實就好像大學裏所學的一樣，在動手畫設計之前，團隊都會先做研究，包括當地的歷史文化、周邊的環境，真正了解了需求後，才有下一步。」

在巴塞爾的生活體驗是另一大得着。這裏不僅有歐洲最早的公立美術館——巴塞爾美術館，還是瑞士博物館密度最高之地；這裏不僅充滿藝術氣息，還有陳維正和施琪珊喜歡的簡單生活。午餐時分，拿着三文治，到河邊找一席地，盤腿而坐，便是日常，那種淡淡然的幸福感和無處不在的小確幸，足以點綴生活。施琪珊的眼神中帶着柔和和嚮往，「那一大片的草地，沒有花巧的東西，大家做甚麼都行，與自然很接近，感覺很舒服。」

2013年，一個項目將他們從瑞士巴塞爾帶回最初的出走地，並成立自己的公司。那是唐英年的大宅改建。2008年，施琪珊和陳維正參加了「上海世界博覽會香港館概念設計比賽」並贏得冠軍，那年由當時的政務司司長唐英年做裁判及頒獎，大家曾有過一面之緣。

「我們很喜歡拆東西。」談及設計理念時，施琪珊笑着表示，第一件事就是拆得就拆。「現今時代有很多東西都overdone，但我們需要的其實只是空間。」從建築署年代開始，「去蕪存菁」就印了在施琪珊腦裏，「拆完再加一點就夠了。」

原本這座位於九龍塘的大宅由兩幢房子組成，乍看下，風格各異，獨立成棟。施琪珊和陳維正一來就清空了中庭的平台，將其變成了開放式的大花園；原本矮身的游泳池，也卸下了一面牆，讓池水傾瀉而下，頓時化成兩米高的水簾，落在石子上；房子牆身的雲石一律拆除，只抹上一抹簡約的白，調整時代感；而房子的外牆則是低調的清水混凝土，「我們當時都不太敢提議，一般人聽到水泥牆，當下反應就是沒裝修、沒設計、沒修飾。」幸好，還是有人喜歡的。

「五色令人目盲，五音令人耳聾。」施琪珊以老子《道德經》中的三句哲理詮釋她對建築的態度與看法。兩座獨立的房子，一邊是父母住的，一邊是子女住的。「當時他們只有一個要求，就是linkage。」施琪珊和

1　清水混凝土牆為房子予人的第一個印象，具有幼細的木紋和水泥顏色。
2　兩個房子在二樓隔着花園互望，像小鎮的鄰居，由橋連接起來。
3　樓梯曾經改造，形如雕塑。量身訂造的傢具與建築的形態相呼應。自然光從上灑落走廊，為內部空間留下時間的維度。

陳維正在兩座簡約純淨的房子間，以一座玻璃橋做連結，令原本獨立的個體頓時有了聯繫，「讓它們看來像是同一個房子，但又有一定的私人空間。」

房子命名為「The Bridged House」，當中的「橋」，既將空間分離，也作了一個連結，這若即若離的點睛之處，立馬為整個空間增添了趣味和層次。

走進室內，從原始的石材質地板到溫暖的木樓梯，由露台延伸至天際線的線條設計，以至於抬頭可見的天窗，都無一不與室外的自然、景觀形成迴響。天窗處，結合了清水混凝土的材質，與入口處的外牆呼應，「真的不是很多人能接受室內有個水泥牆的頂，但其實水泥面也可以很自然。」陳維正默默地說，「晚上坐在樓梯處向上望，會錯以為自己就在室外。」

施琪珊和陳維正不僅將注意力放在空間、建築物本身和室內設計上，如果細心觀察，他們連一條樓梯扶手也不放過。在靠近露台處的扶手，比沿着樓梯上來的扶手寬，「若在家裏舉辦小型活動，這裏可以放酒杯。」陳維正繼續用他沉靜的聲線說道，「有人以為這裏全是新建的，其實我們也盡量保留裏面的東西，不一定要全部拆除，只要卸下多餘的，打通空間，也可以有一個新的感覺。」

在旁的施琪珊補充，「我們不是追隨一種很極端的簡約，只是想用一個簡單的手法去解決看似複雜的問題，提升生活質感。」就像當代藝術家Donald Judd 所說，「假如你喜歡簡單的藝術形式，你就不會讓建築變得複雜。」Donald Judd 和 Henry Moore 是施琪珊很喜歡的兩個藝術家。

因着當初的一句「因為迷茫」，兩人就去找尋答案。「美學、自然、人文」，幾個簡單的元素、基本的東西，就是他們一路漂泊所尋找的建築信仰。聊着聊着，他們還不忘補上一句，「如果沒有出國，沒有另一番的吸收和體會，沒有對自己的建築信仰有所肯定，也不敢接下這個項目。」

這個世界，從來都是隨波逐流易，堅守初心難。身處於充滿矛盾的生活中，多次徘徊在原則底線的邊緣處，當理想與現實背道而馳時，你是否也會忍不住質疑，我們究竟能否主宰自己，或者說自我救贖？或許就像盧梭在《社會契約論》中提到：「人生而自由，卻無往不在枷鎖之中。」不過就算如此，世上總有人寧願花多一些力氣，在逆流中找到節奏。

不敢說陳維正和施琪珊有多聲嘶力竭的嘗試打破一切規範，但至少在「建築信仰」這一點上，他們能清晰地回應自己。

鑽石山火葬場
深深思索，淡淡釋懷

建築師鄧文彬的父親在 1989 年過世，當時三十多歲的鄧文彬，感到很悲傷。在整個為父親辦喪禮的過程中，四周環境都十分陰暗，氣氛壓抑，他覺得這事無論對已故或在世者來說，都沒有受到尊重。大多數人面對這份難堪或者會說，「香港就是這樣，認命吧！」但他作為建築師便開始思考：我們是不是一定要接受這件事，有沒有辦法改變呢？

這個念頭一直在他心裏駐足，2006 年，鄧文彬有機會做鑽石山火葬場的項目了。一開始，他只需要負責整個項目大概一成左右的設計，但他知道機會難得，再忙也想試着爭取整個設計方案。那個年代，沒有人想做關於死亡議題的項目，他的上司也曾質疑他，叮嚀說要再三考慮，但鄧文彬堅持了下來，希望能設計出一座能夠照顧心靈的設施，希望這座建築能表現出對死者的尊重，以至對在世親人朋友的一種撫慰。

鄧文彬與團隊建築師陸忠霖、李翹彥及劉達楹等人，以全新的形式設計火葬場。他從各個細節營造一個富靈性而舒適的空間，好讓死者有莊嚴地離開這個世界，在世的人在送別親人時也能懷抱希望。鄧文彬跟建築師譚士偉一起構思火葬場的設計時，首先從功能上的流程、設施上的要求着手，例如說設計送別的路線、悼念儀式的路徑，會以營造一個安詳、可供靜思的環境為旨。當靈車載着仙人經停車場後方進入禮堂，送別的親人會經另一條樓梯進入禮堂，不同團體之間不會相遇。

靈堂的設計樸素、簡潔和寬敞，而且設有天窗，不是密閉的空間，讓使用者得以張望外邊潔淨的天空，當光線從天窗滲透進來，氣氛亦跟以往陰暗的靈堂環境形成強烈對比。旁邊為同樣設有天窗的洗手間，在天然的光線底下，人們除了可以在這裏更換衣服，或一洗流過淚的臉龐，整個環境予人和諧、寧靜及溫暖的感覺。至於放置在靈堂中央的石頭，是在施工期間挖掘出來，建築師團隊認為，這幾塊石頭曾經大自然打磨、洗禮，若能利用，能與前來的人產生意義和共鳴。

此外，四個靈堂分別設在南北中軸線的四方，沒有宗教區分，沒有你我區分，以確保任何一種宗教的遺體告別儀式，都可以在這裏舉行。死亡不只是終結，亦都有光明的一面，水池中的水是流動的，安靜的，寓意人的生命循環不息。在室外靠向水池邊增設了座位，讓人休息。

鑽石山火葬場處處與大自然接觸。除了內部的設計，建築師在離開火葬場的道路上，也在路邊花園種植了很多芬芳的花朵，寄語人們在送別親友後、回到人間前所收的一份禮物，繼續好好生活。出口還有一塊牌坊，透視着凹凸的密碼，為易經中的兩個卦象：「完結」與「開始」，正正是生命的流轉。

2　建築師堅持以簡約的清水混凝土設計，還預留了讓植物爬上石牆的位置，透過植物展現延續的生命力。

3　鑽石山火葬場內天園地方的小庭園，隨光線緩緩滲入，氛氣跟以往陰暗的靈堂環境形成強烈對比。

5　中軸對稱的平台花園及荷花池，水池中流動的水寓意生命循環不息。

九龍東

1　鑽石山火葬場的綠化天台，以大量綠色元素打破以往對於火葬場的沉寂印象。
2　火化的煙囪採用了世界最高的環保標準，令氣味不影響周邊的環境。

香港鑽石山火葬場完成的幾個月後，發生過一件小插曲。有市民投訴指清水混凝土的牆身集合了雨水，看來有如人的眼淚，感覺悲傷，於是另一個部門建議改變牆上的物料。但建築師堅持保留清水混凝土，原因是他預留了讓植物爬上石牆的位置，透過植物展現延續的生命力。幸好，這個構思在半年後有了很好的效果，火葬場也被選用作為電影的拍攝場地，因而逃過厄運。此外，火化的煙囪採用了世界最高的環保標準，令氣味不影響周邊的環境，大大解決衛生、環境問題。鑽石山火葬場作為花園火葬場的新型例子，造就了往後香港火葬場的設計方向。

回首鄧文彬的建築師之路，他入職建築署後是從小型工程開始，其間發生了一件對他影響很大的事，就是他在淺水灣設計了一個小型公園。當時同事都勸導他用最典型的設計方法，在公園裏安放幾張椅子就可以了，但鄧文彬到訪現場後，發現園內有很多椰樹，他認為做建築應該對現場環境負責任，於是多花一些心思。後來這個小型公園得到第一屆的設計比賽，對他是一種很大的鼓舞。作為一名資深建築師，鄧文彬認為，即使是實驗性質的工程也該着手實行，尤其在建築署工作，正正有資源去做實驗，可以在實驗中知道成功與失敗的地方，這也是公共建築與私人建築流不一樣的地方。

觀塘海濱長廊　起動東九龍　駿業街遊樂場　海濱道公園
那秘密在於耐心與毅力

觀塘海濱位於觀塘繞道對外海旁一帶，全長約一公里，此長廊前身為觀塘公眾貨物裝卸區，現屬於啟德發展計劃其中一個項目。海濱長廊發展的理念為活化維港兩岸，讓大自然進入都市，因而注重建設綠化空間，沿着長廊走，可見一旁都植滿樹木草地，供市民在樹蔭下、草地上休憩。

2008年香港政府發起改造觀塘海濱準備工作，美化天橋底，由藍紹偉建築師負責做第一期觀塘海濱長廊。最初接到的項目要求只希望做個有趣、在香港未曾做過的面貌，至於具體設計，交由建築師自由發揮。

藍紹偉回憶起初次到觀塘海濱的印象極之深刻，深刻的不是海景的日落黃昏，不是乾淨企理的空間，而是這裏傳來的濃烈惡臭，靠海位置更因為要堆砌廢料，築起一面又一面的兩米高圍牆，通過訪察更得知四十多年來似乎沒有人見過真正的觀塘海濱。「當時我就有使命感，想讓受到污染的環境得到重生，將這成為最美麗海濱！」藍紹偉在起步時聯想到美國芝加哥千禧公園（Millennium Park）和韓國清溪川中的水霧元素、LED燈光元素、音樂元素。他認為如果以表演藝術的方式去演繹一個地方，能夠引人入勝，又帶出新鮮感。他又回憶在1992年到美國探親

同時，與馮永基建築師相約在紐約布魯克林海濱漫步，看到沿途簡單的原木地板，驚覺原來公園可以用這個方式令遊人放鬆，與大自然有一種親近感。

「好的設計要簡潔，要有臨近感。」藍紹偉的大學老師在教十七世紀英式庭園時提到「臨近感」一詞，帶出人與大自然要有親暱的感覺。在觀塘海濱亦如是，着重人與花草，人與大海，而不是將一棵樹圍起，或將花草放入花盆，整個設計建築師也顧及原有物料的迴響，比如瓦通紙的色調、鐵柵等。

另外，藍紹偉亦提到「Folly」一詞，建築定義下的「Folly」，更加強調其介入空間或場域的功能，有些Folly也以此探索轉換人與空間關係的可能性，增添趣味性。比如，第二期有一件較為裝飾性的鐵盒觀景枱雕塑作品，被賦予「過去、現在、未來」的理念，遊人可以自由上落，讓他們在場域中介入「人與空間關係」的可能性。

於2009年落成的觀塘海濱長廊（第一期），藍紹偉亦參與規劃第二期的800米，成就了觀塘海濱最初期的面貌，塑造了它的性格。

2012 年起動九龍東辦公室（簡稱「EKEO」）成立，主事人聘請學者、歷史學家、建築師、規劃師及海外專家等不同界別的專業人士組成的顧問團隊，共同進行九龍東「創造精神」——工業文化研究。由規劃師、建築師及設計師在九龍東推行各項公共空間、設施及建築項目，實現起動九龍東願景的策略，包括四個主題：連繫、品牌、設計和多元化。

大眾認知建築師的專業訓練很強，有一套思想體系，做設計時收到客戶的資料，需要在一個框架中做到最好，中間有很多時候都要以客戶為本，是一項城市規劃的項目，由凌嘉勤做規劃師。何永賢認為當規劃師比起當時自己做一名建築師要好很多，因為需要關顧的層面更闊，她對於城市組成的認知同時亦不夠深入。在凌嘉勤帶領下，何永賢的角色就是解決問題，將它落地。由觀塘海濱長廊，到 EKEO 成立，至這個計劃的發展尾段，總共做了十多個項目，包括改建、拆卸、打通路段、連繫社會、管理、創新。

最初踏進觀塘海濱，環境污染嚴重，海面的水呈現黑色，何永賢和李魁彥建築師在考慮如何處理這個問題時，李魁彥突發其想，如果在天橋下將雕塑全部吊掛起來應該會不錯。萌生這個想法後，何永賢和李魁彥着力推動整個路段的發展，當中有着很多感人故事和重重關卡，比如在九龍麵粉廠的位置，起初通往渡輪碼頭的大門是緊緊關閉的，團隊花了整整四年的時間游說很多政府相關部門，才能將停用的渡輪碼頭重新解封。何永賢一點一滴地分享，感慨要讓一個區域成為自己的家，過程中是會發現有大有小的問題，惟有尋根究底，認真解決每一個問題，才會發現城市原來有這麼多群體，需要互相協調、共同努力才能解決。

「反轉天橋底行動」是「起動九龍東」一項重要的地方營造策略。這項行動旨在將觀塘繞道下的空置用地，轉化為創意藝術文化用途。一號場於 2013 年開放給公眾使用，讓不同表演團體可以在這個非正式的表演場地舉辦各式各類的活動。在一號場建立初期，不少藝術家都認為這個項目破壞了他們的創作原生態。李魁彥建築師做了個簡單舞台，場地採用開放式設計，為市民提供一個能自由享用的公共空間，由社區告訴我們可以在這裏發生甚麼事，就如栽種了一棵樹，它能自然生長成我們意想不到的形狀；舞台建成後，便看到小朋友來這裏學平衡車，或是有人前來玩音樂、舉辦跳舞比賽和區域活動等。

1. 位於前工業區中心的inPARK，就像當地社區的「秘密花園」。
2. 金屬格柵與磨砂玻璃百葉的立面設計，把自然光引入洗手間室內，同時保持私隱度。

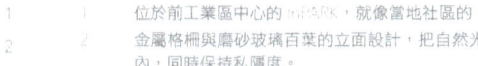

137　九龍東

1.2　起動九龍東辦事處是香港首座低碳的臨時辦公室。
3　InPARK 將工業文化元素與建築設計結合，七組藝術家圍繞昔日主要工業創作，如製衣、紡織、塑膠等。市民享用公園設施時，可找到往昔的回憶。

這裏最初並沒有鮮明的政府部門負責管理，只由 EKEO 以僅有資源統籌，比如落手做人性化的告示牌、管理公共廁所等。由於建造一號場時資源很少，顯然效果不夠豐富，及後二、三號場便開放給大眾申請，以二千萬的預算讓一家社企加入和推動。起動九龍東辦事處經公開邀請提交建議書後，最終選出非牟利機構「藝土民間」管理及營運「反轉天橋底」三個場地，由王安華建築師負責和承建商溝通，落實方案。

由觀塘海濱的海邊、草地，以至後面的小社區、天橋底、兩旁的馬路設計，都有很多不同層次。何永賢回想起凌嘉勤說過：「做好自己，旁邊的事情就會呼應。」為打造香港其中一個核心商業區，凌嘉勤在項目啟動之前，親自考察這一區，發現有十個需要改善的地點，李翹彥和何永賢便是負責這個項目的建築師，由園境師練偉東做綠化總綱藍圖。

何永賢在中學時期沒有太多嗜好，但一次隨師兄到訪建築師事務所，看到很多建築模型，對建築產生了興趣，認為這個行業既專業，又活潑，大學時便報讀了建築系。她在大學一年級時，剛巧面對學制改變，情緒比較起伏，曾懷疑過自己的能力，對前路沒有把握，曾經想過轉換學系，幸好在老師的鼓勵下完成學業。

何永賢在建築署工作到三十多歲時，曾在閒談中提到自己希望做到四十八歲就退下來享受人生，友人說：「You will change!」這一句說話一直留在她的腦海中。在四十八歲那一年，友人重提當年的問題，讓她開始認真思考離開建築業後想做的事。內心的答案告訴她：「服務社會、做有意義的事和幫助別人。」

當真心想做的事情可以在現在的建築師崗位上做到，為甚麼要離開？結合種種感受，迎來人生重大的轉折點，她開始每天懷着一種自在舒服的心情，加上自己的一股「傻勁」，希望能更用心用力地在這門專業上付出。在起動九龍東辦事處工作，她覺得非常吻合自己的性格，迎合了她最想做的事情，接納更多元化的挑戰，工作時需要付出更大的耐心、同

1	2
	3

1. 半透明的玻璃磚牆為海濱道公園的公共洗手間引入柔和的陽光。
2. 市民可不分晝夜到公園玩樂。在白天，草地常見一家大小歡聚；黃昏時，市民來這裏拍攝晚霞。海濱道公園周邊的服務設施，以弧形佈局環繞着中央的圓形草坪，可作多功能的戶外空間。
3. 海濱道公園周邊的服務設施，以弧形佈局環繞着中央的圓形草坪，可作多功能的戶外空間。

你所不知的香港建築故事

理心與街坊溝通，更有智慧和理性地和專業部門溝通。「起動九龍東辦事處的經歷讓我從一個建築師變做一個人。」何永賢感慨的說道。這一切都回應了她心目中對工作意義的思考，打破界線。如今，何永賢已經任職香港特區政府房屋局局長。

同是何永賢工作團隊的建築師李翹彥，由小時候喜歡繪畫，長大入讀英國倫敦大學建築系，畢業後遇到倫敦經濟大蕭條，回港在私人建築師事務所工作打好基礎，李翹彥回望這段歷程，對建築漸漸有了自己的看法。加入建築署由馮永基帶領的第18組參與濕地公園項目，適逢他在那段時間因為興趣創作了很多教會詩歌，從旋律、一首歌曲的引入，發現音樂和建築師有着相似之處。回想起動九龍東辦事處（EKEO）項目給予他很大的自由度，又經歷過在其他部門工作，他發現有時候對一門專業有太深入的鑽研並不是一件好事，只會抹煞創意。李翹彥幻想退休後可以在音樂領域有所成就，比如作曲、編曲，享受自己多年的興趣。

至於同是起動九龍東計劃中的項目「InPARK」，駿業街遊樂場原建於1973年，主要服務當時觀塘工業區的工人。隨着該區轉型為商貿區，駿業街遊樂場進行了改善工程，以配合社區需要，改善工程完成後，駿業街遊樂場重新命名為「InPARK」，透過公園的設施及裝置，表達這個地區的工業文化元素，並於2019年正式啟用。

園內由建築師王維仁設計，由四個貨櫃改裝而成的避雨亭兼展覽空間，展現小型公共空間的活化再用及設計的可能性。這個空間結合了展覽與休閒、社區與文化，以及公共藝術與城市的日常生活。這裏亦有用螺絲帽和生鏽鐵製作的「九龍東探索地圖」，以工業材料跟相關的故事融合，用大型霓虹燈吊飾裝置安裝在直立的貨櫃，以燈光及顏色代表九龍東多元化的工業文化。

駿業街遊樂場在第二階段，改善了原本的設施，重建了洗手間和大草坪。康樂及文化事務署藝術推廣辦事處和起動九龍東辦事處聯合舉辦「駿業街遊樂場公共藝術計劃」，公開邀請本地藝術家、建築師、設計師及藝術團隊為InPARK徵集藝術作品提案，最後選取七組獲選作品安置在大草坪，展示九龍東昔日的七個主要工業，包括製衣及成衣、紡織、玩具、塑膠、電子、印刷及鐘錶，這些作品除了凸顯九龍東工業文化的特色，亦展現了未來商業發展與創意設計結合的願景。

此外，從海濱長廊散步前往偉業街路口，會到達在2021年8月開放給市民的海濱道公園，翻新後的公園，內設有草地、涼亭、洗手間、更衣室，休憩設施和避雨庭等。從行車天橋望向該公園，以高角度地俯瞰整個公園，我們可以看到建築師溫灼均和王安華是以一圈圈圓形的設計風格去緊扣公園中的設施，包括一組有蓋多用途空間和中心草地，人們能安靜地坐在波浪紋的木製長椅休息。晚上時，月光和燈光可滲透到設有上蓋的多用途空間下，呈現恍似星空與樹影互動的效果。

海濱道公園令觀塘工業區增添了一份綠洲的感覺。晚間，月光和燈光滲透在有上蓋的多用途空間下，更在呈現仿星空的樹影互動燈光。

建築師王安華在建築署時跟溫灼均工作，曾到「起動九龍東辦事處」負責項目第二期的駿業街遊樂場。他從小就對空間的感覺強烈，喜歡砌積木，喜歡建築，小學六年級時跟父母看燈飾，看到怡和大廈的圓窗花便問父親，那些圓窗是怎樣建的，父親說：「做建築師就會知道。」給王安華的未來留下伏線。

如今成為了建築師，王安華認為EKEO就如眾人所形容，是一個神奇的地方，有很多部門的同事凝聚在一起，王安華從中學習到怎樣與人溝通。這跟以往當一名建築師不一樣，以前是故步自封，只有自己一人思考，但經過EKEO的訓練，他學習到很多框架以外的事情，成就何永賢所教導的「四肢協調」。在日常生活中，王安華笑說建築已經融入他的血脈當中，每次與太太旅遊時，總要求在七天中的行程，留三天去看建築，訓練雙眼，知道美，認知美。

公園為觀塘工業區引入綠色元素,透過東方庭園與西方園林概念的融合,將原址保留下來的樹木與新建築交織,為地區提供一片城市綠洲。

隨著觀塘轉型為商貿區，駿業街遊樂場進行了改善工程，重新命名為「InPARK」。

九龍塘宣道小學音樂廳　活託邦
自燃體

看阮文韜的 TED talk，就算隔着銀幕，也可感受到一種感染力。那種感染力遊走於剛柔之間，讓人很自然的沉醉他營造的語言漩渦，此時，他忽然一個反問，直戳問題根本，除了被他殺一個措手不及之外，或許就是恍然大悟。還有最重要的一點，他是全香港最帥的建築師，至少他曾在其他訪談是這樣形容的；這次又怎會錯過這難有能調侃他的機會，笑言提及，開始了訪問。

阮文韜先後畢業於香港大學建築系和英國劍橋大學建築系。畢業後，在倫敦和一群年輕建築師以 Groundwork 為名，組了團隊，一邊玩音樂，一邊策展，「那時畫很多很激進和古靈精怪的東西，到處挑戰。」他二十八歲時，已為倫敦京斯敦大學講師，三十歲不到，已任奧地利藍天組（Coop Himmelblau）的駐中國代表，說到此處，他謙虛的笑言自己就是高級翻譯。看阮文韜的上半場，可謂扶搖直上，是別人眼中的天之驕子。

若說爬得有多高，跌時就有多疼。從藍天組辭職後，他以同名元新建城建築＋城市設計有限公司（Groundwork）延續建築實踐。奈何創業之路不如理想般順利，他以人生低潮來形容當時的窘境，項目收不到錢，陷入財政困境，公司最後就剩他一個，「那時就會想為甚麼會發生在我身上？人嘛，得不到就會推諉，諉過其他原因甚麼都好，就是不會把問題歸咎於自己。」

「這個世界很有趣，不會讓你沒路走，不過要花大一點力氣。」膨脹過後，他走回最擅長的路，在香港理工大學教書，「At least I've got a job.」在機緣巧合下，他遇到了孫貴平先生，當時他正着手於一些翻新樓的項目，阮文韜亦因此接觸到社會問題，並着手社會性的項目，包括花園街大火後，所在排檔的改善計劃，「我發現我們學的那套理論跟香港的現實情況很脫節，一些所謂實驗性建築，跟當時真的落地幫人翻新房子的實際情況落差太大。」自此，他決意將公司定位為一間有社會責任的公司，開始做很多具社會責任的項目，「人生就是一個不停提煉自己的過程，慢慢就會找到自己的聚焦點。」

歷過高潮迭起，他身上依舊散發着一種自信與面對挑戰的勇氣，而這些特質均延伸至他的設計。位於九龍塘一隅，有一座宛如太空船的物體懸浮在宣道小學裏。原來那是小學的音樂廳，與 1990 年代的典型學校結構形成很大反差與對比。德國作家歌德曾說過：「建築是凝固的音樂。」

宣道小學在校內唯一的戶外空間加建音樂廳，為保存校園內有限的活動空間，音樂廳懸浮在半空。

在這狹縫之中，阮文韜以流暢型的線條為設計元素，遊走於趣味之中。頂部貫以金屬質感，外牆是一顆顆黑色的圓形銅板，一個挨着一個整齊列開，帶着一種科技與未來感。半開放式的空間內是木製隔音板，綴以半透明的薄紗，昂首望去，高低起伏的天花宛如倒轉後的連綿山丘，就像愛麗絲夢遊仙境，散發著一種超現實的感覺。

除了讓人眼前一亮的作品，他的另一個設計「活託邦」（Oootopia）可以看見絲絲做社區項目的影子。活託邦是共居空間，有別於宣道小學的音樂廳，它低調的坐落於鬧市一隅，待步入其中，立馬隔絕了充滿緊張感的空氣，隨之而來的是愜意。接到項目時，阮文韜並沒有急於設計，而是展開研究，了解共居空間的面向用家，包括他們的生活模式與習慣，繼而才設計出貼合時下年輕人的生活方式。再者，共居還是一種與他人作連接的社交生活，因此活託邦在空間的鋪排上，留有大量的公共空間，如榻榻米茶室、休閒咖啡廳等，綴以大量散發暖意的木質元素，讓人在急促的城市中，找到一片可喘息的空間。

不管是站在高處，還是墜入狹縫，他都會掙扎和尋找出路。就像他的作品也流露出一種掙扎、矛盾、反差與衝擊，這些元素是不是你的符號？「我何德何能有甚麼符號，這樣說好像很自大，不敢說。」但他依舊有感而發，「我覺得我活着這件事本身充滿矛盾，作品的符號也是充滿矛盾。但這些矛盾有時會侵蝕了我，見到身邊人能夠專注地做一件事，做得很好，為甚麼我不能這樣？但正是這些矛盾更令我感受到人生的意義。我喜歡中國文化，也喜歡西方藝術，我喜歡幫人，但也喜歡賺錢……」他以三寸不爛之舌，一口氣將這段話說了個遍，「我會想如何把這些極端的東西放在作品裏表達呢？」最後以一個問題反問自己，但或許答案早已在他的作品之中。

	2	3		1	音樂廳因宣道小學重視培養學生音樂方面的特長而出現。
1	4	5		2	音樂廳的內部以半透明的薄紗覆蓋在木製隔音板上，務求達到理想的聲樂效果和視覺美感。
				3	音樂廳在設計上運用了空間的升起、疊加和互相串聯，希望造出一個能讓學生自由探索和遊戲的空間

4　大角咀的 Oootopia 活託邦是奉行「coliving」的服務式住宅。
5　2,000 平方呎的公共空間，是一個採光度極高的落地玻璃大廳。

151　九龍東

摩士公園　保良局何壽南小學
微型社區

摩士公園是九龍區第二大公園，僅次於荔枝角公園，以已故滙豐銀行前主席兼總司理雅瑟‧摩士爵士命名，以表揚他畢生為香港作出的貢獻。公園坐落黃大仙，於1967年全部建成，分為四個區域，以號碼作識別；園內有緩跑徑、太極園、露天廣場、棕櫚園、一口百年古井、游泳池、兒童遊樂場、室內、室外球類活動空間及全港首個露天劇場。

建築師溫灼均說設計概念是受弗蘭克‧勞埃德‧萊特（Frank Lloyd Wright）的中途花園（Midway Garden）啟發。1913年，萊特設計這個以歐洲風格的音樂會花園，由黃磚和花紋混凝土建造而成，整個建築群以錯綜複雜的幾何裝飾，市民可以在這裏用餐、喝酒、表演和休憩。

摩士公園劇場自落成以來被受詬病，2015年終獲財委會通過撥款，翻新劇場工程在2016年動工，2018年12月完成。當中，摩士公園露天劇場坐落於四號公園，新劇場採用開放式設計，以增加劇場內的日照及通風效果。項目建築師梁建航表示，「這個項目的挑戰性，在於它似一個保育工程。」既要保留前期的重要元素，又要令它的用途變得豐富，包括擴建觀眾席上蓋、擴大舞台面積、改善座位的設計，以摒棄之前沿用的無背石椅等等，可以吸引更多市民及遊人前來觀賞大型表演，尤以粵劇和本土劇團都是這裏的常客。公園亦加設草坪，設計上從美化和功能兩方面考慮，以創造更多社區活動，切合大眾的需求。

除了公園，溫灼均也負責過學校項目。學校是一個微型社會，校園就是一座微型的城市，人們相信，校園不僅是孩子學習的生活園地，更有着隱藏文化的教育功能。單從校園建築的設計本身，已是一所學校的「潛在課程」，校園建築的設計師，就是孩子靈魂的工程師。

保良局何壽南小學位於九龍城區，其設計重新演繹了中國文化，以現代手法演繹古代中式庭院，帶出新世代的城市綠洲，當中包括前、中、後庭，以及花園和小橋，將不同功能的空間連結起來，利用長廊穿梭，營造一個小社區感覺，把大家的距離拉近。

溫灼均察覺到，現今的學生每天都背着沉重的書包上學，為此，他將原本位於地面的操場改建在一樓，令學生、課室及戶外活動的空間距離拉近，用心為學生建造一所理想的校園；校園的其他設施，如禮堂等就放在下層，讓原來樓高八層的舊校舍改為現今的四層，亦以矮圍牆替代高圍牆，使校舍與周邊社區更融合親切，有別於一般的傳統學校建築。

溫灼均曾到訪天水圍的圍村，便想到以傳統建築結構為靈感，將「城中城」的概念注入設計中。「在規劃及設計時，空間語言是我首要的考慮，物料如清水混凝土、木條、鐵或色彩等，只是一個輔助。」溫灼均指出，設計學校時，他會盡量採用比較自然的物料，比如清水混凝土的外牆，不會使用油漆遮擋它的本來樣貌，有些功能室則做了天窗，將室外的陽光引入室內。

有份參與設計的李百怡建築師，有感不少私人樓宇的空間狹小，而她在建築路上，總是關心人們的生活質素，「建築是創造一個給人生活的環境。」學校圖書館前有一片綠油油的大草坪，時見學生在草地席地而坐，細說閒聊，畫出溫馨柔和的情景；建築師將校園活動延伸至戶外，營造綠色自然舒適的環境，增加學生的聯誼活動，培養閱讀興趣，讓同學可以好好享受校園生活，是建築師的一個心思。

	2	
1		
	3	

1. 開放式劇場亦可以舉辦演唱會、市集及康體活動等，成為一個社區焦點。露天劇場按粵劇傳統保留及優化，以推動傳統文化。
2. 摩士公園露天劇場休憩區的設計以現代手法演繹傳統中國庭園的亭和屏風設計。
3. 保良局何壽南小學校舍採取低層建築設計，打破了樓高八層的傳統，只建四層，拉近不同空間的距離。

155　九龍東

校園以鋼材編織成的織網,配上其他天然材料,如表面混凝土、木材和垂直綠化,創造了各種空間體驗。

牛棚藝術公園
踏上才有趣

俗稱「牛棚」的前馬頭角牲畜檢疫站，位於土瓜灣及啟德發展區交界，於1999年關閉停用。九龍城區議會很早就想發展牛棚，2009年，牛棚的紅磚屋群被文藝工作者進駐，聚集了一班劇團愛好者，建立牛棚藝術村。勞志成不時都會到這裏看藝術表演，但對於牛棚南面一帶的區域，他如同其他市民一樣，只知道那裏有很多東西荒廢了。

直至2013年，康樂及文化事務署委託建築署設計及建造此項目，並由勞志成建築師負責。勞志成感到很興奮，他在僅有的預算之下，選擇了改造公園，同年進行實地考察，不難發現這裏在不到二十年間，因日久失修而荒廢，水槽內長滿苔蘚類植物，磚牆殘破。勞志成在土瓜灣成長，小時候總會經過十三街、宋王臺等，牛棚的位置正處於舊唐樓和新發展之間，勞志成相信通過改建，可以令這個地方在新與舊之間發揮「連接者」的作用：「幫助人用不同的角度去觀看事物。」這是勞志成的重要目標。

勞志成中學時喜歡步行到學校，經常沿着加士居道經過三軍會、軍營等，他尤其喜歡那一帶的氣氛，無論上課、下課，都會在路上慢慢散步，幻想如果在大馬路旁的這片草地興建一些建築物，會不會吸引更多人前往這個恬靜又舒適的地方？他由此萌生對建築的想法。到大學選科，他的首選是醫學系，因面試未如理想，最後選擇了同樣感興趣的建築系。勞志成花了不少的時間閱讀，他發現讀建築介紹的時候，可以同時讀到文哲理，拓展不同學科和科學領域，這正是建築吸引他的原因。

他覺得讀書只是一個吸收知識的過程，真正使他投入建築的，起源於他畢業後一次聽音樂會的經歷。勞志成在等待入場時，在香港文化中心的公共展覽空間看到一個金器首飾設計展，發現金器首飾設計看似跟建築不相關，但當眼前的藝術品雖然是用同一種物料結合在一個平面上，通過打孔和雕刻卻能創造出很多面貌，「我就想，如果我在建築中都能運用這種技巧，融會貫通，就能體現我在學校所學的知識。」就是這一下聲音，啟發了勞志成開始在工作中靈活思考。

在私人建築公司工作時，勞志成發現，即使是公司裏的最高決策者，很多時也沒有太多自由度，因為私人項目總是趕急，有時客戶又會直接更改方案。勞志成決定加入政府部門作出改變，希望提高那原本僅有的自由度。

一個項目承載着各種可能性，勞志成一直在探索和嘗試。牛棚藝術公園於2019年9月啟用，公園佔地六千平方米，設計以牛棚歷史為主題，

保留了不少牛棚原來的建築及裝置，比如牲口棚、號碼牌、水井遺跡、光影雨亭，連公園中的鐵架都是再生利用。而植物是大自然的禮物，在此地落地生根，比如現場就有很多棵大樹經過長年的生長而扭曲在一起，正正是勞志成希望尊重和保留的狀態。因此他做設計時保留了生長在土地表面上的樹根，年輕人可以自由橫跨走動，行動不便的人也可以走特設的棧道。園內有些紅磚支柱更已倒下，他就讓它倒塌，「將人工和自然好好地有機結合一起。」為了盡可能尊重現場，為使用者帶出不一樣觀賞角度，即使樹木倒下、磚牆破爛，勞志成認為都是一件在時空中發生過的事，不想改變它的歷史和已經消失的事實。牛棚藝術公園透射出勞志成對「已被消失事物」的見解，他認為已經消失的事物，不需要特意重造來懷舊。

近年勞志成對算法設計有所領會，以電腦程式設計牛棚藝術公園中有幾維移動感的紅色磚牆，以及在圍欄上以金屬物料製造牛的形態和剪影，為公共建築增加一絲活潑的藝術元素。牛棚藝術公園除了與前方的牛棚藝術區產生關聯，還牽涉到接下來有機會改造的廠區。人們通過透鏡、放大鏡，可以觀望對面紙廠的原貌，為未來鋪墊，期望完全改造整個牛棚區。

回想起加士居道的小路，勞志成娓娓道來：「其實一段所謂的路徑，有時候真的要待你踏上了，摸索到，你才會覺得有趣。」

| 1 | 3 |
| 2 | 4 |

1. 牛棚藝術公園運用數字化手法設計樹影蔭棚。
2. 牛棚藝術公園外牆的牛隻外觀藝術裝置。
3. 新舊融合的光影雨亭連坐椅。
4. 牛棚藝術公園內的歷史建築遺蹟紅磚柱。

零碳天地
省出來的美

在訪問開始前，時任環保局局長黃錦星問我們，之前知不知道零碳天地的存在？坦白說，因為常去 Megabox，而零碳天地算是途經之路，知道並非難事，在旁的項目負責人梁文傑還打趣地說，「是不是覺得那個地盤已經在這裏十多年，都還沒看見過真身？」

建造業零碳天地位於九龍灣，周邊是拔地而起的工廈，它並非如城市中的公共公園般，大門敞開。看着滿是爬牆類植物的牆身，若只是單純的路過，確實難以想像它的真身究竟是怎麼樣的。

談及零碳天地，黃錦星將故事線拉回十多年前。當時任職發展局局長的陳茂波提出綠色建築的概念，看着世界各地逐漸成形的零碳建築，香港到底可否也做一個零碳的示範單位？黃錦星當時任職於呂元祥建築事務所，環保建築是他的強項。

黃錦星很早就接觸環保議題，在大學時的畢業論文，題目便是關於如何在郊野公園建造一個能做環境教育的地方，「當時圖書館沒有一本書叫環保建築。」他感嘆道，「有時候走得太前也未必做得最好，因為沒有參考。」

1990 年代初，綠色建築剛開始受到社會大眾關注，黃錦星畢業後進入了吳享洪建築師事務所，開始參與和環保相關的建築項目，隨後更到加拿大卑詩大學研究院進修可持續建築環境，「很幸運，當時還遇到綠色建築的教父 —— Raymond Cole。」黃錦星抽絲剝繭般訴說他與環保建築結下的緣。

學成回港後，他成立了香港建築師學會環境及可持續發展委員會，「想推動整個行業與社會，靠自己是很難得的。無論自己做得多好，影響也很有限。」於是，黃錦星成立委員會後，還舉辦不同的持續進修項目，包括一系列「綠色旅遊」，去看看外面的世界是怎麼做環保建築。

氣候變化是二十一世紀的大命題，不僅綠色生活逐漸成為趨勢，未來建築的節能和減碳排放也成了一種責任。作為香港首個零碳建築，零碳天地的挑戰不僅僅在當時的香港絕無僅有，而且還得在短短十五個月內，由無到有，落地生花。

步入零碳天地一刻，周邊的喧鬧一哄而散，映入眼簾的是一片自由開放的大草地，為密集的城市生活提供了一個喘息空間。當然，零碳天地的

過人之處並非只是這片大草地，而是當中運用了不少從未嘗試過的新設計及新技術。除了休憩之用，它同時具備示範及教育作用，讓大家見到零碳的可能性。

「零碳」是項目的靈魂所在，黃錦星作為項目總監，他表示要在短期內達到目標，不外乎兩大招。話音剛落，他再來一個反問，「你們知道是甚麼嗎？」旁邊的梁文傑及項目建築師葉頌文都沒有作聲，但嘴角都不由自主的稍稍上揚；好奇之下，筆者停下了手上的筆，期待着他公開秘密大招。黃錦星抿了抿嘴，面露笑意的繼續說道，「第一招是慳，不做大嘥鬼。第二招是在地，做可再生能源。」

不能說黃錦星的語調自帶喜感，但總讓人忍不住想要繼續聽下去，「那麼慳家有甚麼招數呢？」他繼續自問自答，「一個建築物的耗電量，其實冷氣佔了很大部份。香港天氣濕熱，很難避免開冷氣，但並非每個季節都需要，到了秋冬，其實氣溫已很令人舒服，省幾個月也是省了。」那在人多的辦公室、展覽廳，甚至密集的城市中，怎麼才能感受到冬暖夏涼，省下幾個月冷氣呢？黃錦星不緩不急地吐出了四個字：「自然通風。」

香港夏季的主導風主要來自東南面和西南面，剛好能從鄰近的 Megabox 縫隙中吹進來。零碳天地沒有堂皇的大堂，倒是有一條通風廊，不僅將自然風帶到這個空間，就連對外的馬路也成了受惠者。「坐在那裏嘆咖啡就最舒服了。」言語間，黃錦星不忘告訴我們，他有多喜歡那裏的咖啡館。

除了讓建築物本身做到省電，周邊的微氣候也很重要。「試想像，一個石屎操場吸收了太陽的熱力，再反彈回來，你站在旁邊自然就會覺得熱。」黃錦星在介紹慳家大法時，也不忘介紹零碳天地裏的植物。被稱為都市原生林的零碳天地，有逾半面積栽種了四十多個品種、兩百多棵原生樹木及多種灌木，四面牆的爬牆植物也大有不同。因應不同的微氣候，隔熱又降溫，以此緩解城市的熱島效應，「所以明明是炎熱的天氣，在這裏卻不覺得燥熱。」

分享了省電大法，接下來便是運用再生能源，轉廢為能。零碳天地主要

零碳天地是香港第一座零碳建築，也是世上少有的零碳建築充分考慮到建築結構材料所隱含的碳、建築建造階段能耗和建築運行能耗的碳排放。

零碳天地的綠化率高達 50%，設有香港首個城市原生林地，優先使用本地物種，包括 220 棵本地樹種，逾 40 種原生灌木，在石屎森林中創造了多樣性的自然生態環境。

有兩個產電方式，最直接可見的便是呈弧形的屋頂，上面排列了六百零六塊太陽能板，分擔了零碳天地三分之一的產電。葉頌文表示，「既要考慮接收太陽的精準經緯度，還要考慮太陽能板的反光問題，是否會對周邊環境造成影響，因此每塊太陽能板的角度和位置都不盡相同。」以往所見的太陽能板以長方形最為常見，弧形的太陽能板不易做吧？「不容易。」葉頌文搖了搖頭，「那是一個取捨，讓整體建築在視覺上有一個相對輕巧的呈現，其次就是不會阻擋到後面建築的採光。」

葉頌文與環保建築的緣分也是始於大學時期修讀的環保工程，經過三年的薰陶，他逐漸建立了對環保的認識與使命。在機緣巧合下，他參加了建築師學會舉辦「綠色旅遊」，到訪巴西和秘魯。「當時主要是去參觀全世界最環保的城市之一——庫里提巴（Curitiba）。」看見巴西一個小城市，在推動環保上做得這麼好，他反問道：「香港為甚麼就不能做好一點呢？」不過要數最大的得着，還是認識了一群有心人，在環保建築的路上一起走。

零碳天地由第一張設計圖發展到現在的方案，坐在旁邊的梁文傑表示，「已經做了無數次修改和改良，也嘗試過不同的形狀，但大方向還是向着太陽，向着園區中心，那一筆斜度剛好與太陽的斜度、周邊景觀產生了迴響。」

從坐向、風向到太陽的經緯度，甚至在平衡功能及美學上的考慮，團隊都沒有放過。除了太陽能板，其餘三分之二的產電由廚餘用油所煉製的生物柴油進行發電，這不僅轉廢為能，還同時解決了廢料的處理和能源生產，可說是錦上添花。

外形設計上，零碳天地無疑是低調的，甚至沒有堂皇的大堂。關於功能與美學該怎麼平衡的問題，梁文傑幽默地調侃道，「如果拿這個項目去選美，一定會輸。」玩笑過後，他接着表示：「但如果考慮到背後的思想模式，勝算就很大。」零碳天地並非單純的從美和不美為出發點，而它的美不在於建築本身的外形，而是體現於內在。

比起葉頌文排除萬難的建築路，梁文傑更多是內心的掙扎。「我就是渾渾噩噩的當上了建築師。」想起當時師兄返校分享讀建築的感受，也不知道是玩笑還是甚麼，一句「建築是不用讀書的」，被他聽進去了。梁文傑直言：「被師兄騙了！」

不過既然是自己選的路，就要認真的好好走下去。讀完三年，梁文傑選擇了 year out，到建築師所尋找「是否將建築師視為未來職業」的答案：「客人的訴求是不是我的 life mission 呢？」、「得了獎，有好成績，又是為了甚麼？」帶着這些疑問，他不停在讀書、工作、讀書、工作中切換，最後一次返校，落在了英國劍橋大學的環保建築及環境設計。

「當時不叫環保建築，叫 passive design。」在這次過程中，他發現建築有意或無意都會對環境產生一個正面或負面的影響，「我好像開始找到一些意義。」從英國回來後，梁文傑選擇了教書，並創立自己的事業。你以為這就結束了嗎？創業幾年，做過大大小小的項目，當中包括一些想做的項目和不想做的項目，期間也參加不同的「綠色旅遊」，認識了黃錦星和葉頌文，「黃錦星讓我產生了一種很羨慕的感覺，原來我一直想做的，他都在做。」如是者，梁文傑將自己的公司交了給工作夥伴，去了呂元祥建築師事務所（Ronald Lu & Partners）。創業於建築師而言，也算常見，但創業後再跳回去打工的，也沒幾個。「我到現在都覺得這是一個很正確的決定，我經常想，建築究竟應該怎麼做？現在我終於看到一個方向。」梁文傑的內心無疑有很多小劇場，「有時想太多是對自己的一個折磨，但甚麼時候該走哪一步，不要太慢，也不要太急，同時又能讓身邊的人參與其中，與你步伐相近，這就是我還在尋找的智慧。」

La Villa De La Salle
冷卻的熱情

何宗憲頂着一頭烏黑的及肩卷髮，八字型的黑框眼鏡加上愛開玩笑的性格，忽然讓我想起同樣貪玩的「朱古力獎門人」威利・旺卡。他能走上建築之路，全然因為喜歡畫漫畫。他小時候算是品學兼優，不過個子比較小，不大受矚目。他小學時正流行追看日本卡通，他把卡通內的超人和怪獸描繪出來，大家都會聚在一起興奮地討論劇情，他便成為焦點。自那一刻起他對創作有了意識，也有了渴望。

在何宗憲讀建築系二年級時，他的外籍老師給了他一份建築功課：老師要求他解讀一篇抽象的文章，但遲遲沒有讓他開始落手設計。眼見其他同學的建築作業開始成型，他心裏有點着急，因為老師須先滿意他對文章的理解，才會讓他創作模型來詮釋這篇文章。「當時的我摸不着頭緒，只能硬着頭皮，很抽象地把模型完成。」後來他發現這份功課的理念，就是要徹底打消建築的「存在」，從內容中取得靈感。結果這件建築作品得到很高的評價，他也感受到建築靈感的泉源不拘束於實質完成作品的框架，設計才能打破定律，推陳出新。

何宗憲出生於台灣，在新加坡長大，大學畢業後，碰巧看見香港的建築事務所招聘實習生，便一揮而就，歡喜來港。該說是上天的眷顧，還是玩笑呢？何宗憲所看見的香港，宛如電影裏的場景，有杜琪峯鏡頭下的流光溢彩，也有王家衛眼中的迷離曖昧。

作為一名實習生，他坐在龔書楷建築師事務所裏，辦公桌旁的窗外就是皇后像廣場，看着貝聿銘（I. M. Pei）、雷姆・庫哈斯（Rem Koolhaas）等世界名家進出公司，當下心裏只是默默念叨着，「簡直就是一個香港夢。」念念不忘在香港的實習經歷，於是他離開了新加坡大學，投奔香港大學建築系。

畢業後，他沒有急着回新加坡，而是聽從恩師的指點，去了許李嚴建築師事務所（現嚴迅奇建築師事務所有限公司），「那時 Leslie（盧林）叫我定性一點，實際一些，別老是天馬行空，只玩設計，去學怎麼實實在在的做建築。」就這樣花了三年時間從頭到尾跟進一個「荷李活華庭」項目，「當下才覺得真正畢業了，可以作為一名建築師。」

隨後，他並沒有選擇繼續做建築，離開了事務所便和朋友開了一家二手書店。他總是這樣出其不意，想到甚麼就做甚麼，開書店也是頃刻之間的靈光一閃。有一次葉壹堂（Page One）大減價，何宗憲和朋友去

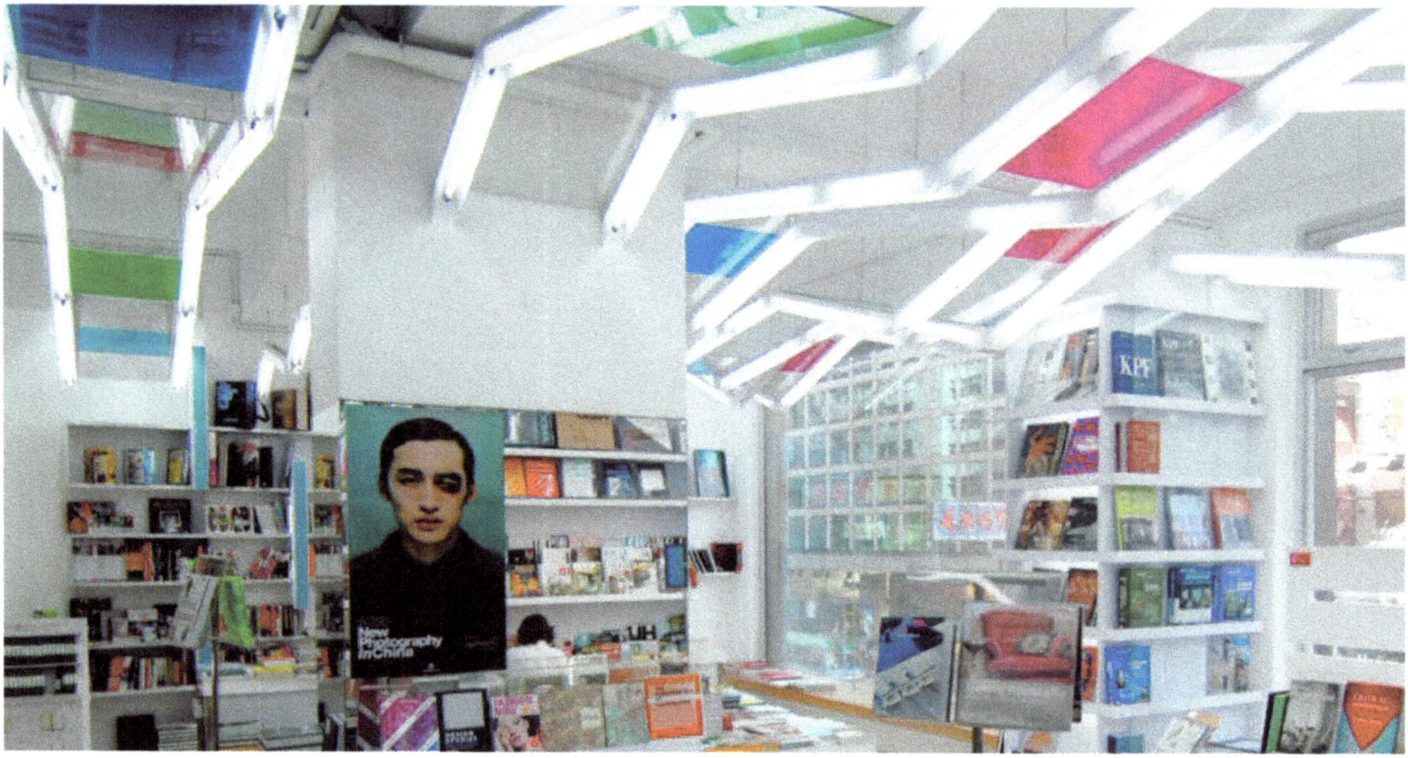
KPF
New Photography in China

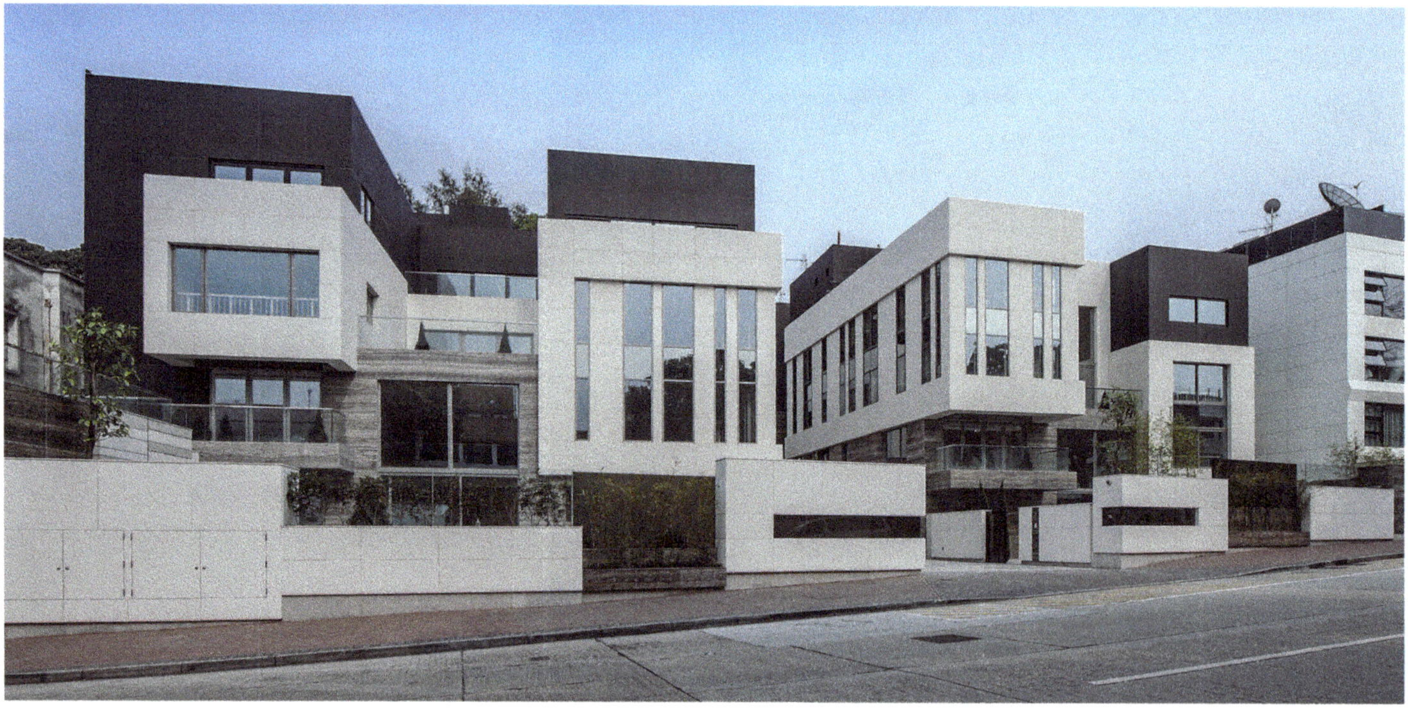

1　　　1　當初開設「書得起」，單純是為了想當書店老闆。店內售賣不同的設計、藝術、時裝、繪畫、攝影類書籍。
2　　　2　在設計上，可見許多「空的空間」，讓屋主能盡情享受空間。

買書時發現有很多人排隊，他心想：「香港人有這麼喜歡看書嗎？」於是，他跟三個建築師和一個朋友一起開了一間二手書咖啡廳 Architude (Architecture + Attitude)。

在香港開了 Architude 後，便被父母叫回新加坡。由於父親在新加坡從事木業產業，有自己的工廠與生產線，身為長子順理成章應繼承父業，但喜歡設計的他內心非常矛盾。當時他有一半的時間都在經營自己的工作室：iipod，一半時間幫忙處理家族的業務，同時扮演着兩個角色，身心承受不少的壓力。當年發生了 911 美國恐怖襲擊事件，看到世貿大樓憑空消失，這對全世界是一場災難，對他來說更猶如當頭棒喝，體會到了世事無常的道理，正是這個領悟讓他放下了所有的疑慮，下定決心不惜跟家人鬧翻，隻身奔向香港追求設計的夢想。即使離家後身上沒有太多籌碼，亦放手一搏。「現在回想若沒有當時的決定，也不會造就今天的我」，人往往要在面對低潮的時候，才會找到新的答案。

何宗憲曾於 2002 年至 2016 年間在香港開了一間名為「書得起」的書店。「當初只是單純地想實現小時候想當書店老闆的一個想法。」而書店的命名——「書得起」，也絕不是何宗憲的一句豪氣之言，而是已經做好最壞的心理準備。他用「輸」的心態去經營書店，反而對一切的挑戰都能積極樂觀地面對，而且能夠大膽放手去做。有人說過，生命的價值就是不斷奮鬥。重要的不是奮鬥後的成果，而是奮鬥本身的滿足，漸漸形成享受。因此懂得這種意義的人，才真正能夠享受生命，活出自己，最終贏得漂亮。

從 Point Architecture 到 Joey Ho Design，再到 PAL Design Group，從一開始只想做建築轉為做室內設計，何宗憲形容他好像看透了：「不管是建築、漫畫、室內設計，還是開書店，其實都是一個創作過程。」

話雖如此，就像兜兜轉轉終究離不開香港一樣，心心念念的建築，也不曾放下，「心裏還是想證明自己是一個建築師。」機會終於來了，客戶要求在新加坡建一座私人房子。「我記得很清楚，在這個項目上，我將所有的愛恨都放在一起，開始很用力去做這個設計。」為了爭取更大面積的用地，他和新加坡政府協商用地條例就花了兩年。這好比上天給他的測試，在他最興奮之際所出的方案，偏不讓他得償所願：「兩年後我的熱情一下子冷卻了。」後來回想起來，何宗憲也只是淡淡的說了句，「有時就是需要一盆冷水，讓你清醒一下。」最終在一種無求的心態中，他完成了自己的第一棟建築。

邁出了第一步，就會有第二步。隨後他迎來了在香港的建築項目，四座位於九龍塘的洋房——皇廷滙。這次，他不再以一個建築師的角度出發，而是以一個「生活家」的身份。我很喜歡英國建築師 David Chipperfield 形容做設計好比當一個作家：「一個好的作家不會炫耀他對詞藻的興趣。而是用它來講述故事，讀者也會欣賞藏在其中、美麗的文字，但主要還是被故事感動。」顧名思義，「皇廷」是業主要打造一個豪華的家，「我告訴他第一個原則是空間的奢侈，在寸金尺土的香港，能夠浪費空間是極大的奢侈。」於是，在設計上他運用許多「空的空間」，這樣主人能盡情享受空間。有趣的是他說這些偷取空間的靈感，是來自香港早期三不管的九龍城寨裏面「自由潛建」的生活空間。

勒·柯比意（Le Corbusier）曾說：「建築只有在產生詩意的時刻才存在。」於何宗憲而言，設計的重點在人們的感官，所以只有打開感官之門，設計才存在。「我們首先要了解實用性在當代社會裏的定義。因為空間設計已開始超越基本功能上的要求，轉而延伸至品味、生活態度等。」設計已經是何宗憲人生的一部份，他深信 design to inspire——透過設計來提升生活質素，糅合浪漫因子，讓用者探索及感受生活之美，最終便能創造出自己獨有的生活態度。

九龍西

導讀

談及九龍西,馬上聯想有兩處地標,一是尖沙咀的香港文化中心,一是西九龍文化藝術區(以下簡稱「西九」)。

當提及香港文化中心,便會牽起筆者對尖沙咀舊火車站的緬懷。以沒有窗戶的香港文化中心設計取代舊火車站,是建築界的最大憾事。時光若能倒流,設計香港文化中心的專家或應考慮融合舊火車站的部份外牆,或善用原建築精緻的古典柱廊,作為新建築的設計元素,更不會任由顧問公司把當中的六根多立式石柱遷移至漆咸花園。當年,有保育人士強烈要求保留尖沙咀火車站,奈何市政局認為車站的佈局無法配合文化中心兩座劇院的設計而婉拒,最終只能保留當年的著名地標——尖沙咀鐘樓,孤獨無聲,讓其逐漸失去昔日的光環。

2006 年,筆者和景國祥建築師剛好完成尖沙咀海濱美化工程,這個項目範圍包括鐘樓及香港文化中心前的廣場。在同一時期,香港特區政府有意把尖沙咀巴士站遷走,擴展廣場範圍至星光行,並提供露天茶座。為推行計劃,更舉辦了公開設計比賽,以及在尖東興建新巴士總站以作配合。當年的旅遊事務專員區璟智形容,新廣場可以媲美英國倫敦的特拉法加廣場,可惜這千載難逢的好計劃,在不同利益團體的阻擋下,被迫叫停。

筆者為此事一直耿耿於懷,唯有轉而爭取讓那已失聲七十年的鐘聲重鳴,聯同丁新豹、岑智明、劉智鵬、鄭楚明共同努力,終於在 2021 年 12 月 9 日下午 6 時開始,鐘樓得以重響。失去的歷史建築,已經無法挽回,唯有重拾熟悉的聲音,重懷舊日的足跡,也是有聲勝無聲。

西九不獨是文化區

在九龍西,最重要的建設首推西九文化區。關於西九的來龍去脈,讀者可參考筆者著作《誰把爛泥扶上壁》3.12 章「既愛又恨的西九文化區」。當大家歡天喜地穿梭在西九藝術公園之際,筆者仍記得香港多年前已舉辦過藝術博覽會,最先在灣仔華潤大廈展覽館舉行,惟門堪羅雀,兩屆之後便無疾而終,因此,筆者也曾擔心西九文化區會變成大白象工程。

回望二十年前,香港人還未對文化產生很大興趣,當宣佈相等於今天市值千億的臨

有關西九文化區的硬件設計,先後經歷兩次國際性的設計大賽。在第一次的規劃比賽中,冠軍是霍朗明建築師設計的全球最大玻璃天幕,天幕之下蓋着十餘幢巨大的文化設施。當時不少市民都為香港有此蓋世巨作感到自豪,並不為意該玻璃天幕需要超過三十層樓高度,才可遮蓋全部建築群。經有關專家再三技術分析,才明白所牽涉的技術問題,包括:龐大的承托柱樑所構成的空間阻礙、巨大天幕衍生的溫室效應、風暴下的安全性及非常耗費開支的長年維修等等,可能涉及永無止境的維修費用,大家清醒過後,最終決定放棄這個極度誇張的大白象工程。

海地皮會用來興建文化設施,也曾惹來不少批評,認為此舉是政府好大喜功的形象工程。有理由相信當時的決策者是受到西班牙畢爾包改造計劃[1]、倫敦南岸文化帶、芝加哥千禧公園等文化空間所啟發,銳意把被嘲諷為文化沙漠的香港,大膽打造為「亞洲文化之都」的願景,現在看來,這個決定確實高瞻遠矚。不足二十年間,香港由一個被喻為借回來的地方,演變為一個市民對這裏有強烈歸屬感的大城市。西九文化區計劃透過全球性建築比賽,引來世界各地文化界的高度關注。經過多年前首兩次藝術博覽會失敗後,另一個名為香港國際藝術展[2]的展覽捲土重來,連續幾屆都很成功,更引來世界最知名的巴塞爾藝術博覽會分一杯羹,從此,香港奠定了在亞洲藝壇的位置。

今天的西九是由第二次總體規劃中挑選的產物,雖然再次採取了霍朗明建築師的設計,這次卻是一個非常務實的規劃方案;共有十七座的建築群,井然有序排列在文化大道,以藝術廣場作為焦點。讀者需要留意的是,當中只有戲曲中心、M+視覺文化博物館,及後來增設的藝術展亭和新晉建築展亭,是透過建築比賽產生,其餘包括由West 8[3]和劉榮廣伍振民建築師事務所設計的西九公園及黑盒劇場、UNStudio[4]和AD+RG建築設計及研究所有限公司設計的演藝綜合劇場、赫佐格和德默隆建築事務所設計的西九文化區管理局大樓和修復保管中心,以及香港故宮

文化博物館、藝術大樓及藝術廣場、西九酒店及展覽館等，是以不同形式誕生。由於大部份西九項目是由外國名牌建築師設計，本地公司主要負責工程管理，而本書宗旨只是介紹由香港人設計的作品，在這前提下，唯有只介紹由嚴迅奇建築師設計的香港故宮博物館、由譚秉榮建築事務和呂元祥建築事務所合共設計的戲曲中心、由彭耀輝建築師設計的藝術展亭，以及由謝怡邦和丁慧中建築師設計的新晉建築展亭四個本地作品。

西九文化區不是香港唯一的文娛空間，不遠處的尖沙咀已有香港文化中心與周邊的博物館、藝術館，但各自扮演着不同的角色。由康樂及文化事務署管理的文化設施，旨在向外推廣香港藝術，西九文化區的重點則是把國際最頂尖藝術引進香港，從而吸引亞洲遊客，由此打造為亞洲區的藝術中樞。

從建築師的角度，西九文化區的更大成就是送給香港人一個夢寐以求的大草坪，及落實一個可步行的四十公頃綠化空間。而在地底額外構築一個地底車庫及車路，雖然是另一筆龐大的建築費，但這筆支出反映政府願意參照霍朗明建築師原先的規劃大綱，造就香港第一個上下人車分隔的花園城區誕生。這種以人為先的城市規劃，對曾到訪西九文化區的市民來說都有深切體會。隨着不設圍欄的海旁大道出現，為香港添上由步行及穿梭綠茵草地帶來的輕快悠閒，那是一個文明城市應有的格調，是香港人苦候多年的一份自豪。筆者認為，相比雪梨達令港、倫敦南岸或芝加哥千禧公園，以香港土地之矜貴，竟可擁有西九新海濱的大片綠化空間，更是彌足珍貴。

有關香港藝術館翻新的前因後果

在西九一帶，另有龐大的建築，分別是由泰福畢建築設計諮詢設計的九龍機鐵站及隧道抽氣站、香港凱達建築設計有限公司設計的高鐵總站，皆是國際著名建築師大展身手的地標。

往尖沙咀方向，海運大廈前端加建的新翼，也是霍朗明的作品，當中值得讚賞的地方，為其新建部份與原版半世紀前的建築風格頗為協調，沒有為凸顯個人風格而標奇立異。同區尚有翻新後的香港藝

術館，這個翻新計劃早於二十年前由筆者首先推動，連同當年的香港藝術館曾柱超總館長一起策劃，提交改造香港藝術館初稿，惟未獲局方首肯。幾年後，鄧海超先生接任總館長，筆者又倡議在香港藝術館旁加建一座香港水墨畫館，同樣渺無音訊。再事隔兩年，香港藝術館由譚美兒接任總館長，落實進行大幅度翻新計劃，並委託建築署統籌，由馮慧雯建築師負責設計，並進行有關的諮詢工作，面對重重挑戰是在預料中，幸最終克服困難，收成正果。

香港藝術館大變臉的成功，催生了香港歷史博物館及香港科學館的龐大改造工程，並以公開比賽形式進行。各參加者需要為現有的建築物提供全新的外觀設計，最後的得獎方案名為「繪畫香港」。驟眼看不出新衣有何特別，原來評判團欣賞其繪畫內容可隨時代變化而修改，一個要花八年才能完成的工程，方案愈靈活可變，愈能緊貼時代脈搏。在與時並進的大前提下，預示康文署對於其所管理的文化設施，將會開展不同程度的改造大計。

九龍西除了那些簇新的名師作品，不少香港人對於1881（前水警總部）的華麗趣之若鶩，然而不少建築界朋友卻視之為反面教材，由此觸發古建築應該如何活化的爭議。正因香港的古建築如鳳毛麟角，才令部份市民特別關注舊房子的去留問題，即使外觀平凡的舊軍營也被另眼相看，這包括在九龍公園內的三座軍營先後被保留、評級，甚至改建。其中一座是由筆者設計，改建為衛生教育展覽及資料中心，接着康文署亦把其餘兩座軍營改造為香港

文物探知館；據悉，第五十八號營房亦將由歷史博物館的貯存倉庫改建為中國藝術品復修中心。

思考歷史建築的錯配問題

有關如何善用舊建築，香港的古建築儘管數量不多，惟仍有被閒置或不受用戶歡迎的情況，考其原因，是資源錯配所衍生的矛盾。筆者不難理解香港人對古建築所持的雙重標準——既欣賞其古典優美，又吝嗇保養維修。古建築確為用戶帶來一些不便，如電量不足、窗門滲漏、白蟻侵蝕、設施落伍等問題，遂成為古建築不受用戶歡迎的主因；惟同樣一座古建築，倘若交由喜愛歷史、藝術、文化的人士，他們透過「活化歷史建築伙伴計劃」申請使用，或會換來正面評價，因為計劃是自願申請的，申請者自會樂於面對使用古建築時所可能碰到的問題。今天，香港剩下的舊房子主要是警署及法院大樓。看大館原來的面貌，也曾經歷混亂的搭建與加設，非常不濟，但一經活化，由愛好藝術文化的用戶遷入，便贏盡了各方口碑。就如上述九龍公園內的四座軍營，雖然外表平凡，除博物館職員很樂意使用，香港人亦愛護有嘉。

有關資源錯配的問題，筆者以北九龍裁判法院及南九龍裁判法院為例。前者曾丟空多年，借「活化歷史建築伙伴計劃」成為薩凡納藝術學院，本是一個非常合適的用途，但學院最終因為收生不足而停辦，殊為可惜；後者的南九龍裁判署是香港極稀有以愛奧尼柱廊排列的仿古希臘建築，在2000年停用改為貯存法庭倉庫，後來才改為土地審裁處。這座建築在日佔時期還

曾用作日軍辦公室，可想而知是一幢引人注目的優美大樓。

香港社會一方面認識到古建築的稀有，一方面又糟蹋其用途，令人匪夷所思。筆者忽發奇想，若然上述裁判署能改為博物館用途，其優美外觀配合內涵，將會相得益彰。除以上兩個例子，筆者亦留意到位於必列者士街的香港中華基督教青年會會所，它曾是香港早期的社區會堂，用於舉辦公眾活動；包括中國現代文學奠基者魯迅曾於1927年2月18及19日在禮堂展開了「無聲的中國、老調子已經唱完」。內有香港首個室內泳池和懸空的室內鑊形跑道，現時建築的部份空間被用作庇護工場。

隨着香港轉型為亞洲文化之都，筆者深信香港有條件活化上述古建築。從香港文化特色考慮，用途可包括香港文學館、香港影視館、香港水墨館、香港漫畫館、香港

非物質文化遺產資料館等等。

舊建築到舊社區的保育問題

筆者亦不忘提醒讀者多遊走快將消失的舊社區，包括富地道色彩的油麻地、旺角、深水埗一帶，比如在深水埗大南街一帶的皮革店，近年有年輕化趨勢，年輕人開設的咖啡店如雨後春筍，令該區被稱為新布魯克林。長沙灣天主教小學是該區最新及最型格的學校建築，其大圓環走廊的設計，更令人耳目一新。

油麻地果欄、廟街夜市及鴨寮街地攤，是現代化香港碩果僅存的本地風貌。我們常一廂情願要求政府或市區重建局保留這些地區特色，惟不少例子反映，若只保留這些建築的外表，而與之密切相關的行業已經式微，最終亦會面對難以為繼的問題，逃不過自然消失的命運。油麻地值得一讀的是躲藏在駿發花園內的百老匯電影中心。這裏是香港極少數播映非主流電影的商業戲院，亦是由風格另類的張智強設計師所設計，由開業至今輾轉已有二十五年，原先的設計早已剝落；2012年，謝錦榮建築師為電影院及在戲院旁的 Kubrick 書店進行翻新工程。那是一間以電影為主題的另類書店，間接見證香港人對電影的堅持。

西九龍調解中心位於長沙灣，一群串連起來的紅色盒子，醒目耀眼，是曾偉倫建築師的作品。他擅長以金屬為主要材料，喜愛硬朗的幾何圖形，這種手法同樣見於他的另一個作品——位於吐露港龍尾人工沙灘的海邊新興建設施，是一組節奏明快的金屬建築，反映的是他一貫的風格。

該區尚有三個頗隱閉的建築值得到訪：一個是由李培基建築師設計的懲教署職員會所，特色是以幾個方盒構成，是一座通過凸顯顏色來增添趣味的現代建築。當年這個方案能被紀律部隊接納及實現，相信曾經過建築師盡費一番唇舌。第二個建築隱藏在山崗上，乃由黃德明建築師夥拍巴馬丹拿集團設計的饒宗頤文化館，特色是融合舊有房舍，令中西匯聚而不老套，園林與空間營造從容的效果。此外上下區以白牆跟紅磚碰撞，淡掃蛾眉，恰到好處。在石硤尾的香港賽馬會創意藝術中心，同樣是巴馬丹拿集團夥拍黃德明、朱國勇、曾永璋、謝錦榮建築師協力合作的作品。它由舊式工廠大廈改建，能為藝術家提供較廉價的工作空間，令這老區平添一股藝術氛圍。

第三個建築是位於附近的美荷樓，原是香港最早期的徙置大廈，即今天的公共屋邨。美荷樓位於石硤尾邨，緣起於石硤尾大火。[5] 石硤尾邨及後拆卸重建，政府刻意保留其中一座，透過活化歷史建築伙伴計劃，由 AD+RG 建築設計及研究所有限公司將美荷樓改造為廉價的青年旅舍，內設講述徙置區以至公共房屋發展的展覽室，既保留歷史，亦是香港人當年安身立命的集體回憶。

在石硤尾沿南昌街往上走，會發現一座名為公共衛生檢測中心的大樓，是因應香港當年嚴重急性呼吸系統綜合症的爆發而籌建。大樓設計方面，順應地形特色，配合仔細輪廓與適當比例，儘管已是何永賢建築師二十多年前的設計；今天地球又遇上疫症，檢測已成為重點大事，故借此與讀者溫故知新。

大角咀給大眾的印象，是鐵器材集中地，很難想像那裏有一座頗有創意的迷你工作坊，名為 Solo，由 RAD 建築師事務所設計。在這全無特色的街道上，筆者確被它掛在外牆排列、富動感的黃色盒子吸引，原來那是用來遮閉冷氣散熱器的機靈設計，既聰明又能豐富外觀。

注釋

1. 畢爾包改造計劃:畢爾包位於西班牙北部,曾是歐洲首屈一指的工業城市,在飽受東歐及亞洲低廉價格的衝擊下,致經濟嚴重衰退。1990 年代,畢爾包市政府痛定思痛,決定放棄其工業角色而重新打造為文化藝術之都,尤其以古根漢美術館更成為世界知名的建築。
2. 香港國際藝術展:香港國際藝術展,即 Art Hong Kong 於 2007 年創辦,後來被 Art Basel 於 2013 年收購,易名為 Art Basel Hong Kong。
3. West 8:由 Adriaan Geuze 於 1987 年成立於荷蘭鹿特丹的城市規劃與景觀設計事務所。
4. UNStudio:United Network Studio,由 Ben van Berkel 和 Caroline Bos 於 1988 年成立於荷蘭的建築事務所。
5. 石硤尾大火:1953 年的聖誕節,九龍石硤尾木屋區發生大火災,令五萬名災民無家可歸,導致香港公共房屋的誕生。

香港故宮文化博物館
柳暗花明又一村

每每去到西九文化區，都有一種愜意瀰漫全身的感覺。順着海旁，光腳踩在綿綿的草地上，暖陽灑落一片，只覺臉頰溫熱；隨着海風吹來，空氣中夾雜着青草的味道，遠遠看去，一座米金色的建築聳立在草坡之上，陽光下的它，散發着點點金光。

訪問之際，香港故宮文化博物館的建築工程正在如火如荼地進行，嚴迅奇安靜的坐在辦公室內，溫文爾雅地一一道來香港故宮文化博物館（下稱「香港故宮」）的故事。這不是嚴迅奇第一次做博物館，卻是他在香港第一座落成的博物館。

香港故宮的靈感取自北京故宮，但並非將其外形設計照板煮碗，這也不是嚴迅奇想做的事，「北京故宮留給我的印象不是一個又一個的建築物，而是裏面的大廣場所體現的凝聚力。」從文化角度出發，中國文化是全世界不曾出現過斷層的文化，有很強的連續性。因此，雍容的氣度與空間的凝聚性和連續性是嚴迅奇在設計香港故宮時的精髓。

香港故宮立於草坡之上，與前面的公園空間構建了一種延續性。米金色的主調散發着中國王朝的雍容氣度和中國古代文物的氣質，裏面則以意象的手法詮釋中國文化。展廳樓高五層、館內設有九個展覽廳，「因為地勢，向上發展成了香港的特色，但很少博物館需要搭建到這麼高，通常三層就夠了。」館內有三個中庭，每一個中庭面向的方向不一，能看到香港的不同景觀。「向南可見香港島，向西就會看到大嶼山，向東就是整個西九文化區，這就是香港的文脈。」

嚴迅奇以傳統瓦頂為靈感，以獨特的輪廓打通三個中庭，儘管分為五層，但中庭與中庭之間的連結與流動性讓整體空間產生了一個很強烈的連續性。步入館內，光線從通透的天花由上至下滲出，隨着曲線和直線的交錯，牽引着你不斷帶你向上走，「就像中國建築的空間，你不會一覽無遺，每走進一些，就有一些新的景觀，有點像柳暗花明又一村的感覺，讓你慢慢探索，慢慢發掘。」這意象的設計就如東方文化的內涵和特性，意味深長而耐人尋味。

不同於如瓦頂般的流線型，展覽廳、劇場、後台則以直線設計為主，「這跟我們所展示的展品有關。比如 Frank Gehry 的畢爾包古根漢美術館，你可以看見博物館所展示的現當代藝術品與展廳可互相配合，所以就算是添加了曲線的元素也可行。如若展示字畫，不就是需要一個正正方方的空間嗎？所以設計也要尊重內容和功能。」

1　　2

1　顯示三個中庭空間之疊高及視軸轉變。
2　故宮文化博物館位於西九文化區的西端,是區內東西主軸線的一個終點,與軸線中部的 M+ 博物館對話。

1	2
3	4

1 自然光通過如輕紗通透的天花，照亮二層中庭的大台階。
2 前往四樓中庭途中下望二層中庭，能感受光影如何凸顯時空變幻。
3 中庭放置由 Andre Fu 設計的雲狀木椅，觀眾參觀過後，不妨停下盤坐。
4 四百座位之演講廳，是底層「故宮學堂」的中心元素。

早些年，嚴迅奇在西九文化區規劃的概念方案中，以《清明上河圖》為靈感，詮釋一個地方之所以吸引，不在於各種地標，而是各式各樣的市民活動所產生的聚性及能量。雖然這個概念方案最終沒有落成，但香港故宮的設計依舊離不開他的建築語言，「我一直堅持建築外形要反映內在空間的性格和需要，東九龍文化中心的流線型設計是因應人流的路線而生，香港故宮則徵著某種意義，有一個 statement。」

看着嚴迅奇身後那張放大了的東九龍文化中心手稿圖，忽然想起，與香港故宮一同如火如荼進行的，還有另一邊廂的東九龍文化中心。若要說嚴迅奇在香港的第一個文化項目，理應為東九龍文化中心，只是過程擾攘多年，讓香港故宮後來居上，率先落成。

與香港故宮坐落的西九文化區不同，東九龍文化中心坐落於鬧市一隅，周邊是熱鬧的人群與社區，既是上班族所經之地，公園亦成為可供耍太極和下象棋等諸如此類的消遣場地，漸漸形成屬於它的生活路軌與模式。「這個城區很成熟，有豐富的城市肌理，所以從環境上看，這兩個文化項目的出發點相當不同。」嚴迅奇一直拒絕與周邊環境不着調的建築設計，而東九龍文化中心就像融入了現有的城市肌理之中。

一般的劇院，有表演時就門庭若市，反之則門可羅雀。嚴迅奇對文化場所的理解有不一樣的看法，「不管有沒有表演或節目，我都希望東九龍文化中心每日有人流穿梭，並在經過之際接觸到不同的文化信息。」而這個想法正正反映在建築的設計上。

東九龍文化中心的設計以通達為主，同時融入了流線型的設計，讓你走進來後，能隨着這些設計巧妙分流。東九的流線型正是人流的路線，文化中心的大堂也是劇場的前廳，連接城區的各面，十分便利，除了正式的表演場所，這裏還有小規模的跳舞室、排練室等日常社區會用到的場地，「它就像一個社區會堂，不只是一個精英式的表演場所，也是一個以文化感染社區和身邊人的最理想狀態。」其實，這也體現了嚴迅奇的另一個設計手法——將不同功能的界線模糊化，「無論是界線還是其他，我不喜歡分得很清楚，當然模糊了這些界線後，也不能為使用者帶來不必要的干擾。」嚴迅奇的聲線雖不大，卻字字鏗鏘，「我不希望東九龍文化中心是個大白象。」

繼廣東省博物館、雲南省博物館後，嚴迅奇終於在香港迎來了首間博物館，那麼他還有甚麼目標或建築類型想做嗎？嚴迅奇頓了頓，繼續用他細小的聲線說：「其實我不太在意建築類型，反而是想怎樣在一個風格上繼續挑戰自己。」他口中的風格並不是要轉換一種誇張的建築語言，而是依然堅持自己一貫對建築的信仰與態度，以誠實和真實的手法，建立一個環境、空間、造型相輔相成的設計，「在此情況下還能給人耳目一新的感覺是非常難得的。」他鮮有的提升了語調，並形容現今世

1	2	東九文化中心既提供區內缺乏之演藝場地，亦利用建築結合城市肌理，優化區內公共空間系統，完善三維行人活動穿梭網絡。
	3	
	2	文化中心大堂是劇場的前廳，便利公眾來往，連接城市各區。
	3	文化中心的室內公共空間與文化設施結合，並與室外的廣場空間建立對話。

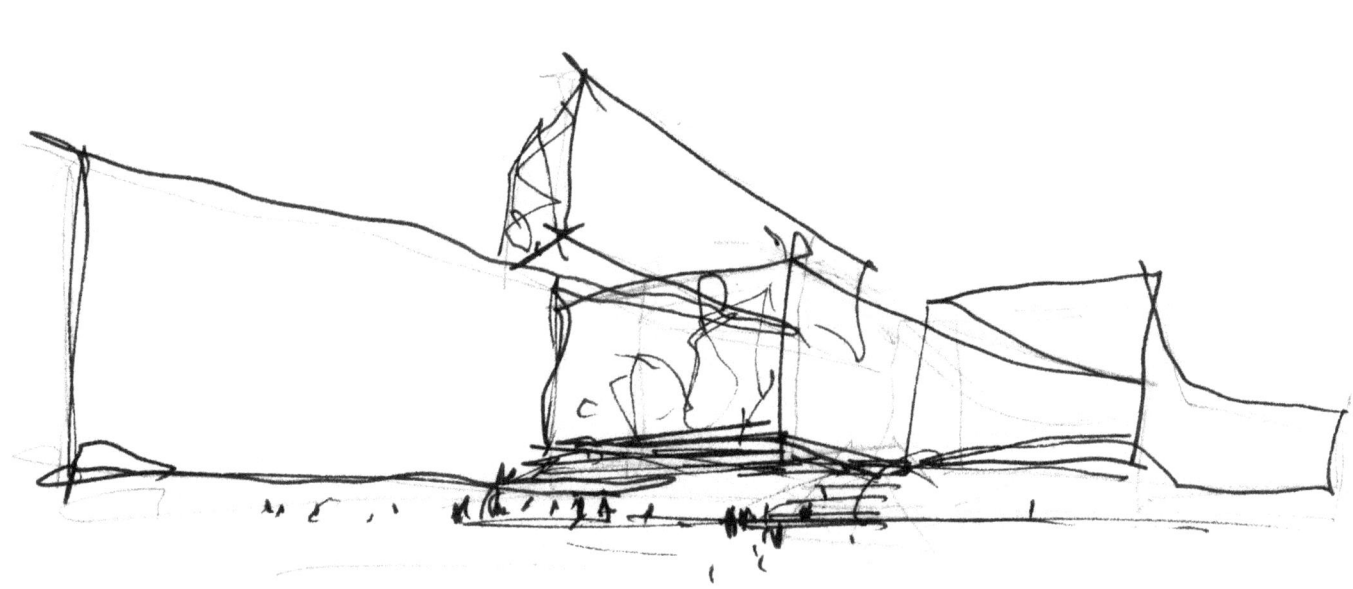

代對新鮮感的追求似乎永不滿足，反觀以前的建築師，如貝聿銘（I. M. Pei）、保羅 • 魯道夫（Paul Rudolph），一輩子都在做同一件事。「一個建築師是否就要去做新鮮的東西？還是繼續堅持做一件事？」嚴迅奇沉思着，沒有給出答案。

走過逾四十年的建築路，嚴迅奇也遇過不少質疑的聲音和令人失落的結果，但他依舊以柔克剛，沉穩內斂的面對。或許這種態度能以中國作家余秋雨在《山居筆記》中的一段話作結，「成熟是一種明亮而不刺眼的光輝；一種圓潤而不膩耳的聲響；一種不再需要對別人察言觀色的從容；一種終於停止向周圍申訴求告的大氣；一種不理會喧鬧的微笑；一種洗刷了偏激的淡漠；一種無需聲張的厚實；一種能夠看得很遠卻並不陡峭的高度。」

香港藝術館
立方體新衣

2012年是香港藝術館翻新的起點,建築署發起翻新香港藝術館。政府這次並非單純地由頭建造一座新博物館,而是對舊建築進行徹底翻新,於是保留了建築原有的立方體外形,並憑藉加設新玻璃,使建築與周圍環境相連。

這個項目原擬只在位於一樓的餐廳和書店做室內翻新工程,但建築師在設計過程中,發現即使就此重新設計,除了為內部加添時尚感外,香港藝術館和周邊建設的關係並沒有得到改善,只不過是一種內部裝修。因此,負責此項目的建築師馮慧雯建議大幅度改造香港藝術館,使其與周邊的環境、設施等產生連繫,並對其進行引人注目的擴建,塑造一個新面貌。

馮慧雯喜歡思考社區與人的關係,但她在中學時期,曾多次在志願一欄填寫牙科醫生,家人也曾經建議她讀醫科。投身建築行業的轉折點背後,原來另有故事。馮慧雯的父親是一位工程師,負責安裝大樓天線,有一次回家跟家人抱怨,說在工作上被一位女建築師胡亂指揮,弄得「陀陀擰」,他建議安裝天線的位置一概被那位女建築師否定。這事讓馮慧雯發現,原來身為一家之主的爸爸在那個時代雖然是權力核心,但在工作上也會遇到對手,而且這位對手更是女性。這事引發馮慧雯對建築的好奇,加上她中學時期已經很喜歡畫繪本,面對需要繪圖的建築系也產生了興趣,最後決定到英國修讀建築,並在畢業後考獲牌照,在倫敦工作。

1993年,因為英國的經濟問題,她回港到何弢設計國際有限公司和 Foster + Partners 工作,執行過香港機場室內設計、紅磡火車站設計等。曾跟外國公司的團隊工作,回到香港後發現本地的團隊方向和工作風格,都跟外國不一樣,馮慧雯學會了在合作初段就跟承建商建築團隊一起商討執行方案,而不是先做一個設計方案,再讓團隊跟着興建。後來因為商業項目增加,一直不喜歡受到太多掣肘的她,對工作的節奏和空間、項目選擇亦有所要求,後來便加入了建築署。

馮慧雯在籌備工程中到藝術館看庫存藏品,驚嘆香港藝術館的藏品是如此豐富和富有價值。舊的藝術館外觀不起眼,她將原先設在公共區域舊有的大型牌坊拆卸,再把樹木重新移植,比如為老榕樹尋找一個適當的位置,讓它們有空間繼續生長、延續,以及建立一個藝術廣場用作展覽場地。她又在由彌敦道前往香港藝術館的路上設置指引,引領市民前

往，完善藝術館和周邊的連結。原有的舊建築格局內向，如今拆除了藝術館早期的添加物，在面向維多利亞港的位置，建造跨越幾層樓的帶框大型落地玻璃外牆，連結港口和公共空間的景色，令格局變得開放。翻新工程在 2019 年完成，2021 年，馮慧雯遇到藝術館最早期形態的設計者簡祖祐，他告訴馮慧雯舊藝術館的設計因緣，這種交流可說是為這座建築賦予了一個新的意義。

另一位有份參與香港藝術館翻新工程的劉偉健，2003 年畢業於澳洲建築系，是位電影狂熱者，在學生時期拍電影短片。選擇建築，源於認為那是現實和幻想的結合，比如用建築物料去構建一個場景。同時，他受到專門研究建築的作家胡恩威影響，喜歡涉獵建築、藝術、電影，探討三者的緊密關係。2013 年，劉偉健剛加入建築署，就被安排加入香港藝術館的重建項目，他感嘆地說，自己其實仍然處於學習階段，當他得知香港將會興建西九文化區，劉偉健便開始思考，我們本身已有香港藝術館和香港文化中心，為甚麼不是單單改善這區的文藝建築就已經足夠呢？

作為一名年輕的建築師，他從香港藝術館的翻新項目中，看到香港很多公共場所都可以換上新的面貌，亦期望自己能在未來為爭議性大的建築物進行翻新，並希望在建築署工作可以得到更多發揮空間。

1	3
2	

1. 香港藝術館面向維多利亞港,外牆是帶框的落地玻璃窗,呼應海旁的景色。
2. 透明玻璃的設計引入陽光,將自然帶入室內。
3. 建築物保留了原有的立方體外形,綴以現代化的設計手法,讓感覺煥然一新。

西九龍調解中心　龍尾灘　啟德垃圾站
簡約的溫度

關於西九龍解中心和啟德垃圾站，曾偉倫以香港電影導演陳嘉上對港產片的解讀，幽默地打開話匣子：「蔗渣咁嘅價錢，燒鵝髀咁嘅味道。」

這兩個建築項目面對的最大困難，是資金不足和時間短促。很多建築都以金錢堆砌，但如美國後現代主義及解構主義建築師法蘭克‧加里（Frank Gehry）說過，「陽光」和「空氣」是不用花錢便可享有的。在眾多簡約的物料中，清水混凝土風格雖然極致，但十分考驗工藝，所以在西九龍調解中心和啟德垃圾站上，曾偉倫選擇了以簡單的物料興建，如鋁瓦楞紙板、金屬網。

建築在設計往往反映了它的特殊用途。紅色外觀的西九龍調解中心，有偌大的庭園，採用日式風格設計，以綠樹點綴，一個個獨立的房間，都被周圍的景觀包圍，如竹子、岩石、石頭和沙子，它們既是庭院花園中的美學組合，亦營造出寧靜祥和的氛圍，為視覺和感官帶來緩衝。這種設計除為個別房間提供指定路線，保護用戶的隱私，還因建築營造的和諧氣氛，讓前來西九龍調解中心的使用者更容易達成和解協議。

至於啟德發展區第 1J4 用地新建的垃圾收集站，在物料上除採用磚牆、鋁條，為了增加透明度，亦藉落地玻璃牆引入天然光線。整個垃圾收集站就似一個玻璃盒，引入通透的自然風，讓垃圾站工人能在一個相對舒適的環境中工作。附近的小型建築，比如存放空間和洗手間，則引入預製組件，例如外部磚牆、夾心板及外牆鋁條，精簡建造過程。

曾偉倫在意團隊的工作過程，不希望因為建築師的設計太過複雜，增加施工團隊的困難和痛苦。他在巴馬丹拿集團工作時，面對過不斷反覆修改以致背離設計初衷的情況，他確信作為一位建築師，須在設計和選用物料時，對實際的施工有準確的把握，在可以控制的範圍內呈現效果，同時可持續使用，減少後續的維護需要。

視美國建築師路易斯‧伊撒多‧康（Louis Isadore Kahn）為偶像的曾偉倫，相信建築應尊重在地氣候、文化和傳統，其對於幾何、重複性和光影的運用，是他的一個重要創作概念，並由此決定一個建築所採用的物料、技術，以至由此生長出來的空間模樣。

至於大埔龍尾泳灘毗鄰大美督及船灣淡水湖，為由政府興建的人工泳灘，泳灘設有一座服務大樓，大樓包括觀景台、更衣設施等，坐在觀景台上，可以觀賞日落，於 2021 年 6 月 23 日正式啟用。

整座大樓的設計力求開放和通透，兼顧功能性。觀景台的設計利用鋁管營造高低起伏的屋頂，與背後的八仙嶺山脊線互相呼應，外牆則由以竹條作為模板的纖維白英泥板而成。戶外淋浴設施的頂部，特別設有一個三角形天窗，使用者可以透過天窗欣賞山景，沉浸在自然之中。曾偉倫設計時還特意運用石頭等自然物料，完善整個石灘上的服務大樓。

曾偉倫坦言，加入建築署前因做住宅設計的工程，消磨了本身的藝術興趣，如果一直維持同樣的生活，事業不會得到任何變化和改進，人也變得缺乏朝氣。加入建築署，單純因為太太同樣是建築師，知道在建築署能得到更闊廣的發揮空間。

建築路上，曾偉倫曾被日本建築師安藤忠雄的精神感動，安藤忠雄將每個項目都視為他人生最後一個項目，每一次都要跟那個項目「戰鬥」，這種對建築的「精神」，體現在他總是把一些本來很粗糙的物料打磨至完美一事上，背後有太多汗水和艱辛。曾偉倫期望，未來的建築設計能夠多融入一點人文精神的溫度。

紅色外觀的西九調解中心有偌大的庭院，有助締造和諧的氣氛。磚牆、鋁條的用料有助增加垃圾站的透明度，散發一種簡約與整潔感。

1	
2	3

1　大埔龍尾灘是首個人工沙灘,設有景觀台和長堤。
2　沙灘上的景觀台與長堤,跟遠處的八仙嶺山脊互相呼應。
3　戶外淋浴設施的頂部是一個以清水混凝土建造的三角形天窗,散發一絲簡約感。

（總館花節攝影比賽得獎作品）

饒宗頤文化館
潤物細無聲

從十九世紀末開始,饒宗頤文化館現址的角色就在不停轉換,從海關分廠、華工屯舍、檢疫站、監獄、傳染病醫院、精神復康院等等,走過百多歷史,多年來因應社會需求披上不同的外衣,擔當不同的角色,因此也為這個地方增添了多一個故事。

黃德明剛完成賽馬會創意藝術中心不久,就夥拍巴馬丹拿集團設計饒宗頤文化館。饒宗頤文化館前身是香港三級歷史建築群的荔枝角醫院,原建築群依山而建,分為上、中、下三區,如果放在畫裏,可以看作前景、中景和遠景,有不同的層次感。然而,荔枝角醫院並非饒宗頤文化館首選。

「當時中華文化促進中心找我,他們想申請北九龍裁判法院納入歷史活化計劃。」黃德明直言覺得北九龍裁判法院不太合適,荔枝角醫院反而更佳。在他眼中,荔枝角不只是一個地點或建築群,而是一個本身就具備「建築與空間,空間與自然,自然與建築」的多層次空間,不同的景觀和元素組合起來,讓黃德明看見了一種循序漸進、建築與空間的連接關係。「但他們當時聽了的反應很大,跟我說,荔枝角醫院很猛鬼的!」因此,黃德明也花了很多唇舌遊說對方。同期,美國著名的設計學院薩凡納藝術設計大學於香港設分校,同樣申請北九龍裁判法院,而且還不要政府資助。其實論牌面,他也心裏有數,薩凡納藝術設計大學取得北九龍裁判法院的機會較大。

饒宗頤文化館於 2014 年 6 月正式開幕,活化後融合新舊房舍,匯集中西文化氣韻,依舊保留上、中、下三區建築群;上區設有翠雅山房,中區與下區為藝術館、保育館及露天文化空間,不時有展覽展出。而原建築的英式紅磚建築風格,同時帶有一絲中式元素,如瓦片、木門及木窗,「可以保留的,都盡量不干預,原汁原味的呈現。」黃德明認為,活化或翻新建築,不一定要還原最初的模樣,「留一些痕跡,也有它的味道。」

黃德明看着隱身於大自然的歷史建築群,他表示,身處其中,可以感受到獨有的文化氣息,「每年三至五月,是宮粉羊蹄甲的花期,待漫山花海盛放,又是另一景象。」

1	
2	

1 每年三至五月，是宮粉羊蹄甲的花期，漫山花海盛放，吸引遊人前來觀賞。（繞館花節攝影比賽得獎作品）

2 文化館的歷史建築群隱身於大自然中。

201　九龍西

賽馬會創意藝術中心
一切從這裏開始

「一切都從 JCCAC 開始。」黃德明與謝錦榮，各自坐在乒乓球桌的一邊，抽絲剝繭般，在一連串的項目中，尋找那個最初令他們積極參與活化歷史建築項目的源頭。

JCCAC 是賽馬會創意藝術中心的簡稱，這裏聚集了不少藝術家及藝術團體的工作室，2019 年 1 月 29 日，他們在臉書發佈了一則動態「Meta4 is home! JCCAC L306B」，附上一張照片，清晰可見「mdfa 建築師事務所」幾個大字。

MDFA 建築事務所（下稱「Meta4」）由黃德明、謝錦榮、朱國勇和曾永璋於 2001 年共同創立，歷經幾次搬遷，最終搬入自家出品、屬活化歷史建築的作品中。Meta4 雖由四人共同創立，但並非接到任何項目，都是全組一起出動，JCCAC 則是繼柴灣青年廣場後，四人共同合作的其中一個項目，夥拍巴馬丹拿集團一起完成。

JCCAC 的前身是石硤尾工廠大廈，為首座由整幢廠廈活化為藝術村兼藝術中心的工廠大廈。在開始動筆設計前，黃德明與謝錦榮逐個逐個單位地挨著進去看。裏面充斥了香港上世紀五六十年代山寨廠的影子，有些工具散落一地，有些則原封不動，「感覺就好像時間停頓了，人忽然走了，但東西還在。」黃德明看見後，有點感觸，他形容恍如看見了生產的過程。

廠廈內的一些玩具廠也引起了謝錦榮的注意，而且還有那麼一絲熟悉感，「我以前想賺零用錢時，也會和姐姐在家裏做家庭式手工，原來 I am not alone。」黃德明接著說，他在大學教書時，有個學生將爸爸帶來了，「他爸爸見到舊時工廠的招牌還在這裏，哭了。」

看見廠廈裏的種種痕跡，謝錦榮表示，「這裏承載了不同年齡階層的回憶，如果能做一些東西勾起或者保留回憶也不錯。」他們一致認為，活化並非將原本的建築砍掉重來，做得很堂皇就是好的。

在 JCCAC 的設計中，有很多「Hide and Seek」的小心思。比如，在天台做了一面雪白的牆，「它可以是一面普通的牆，也可以用來看電影、做展覽……我們沒有很直白的告訴人，也沒有特別標示空間的用處。」因為對象不再是工廠，而是藝術家。於是，大夥在做設計時，也盡量提供不同的空間和線索，讓藝術家自己再進一步探索空間的使用。

1			1	石硤尾工廠大廈建於 1970 年代，設於徙置區七層大廈附近，旨在解決當區就業問題，減少跨區工作的需要。2008 年，這裏活化成賽馬會創意藝術中心。
2		3 4	2	活化設計盡量保留工廠大廈的歷史痕跡，例如舊有招牌、機器和半製成品等。
			3	這些空間有着不同的坐向、光源和比例，分佈於工廠大廈各層，為舊建築的立面加上結合工能和美學的面貌。
			4	青年廣場 MDFA 建築師事務所的成立，始於 1999 年柴灣青年發展中心的建築設計比賽。

「我們四個當時都覺得，做給藝術家的東西和做給別人是不同的。」黃德明空閒時也會做創作，所以設計這個項目時，也常警惕自己，不要一味的一成不變。

幾近同時，謝錦榮也開始幫聖雅各福群會籌備民間生活館的設計，那時藍屋的活化項目還未出現。JCCAC 於 2008 年開幕後，黃德明也收到了中華文化促進局的邀請，希望他能幫忙設計其位於 JCCAC 的辦公室。如是者，才有了後續的饒宗頤文化館的故事、舊大埔警署活化、荔枝窩村的復修等等。

那他們是怎麼走到一起的？

「我們四個是大學同學，在校做功課也是同組，花名叫『病夫組』，就是東亞病夫的病夫，最弱的聚在一起。」兩人說到此處不禁笑了，大學時的記憶，似乎仍然猶新，「功課還經常遲交。」二人毫不猶豫、異口同聲地繼續說。

但這隊「病夫組」在畢業後，參加了一項青年發展中心建築設計的比賽，還贏了冠軍，在香港擁有第一件自己設計的建築作品 —— 柴灣青年廣場，Meta4 就從那時開始了。

九龍西

尖沙咀海濱長廊
海邊走走

元旦前夕,馮永基問道去哪裏倒數,當下腦裏只有兩個畫面——「人山人海」和「寒風來襲」,還是待在家裏看看電視、摸摸麻將算了。還以為他也會待在家裏之際,他卻說要去尖沙咀海旁,感受那停了七十一年的鐘聲再次鳴起的跨年之夜。

2021年12月9日,傍晚六時,尖沙咀海旁傳來了久違的鐘聲,伴隨着晚霞與習習晚風,一切都顯得那麼恬靜美好。第二天早上約十時多,馮永基在臉書上發佈了一則隨筆:

Don don don……六下的鐘聲終於響起!

也許,我是現場成千上萬市民中心情最激動的一人,不是因為「成功爭取」而激動,這些附有領功含意的四個字,小民並不需要。

我激動,是因為香港人期待已久的祥和聲音終於到臨。

我激動,是因為成千上萬小市民的守候,只為表示一份對自己城市的見證,雖卑微,卻暖心。

我激動,是官與民之間找到溝通的拐點,是同樣對生長於斯的共鳴。

我要感謝為這份心願一起努力的戰友:岑智明、丁新豹、劉智鵬及鄭楚明,及在背後同心工作的無名英雄;唯最窩心是素未謀面的市民,迫爆廣場,為的是以行動表達心中對香港的親切情懷!

馮永基是一個浪漫主義者,卻害怕肉麻。他的隨筆沒有一套激昂的説詞,只是平實的文字,但字裏行間,無一不透着對這個地方的喜愛,讀到那句「雖卑微,卻暖心」,就恍如看見了他的身影。尖沙咀鐘樓的重鳴,恍如是對故事的續寫,其實也是馮永基對於舊日未能完成的事的一種遺憾填補。

當時,與山頂改善計劃同期進行的還有另一個項目——尖沙咀海濱長廊美化工程,項目範圍包括鐘樓及香港文化中心前的廣場。在處理這項工程之時,馮永基卻一如以往,在添置任何新設施和建築前,先來一次「大掃除」,即去蕪存菁。幸好,當時的建築設計團隊——鄧文彬、景國祥、周安遠等人都有個共識,以「維港景色」為大前提;於是,項目開初就掃掉了一些阻擋維港景色的「障礙」,如拆卸了沿海的牌坊,將

笨重的石屎欄杆換上通透的玻璃，近海的街燈則換上了反射式照明燈。原本那佔地的行人天橋坡道以升降機代替，騰出的空間作休閒和綠化用途，沿途二百多棵洋紫荊樹在陽光照射下，帶來一絲陰涼⋯⋯這些看似不起眼的設施和改動，卻默默的清除了視覺屏障，讓大家與海的距離又近了一步。

至於那廢棄的海水泵房，馮永基則將其改建為海濱餐廳，他說靈感來自於電影《秋天的童話》，周潤發所飾演的「船頭尺」一直渴望於海邊開餐廳，「那時星巴克（Starbucks）進駐，還有人以為是它們的自家設計。」馮永基笑了笑。

除了海濱的美化工程，當時，香港特區政府有意把尖沙咀巴士站遷走，將廣場範圍擴展至星光行，並提供露天茶座。話到此處，坐着聽故事的人都忍不住瞪大了眼，幻想着若能成事，那大廣場會是甚麼模樣。「當時比賽都舉辦了，連即將遷移的巴士站也選好了地址，只可惜這千載難逢的好計劃，在不同利益團體的阻擋下，又不成事⋯⋯」聽着他形容那個可以媲美英國倫敦的特拉法加廣場的新廣場，除了搖頭嘆息，也不知道能夠給予甚麼反應才好。

一座城市之所以美麗，不在於有多少名家建築，而是所存在的建築有否延續歷史，訴說故事。「失去的歷史建築，已無法挽回，唯有重拾熟悉的聲音，重懷舊日的足跡，也是有聲勝無聲。」雖然馮永基還是有點耿耿於懷，不過認識他的人都知道，他不是一個容易放棄的人。

1. 設計融入餐飲的文化符號，讓地方更為生動。
2. 沿途栽種了二百多棵洋紫荊樹，為夏日帶來一絲陰涼。
3. 簡約的線條設計在天際線上劃下利落的一筆。
4. 看似不起眼的改動，卻大大清除了視覺屏障，拉近大家與海濱的關係。

新界東

導讀

新界東是本書所劃分的七個區域中最令人目不暇給的一個章節。

先由沙田就近市區的地帶作起點。位於沙田的車公廟體育館，不管是由遠處眺望或入內參觀，大家的第一個印象往往會以為是一座博物館。車公廟體育館是溫灼均建築師眾多作品中的一個成功例子，他對建築的熱衷、執着、細緻，非常投入。除車公廟體育館外，同區石門「綠在沙田」亦是他的作品。特區政府環境局為了提升大家的環保意識，推行「綠在區區」計劃，在全港各區設立廢物回收站。由於局長本人亦是建築師專業，要求各站設計優美，「綠在沙田」便是上述計劃的首個項目。市民對這類回收中心反應積極，可見香港人，尤其年輕一代願意為環境保護身體力行。

同在石門區，還有彭耀輝建築師設計的傑志足球學院，是他繼西九展亭以外的另一作品。有關西九展亭，背後另有故事。西九項目原先沒有展亭的構想，但西九文化區管理局董事局主席唐英年一念之間意識到如此龐大的香港文化區域似乎欠缺香港人，尤其是年輕建築師的參與，故要求加插一個細項工程，透過為年輕人而設的公開建築比賽，加入一個西九展亭。在芸芸數以百份參加作品中，彭耀輝建築師的設計在幾輪篩選後脫穎而出。從他的現身說法中，我們可得知一間小型建築公司要取得工程合約並不容易，但透過公開比賽獲獎，建立信譽，是初創公司按步發展的可行途徑。

除了觀賞大型的車公廟體育館，在車公廟路五號有一座名為慈濟環保願行館的平房，是由一位心懷慈濟行善精神的陳翠兒建築師設計，她身心一致，經常禪修，忠於結合簡約生活與環保概念，以另類角度追求真善美。在沙田大會堂外的「城市藝坊」，是香港難得一見的大規模戶外雕塑廣場，放置了扎哈、徐冰、劉小康、何周禮、李展輝、羅發禮、文鳳儀、謝淑婷、譚燕玉等藝術家的大型雕塑。在沙田大會堂前的大石階則有一組紅色裝置，由施琪珊、陳維正共同設計。在香港，從事雕塑的專職藝術家屈指可數，其中不乏來自建築師或設計師專業，兼顧雕塑創作，一嘗跨界別藝術的樂趣。同樣，有些建築師期望自行生產椅子，反過來亦有室內設計師愛好建築項目。

新建築在香港中文大學

佔地137.3公頃的香港中文大學校園有多項建築，主體特色是清水混凝土；在1963年校園落成時期，是司徒惠建築師所選定的文人風格，惟經多年來的維修，陸續塗上灰色的防水噴漆。儘管如此，校園內還有不少新建築，仍尊重這約定俗成的校園特色，以灰色為基調，再加上一點色彩，凸顯箇中不同個性，這包括嚴迅奇建築師設計的香港中文大學文物館－羅桂祥閣、廖宜康建築師設計的敬文書院、李少穎建築師設計的崇基學生發展綜合大樓、由施琪珊建築師和陳維正建築師設計

的香港中文大學聯合書院學生宿舍、由彭一欣建築師設計的大學圖書館新翼大樓、鄭炳鴻建築師和乙增志建築師設計的建築學院綜合教育大樓、余嘯峰建築師和本伍德建築師合作設計的晨興書院等。

從中大校園往白石角海旁走，便是香港科學園，其中一座像金蛋飄浮半空的高錕會議中心，由利安顧問有限公司設計，是香港少見的形象建築物。在白石角海濱，沿途已發展為中產人士的住宅群。那裏的海濱長廊有很值得大家留意的小型建築群。雖然香港給我們的印象是倒模式的建築設計彼彼皆是，但白石角海濱的小型建築會令大家眼前一亮，那是鍾鳴昌建築師的前期作品，說明香港仍然有變化多端及趣味盎然的優美小品。

最美建築是仙人居亭

往北再行，穿越樹林，便到達和合石。或許大家走在路上時會感覺到一絲寒意，但仍想跟大家分享這些太美的作品。和合石墳場共有兩座很美的建築：一是和合石火葬場，二是和合石靈灰安置所。未曾親身

目睹的讀者，也許從港產警匪片的拜祭場面中看過，原來最了解香港哪裏有美景的人往往是電影導演。若驚訝香港明明能有這麼高水平的設計，為何偏偏只在另類的建築上呈現，原因是業主對此類建築通常最沒有個人要求，不會干涉及過問設計，設計師因而有了難得的自由發揮機會，創造出各種優美的作品。這兩棟另類建築來自不同的設計師，分別是鍾鳴昌及施琪珊。另外還有一座優美的靈灰安置所位於大埔太和香海蓮社半春園，是一幢用松木興建的東方建築。其風格一反周邊現存的傳統建築，由朱珮汶建築師採取現代東方形式設計，屋頂保留傳統的黃色琉璃瓦，屋身採用120公分松木條子與120公分玻璃排列成梳子狀，每當陽光照射，有序的

投影令建築構成一個有旋律美的清幽神殿。

在大埔松嶺村的匡智松嶺綜合職業訓練中心，是朋友介紹、一個鮮少有人知道的地方。這中心有幾組不顯眼的樓群，被山林樹叢遮蔽，為了配合匡智會致力守護「智障人士服務，在跑道上追夢」的理念，中心有部份建築展示出活潑的設計，成功達到建築師陳健華的要求及期盼。由大埔往船灣淡水湖方向，沿途還會看見一些設計較另類的丁屋，早期有部份是由吳偉滔建

築師設計。在大埔汀的天文台潮汐站，亦是一個值得一看的新設計，以「冰山之尖」為概念，贏得「大埔滘潮汐站建築設計比賽」的是蘇陽彪及陳嘉麗兩位年輕的建築師。

來到龍尾灘的人工海灘，這裏新建了一列呈幾何形、由鋁料製造的海濱建築，是曾偉倫建築師的作品。位在同區的慈山寺，亦是旅客不能不造訪的地方，那是繼志蓮淨苑後另一唐式建築。慈山寺的自我介紹寫：「借鑒唐風，融會古今」，說明了它並不完全是唐式建築，而是採用鋼材作基本結構，及減省傳統以斗拱承托飄簷的做法，惟總體上仍精彩非凡。自其開放以來，曾到訪過的市民，無不讚嘆香港竟有如此優美的地方。

被遺忘了的古村
荔枝窩是旅遊人士愛去的熱門地點，從船灣郊野公園附近的烏蛟騰開始，走越山林約兩小時便可到達。這是一個格局停留在 1950 年代的客家村，由於當時不少人已放棄耕種，移居英國，加上缺乏交通配套，與外間難以聯繫，以致失去炒賣丁屋的市場，才僥倖逃過被清拆的命運。多年後，熱愛大自然的林超英先生，在退休後開始譜寫一個重建「他鄉的故事」，他挖掘了不少有關該處的舊照片，得知這裏在全盛時期有超過二千人居住，以務農為生，現時只剩二十名居民。他察覺該村仍有保留及活化條件，於是發起保護荔枝窩，並獲香港賽馬會資助，更與香港大學合作，成立「香港鄉郊保育基金」[1]，在荔枝窩揀選首批十四幢較為完整的村屋，並與遠在英國的屋主商討兩全其美的保育方案，打造「荔枝窩客家生活體驗村」；活化客家村是由黃德明建築師和朱國勇建築師共同負責，因缺乏運輸及工人支援，是建築師面對過的工程中最具挑戰及困難。這個項目全賴一群有心有力的工作團隊發揮互助精神，成為復村復耕計劃的推動者，客家建築風格才得以保留。對於散落新界的其他村莊及特殊優美的自然景區，特區政府已於 2018 年設立「鄉郊保育辦公室」，先協助荔枝窩及沙羅洞的生態保育，再擴展至其他偏遠的鄉郊地區，令廢棄的鄉郊回復生機。

香港的後花園
西貢有「香港後花園」的美譽，包括位於西貢西郊野公園範圍的海下灣，內有知名的珊瑚保護區，區內建有一座非常優美的旅遊中心，亦是溫灼均建築師的另一代表作。它採用清水混凝土、工字鋼、實木與玻璃之間互相構合，營造強烈的虛實對比，再配合山明水秀的海下灣，是公共建築的佼佼者。同樣位於萬宜水庫的禁區、風景秀麗的黃石碼頭，有一座簡單但呈波浪線條的碼頭上蓋，配以刻意傾斜的支柱，從概念上透過解構主義的手法演繹風與浪的自然美，是何文堯建築師的得意之作。

西貢是筆者不經不覺居住了三十多年的地方，留有多個建築項目，包括與景國祥及施琪珊兩位建築師一起打造的西貢視覺走廊，在當時各政府部門眼中備受看重，視為多個部門共同合作的城市設計示範。西貢視覺走廊以天后廟為中軸線，貫連戶外籃球場、萬宜遊樂場、西貢海濱公園、西貢碼頭，並以五個大銅鐘作連線，故稱為「西貢視覺走廊」。其中的沙咀道休憩空間就需要跟路政署協調，令原來的行人通道與休憩區融合，促進這一處露天餐廳的氛圍，現今已成為西貢的焦點。

西貢海濱公園的另一挑戰是加設了海濱餐廳，成為首個由政府推動的海濱食肆。公園內最引人留意的是水池中央幾隻模擬大紙船，是以香港抗日戰爭時期的報章摺合而成；其背後含意，是緬懷東江縱隊及港九獨立大隊的英勇抗日事跡，同時追憶西貢作為漁港的歷史，摺紙則乃昔日孩童的玩物，具有象徵意味。由於池中的紙船裝置早已深入民心，西貢海濱公園被當地市民暱稱為「紙船公園」。

西貢海旁的盡頭，有一座頗具北歐設計風格的 WM 酒店，由香港凱達公司設計，被香港人形容為一間有品味的度假酒店。話說回來，香港雖然有不少像世外桃園的風景、叫人陶醉的海灣，而且有非常富裕的階層及龐大的遊客量，惟本地仍欠奉像印尼峇里島或泰國布吉島級數的大自然度假酒店，令人失去時興 Staycation 的誘因。

西貢市是繼愉景灣以外，最有西方小鎮風情的地方，亦是外籍人士喜愛聚居的小區。在那裏的小酒吧，常見華人及洋人於不同店舖各自聚集聊天。隨着愈來愈多中產人士遷入，西貢另一個默默出現的轉型趨勢，是出現愈來愈多的獸醫醫務所及環保相關的店舖。由於西貢有幾個特殊科學價值地點保護區（SSSI）[2]及設有四個遊艇會，引來不少愛好大自然的人士聚居，不同設計風格的小屋零散分佈於拳頭篤、打蠔墩、白沙灣、清水灣、相思灣一帶。在這些區域走一走，便會有所收獲。除了公共建築，筆者也在西貢設計了兩間小屋，名為「圖花源」與「班門弄」，細節可從內文的訪問中看到。

雖然大家心目中的西貢是郊野區，其實將軍澳亦屬西貢部份。在將軍澳密集的屋邨中，有兩座學校。一是由法國建築

師 Thomas Coldefy 和 Isabel Van Haute 設計的香港知專設計學院。這是透過比賽產生的設計方案，外觀相當震撼，是屬於喧嘩式的建築，從學生角度出發，更是一個令他們感到自豪的設計，間接提升了學校的形象。同區另一座學校是法國國際學校，規模相比前者細小得多，風格亦低調祥和，是由鄧可欣建築師和 Claude Godefroy 建築師所設計。這所被石屎森林環繞的校舍，遠眺已能看到簡潔的白方格滲透出繽紛的色彩，展現了小朋友活潑的一面。

香港科技大學校園山名水秀，比香港中文大學更貼近水邊，其設計是透過建築設計比賽，由關善明建築師事務所獲得工程項目，整體而言，風格融合統一。入口處的大廣場以一個圓環長廊擁抱中央的大雕塑，是香港各大專院校中最有氣勢的大門入口。隨大學不斷擴建，新建的校舍已逐漸脫離原來的風格。其中香港科技大學的邵氏禮堂，外形以幾個不同軸心圓環構成，仿似解說不同功能的互動，亦是鄧可欣建築師和 Claude Godefroy 建築師的手筆，宣示了這個校園百花齊放的風格。

清水灣有不少獨立平房，但特別有觀賞價值的不多。相思灣中最精彩的，必然是梁志天建築師的住所，在曉波徑亦有零星一

兩幢新潮丁屋；在飛鵝山一帶的豪宅中，有一座由明星擁有的巨大豪宅，由大大小小的方盒子組合，窗扉亦是統一大小及整齊排列，加上疑似木條橫砌超簡約外觀，令人好奇，香港竟有追求極盡簡單外形的大業主！

位於清水灣道的傲瀧會所，最特別之處是晚間從外面欣賞，像一個透光的燈籠，尤其搶眼。從項目經理陳志偉建築師訪問中得知，這是香港罕有引入藝術作賣點的住宅，對象是有生活質素要求的住客。由韓國建築師曹敏碩設計，利用磚塊堆疊的視覺效果，既考驗結磚師傅的功夫，亦測試觀者的敏銳視覺，香港有這樣考究的建築工藝，確實稀奇。

註釋

1 香港鄉郊保育基金：「香港鄉郊基金有限公司」於 2011 年成立，目的是建立一個媒介，讓有志為香港大眾長遠福祉而保育鄉郊的人士聚首一堂，把夢想化為可以逐步實現的項目，採取的方法為：持有和管理這些自然資產及相關土地和資金，向公眾提供保育教育。

2 SSSI：Site of Special Scientific Interest

海下遊客中心　車公廟體育館
採菊東籬下

海下遊客中心位於香港西貢西郊野公園，原址是一個燒烤場，建築物因應地形原有的斜坡而建，整體設計以現有草坪為中心，保留了原有的大樹，採傳統村莊布局，以簡約的木色調為主。沿着旁邊的小路，遊人步行十分鐘就能到達附近的海下村海岸公園，划獨木舟、玩直立板、浮潛，看看海洋生物及珊瑚。

在建築署任職的溫灼均和劉天行是海下遊客中心的建築師，「因地制宜」是他們共同的設計概念，希望建築能配合所在地的原始生態，將人、建築、大自然，緊緊地連結在一起。海下遊客中心設有多用途室、接待處、管理員辦事處及職員休息地方等。另有中央草坪、多用途室外有蓋空間等。只要細心觀察這裏的各個細節，不難發現建築師的心思。

洗手間的設計較為開放，自然風可穿透其中，使空氣流通。建築物之間有中央草坪作連結，讓小朋友戶外活動時，有一個更大的活動空間走動。至於可用作小組活動或學習的多用途室外有蓋空間，旨在為遊人提供一個安靜的地方，跟大自然連結在一起，自在地冥想、打坐。整個建築格局就如庭院，將建築物與周邊的自然美景融為一體。同時，海下遊客中心設展覽廳，不定期舉辦以海洋生態、環保為題的展覽。整個海下遊客中心可說同時包含了藝術、生活、自然、建築、人文。

劉天行建築師於 2010 年加入發展局，曾經負責四川重建項目，後來到建築署工作。當問及他認為設計海下遊客中心最重視哪個部份時，他說，「每一個項目都有不同的需求，例如有些項目由環境而生，有些則出於使用者的需求。由於這個遊客中心是為配合海下灣美麗的環境而建，第一件事是思考怎樣將建築與自然環境配合。」

溫灼均建築師素來以東方元素作為個人風格，海下旅客中心也延續了這種特色，加入庭院元素，滲入四合院的影子，拉近人與自然之間的關係，「我的目標是在海下遊客中心創造一個社區。建築物不只是一個 object，也不只是一間小房子。除了考慮外觀，我更希望這個地方可以將眾人凝聚在一起，就如大家都在一條小小的村落裏，以不同的眼光看大自然，歌頌大自然。」

海下遊客中心被高高低低的樹木圍繞，人們可在其間嬉戲，或閉上眼睛靜坐，或許這種綻放大自然生命力的氛圍，正正體現到溫灼均的理念。人身處其中，可感受到香港純真的美麗。

海下遊客中心的設計概念來自西貢美麗的郊外。建築以現有的草坪為中心，多用途室則以玻璃亭子的模式設計，面向中心草坪，連貫室內外空間。

建築物及周邊各式的迴廊和庭園緊湊地交織在一起，重新演繹傳統聚落及小鎮的氣氛。

體育館的佈局層層遞進，將山巒引入不同空間。館內設施與公共空間沿長廊佈置。長廊作為行人走廊連接不同的功能空間，並將自然景觀徐徐引入。

位於沙田的車公廟體育館，於 2020 年落成，樓高四層，沿翠綠的山林旁，一座灰色建築物依山而建。建築師溫灼均設計體育館的建築外觀，線條簡潔，顏色清簡，外牆主要用清水混凝土，呈現建築材料之美，不作遮掩，沒有使用額外飾料，直接看到混凝土的原貌；體育館入口的兩邊牆同樣是混凝土，但表面多了木板的坑紋，是以木板刻意營造設計的效果，相當搶眼，予人自然而粗獷的感覺。

在設計佈局，車公廟體育館以層層的透視形式，把戶外山巒引入室內不同空間，與周邊的景觀融合，得以保留村民崇拜風水山的傳統。整個設計理念，是希望項目不限於提供多樣化的康體設施，更為市民提供一個自然、舒適、公共休閒的場所。館內有綠化元素，設有開放式通道、中央庭院、平台花園，採光十足。

另一考量是因為一座體育館需要很大的面積，溫灼均把售票辦公室的面積縮小，將體育館的結構設計變得更開放。體育館的大量庭園及開放式通道，是刻意不安裝空調，以引入陽光及促進自然通風，達到環保慳電效果。

公共空間的精髓在於分享，溫灼均決定加入不同的進出入口，沒有太多的指示牌，讓市民可以任意行走，館內以長廊和樓梯貫通，從多角度的感覺讓大家隨意穿梭不同樓層、設施、庭園、平台等，有一份真正的「休閒性」。

整個建築最大的特點是前方與後方的長樓梯，讓人有行山般慢慢爬高的感覺，即使不欲做劇烈運動，亦可走一條相對輕鬆的長廊，直達後面天台。從天台花園可眺望毗鄰的秦石邨。建築師也善用室外大自然優勢，採用透明落地玻璃，將室外大自然景觀及庭園景色，引入室內不同空間，令景觀更開揚，營造一個自然舒適的環境，另一邊高窗，可看到室內其他活動室，產生視覺的聯繫，增加用家的互動。

整座建築加入很多以環保膠製成的仿木條，為迎合現今的防火條例，讓建築物料更加環保和安全。從物料、色彩、空間與內在功能，環環相扣，同時採用方形柱和圓形柱，將不同的景觀緊扣，溫灼均說，「有一位建築大師說過，大自然只有在放入一個畫框的時候，才會變成景觀。」建築師把建築與當地環境相呼應，露天樓梯直達平台花園，花園與山坡連成一體，融入環境。

車公廟體育館整體的設計給人一種帶點東方的禪意，有別於傳統的體育館建築，這一切是以一個多面性的角度去探討，「Framing yourself & others.」

大樓立面的靈感來自百子櫃及裝飾屏風，加上香爐、木屏風等物料，整座建築以現代手法演繹傳統工藝。藥劑館佈局則如數個中國四合院垂直疊起，中庭層層緊扣交錯。

和合石火葬場　白石角海濱長廊
最終的美術館

於 2013 年落成的和合石火葬場及紀念花園，位於新界粉嶺。和合石火葬場不僅是香港規模最大的火葬場，其設計亦別具一格，把動感的形態與各種元素融合於山體，恍如一個精心設計的「美術館」。

步入和合石火葬場，可看見一片大水池和大型斜坡草坪，讓人感到寧靜，整個建築重新定義了香港火葬場的形象。過去，火葬場的設計是基於功能需求而出發。它們往往看起來冰冷、憂傷，使用者的情緒並不能得到充分照顧。建築師的細心思路，突破了火葬場一直令人不安的建築設計風格，和合石火葬場的設計以撫慰弔唁者的心靈感受為主，入口處設有的倒影池，讓弔唁者洗滌心靈，準備參加儀式的心情，心靈得到了清淨。

家屬會路經大草坪及水池，都是建築師刻意安排的空間體驗，營造出一種叫人放下的抽象意境。火葬場的內部，在設計時特意將焚化爐置於大草坪底下，倣效傳統土葬儀式，象徵先人入土為安。負責這個建築項目的鍾鳴昌亦引入自然竹林庭院的背景，呼應「竹」在中國文化中的象徵意義：正直節操、君子虛心和脫俗超羣。火葬場不只是在意功能性，也照顧到家屬的心情，因此在走入禮堂的過程中，還可看到洗滌心靈的字句，室外也有落羽松的襯托。

和合石火葬場的通道經過精心設計，獨立的入口與出口、獨立洗手間及紙錢燃燒器，迴避了中國葬儀「走回頭路」的忌諱，避免面對下一個悲痛的家庭。離世者親人離開禮堂後，也可直接步入中央園景區，稍作停留，同樣可避免遇上其他離世者家屬。禮堂出口連接一片草地，當中設有荷花池，本來荷花池中想安放百家姓文字，但最後受到爭議而沒有實行，改為在池中做出不斷冒出氣泡的效果，氣泡寓意着人類生命的誕生和重生。該項目並沒有使用使人畏懼的對稱形式，而是使用了不對稱的手法，結合有力的形態，象徵多樣而困苦的人生，而鐵的物料風化過後，象徵一段人生經歷。

建築師鍾鳴昌的另一個項目——白石角海濱長廊同樣透着靜謐之美。白石角海濱長廊位於香港新界大埔白石角科學園路、創新路及科研路，沿着白石角海濱長廊經吐露港，還可以前往大埔，這裏的建築和設施配合了香港科學園的創新風格。白石角海濱長廊全長兩公里，設有行人路及單車徑，遊人可以沿途欣賞吐露港的風景。鍾鳴昌以木箱做涼庭，風格相對活潑輕鬆，在公共廁所門口加設鏡面，可以增強空間感，另外設有公園管理辦事處、單車租賃場地、半露天茶座、小食亭和垃圾站等。

1		
2	3	
	4	

1. 清水混凝土外牆的質感配合火葬場的氛圍,不規則的建築佈局及竹節型窗戶營造出自然隨和的感覺。
2. 中式禮堂內以小竹林作為祭台的背景,為葬禮儀式帶來了莊嚴和大自然氣息。
3. 火葬場屋頂設計為斜草坪及小公園,家屬可在此調適心情。
4. 新穎的建築設計踢走了傳統火葬場的恐怖形象。入口水池為參加葬禮人士洗淨心靈。

| 1 | 2 | 3 |

1. 幾何、利落的線條設計,散發一絲簡約美。
2. 白石角海濱長廊的設施,外觀變化多端,亦是鍾鳴昌建築師所強調建築要多樣面貌的成功例子。
3. 這裏的建築和設施配合了香港科學園的創新風格,以簡約為主,沒有任何花俏元素。

和合石靈灰安置所
念想承載地

有人說，靈魂有二十一克重，當它離開時，身體便會輕了。那靈魂離開身體後，又會去哪裏？佛家對於生死的解釋是，人死後還有六道輪迴，西方宗教則是天堂與地獄。對於來世一說、生死輪迴，施琪珊並沒有太多想法，反而對墓地或靈灰安置所的意義何在更為好奇，「死亡建築是讓人立於天地之間最純粹的建築，讓人連接自然、尋回自己。」帶着這顆心，施琪珊開始了和合石橋頭路靈灰安置所第五期的設計。

不論你是以何種複雜的心情步入和合石，隨着清風幽幽和靜謐的環境，情感忽然變得純粹，純粹的感受着自己的一絲憂傷、一絲煩躁，又或是一絲緊張。順着彎彎的小路向前走，沿途的木屏風後藏着青翠的竹子，隨風颯颯；入口處的水池平靜如鏡，偶爾隨着竹葉的飄落而泛起漣漪。

和合石橋頭路靈灰安置所位於山谷之中，環境幽靜，地方寬敞。「其實最初的選址是跟村屋位置較近的停車場，奈何因村民忌諱，方案未能通過。」死亡於中國文化而言，總被視為一種忌諱；另一方面，香港墓地及龕位供不應求，當時社會上充斥着「死無葬身之地」的不滿。施琪珊回想起當時與上司楊麗芳嘗試另覓土地，「最後我們在谷歌地圖中找到了停車場附近的這片山谷。」於是，她們全副武裝前來進行實地考察，發現那是一個荒廢已久，處處雜草叢生的舊墓地。而這荒蕪之地，便成為團隊一個可重整改造的理想地方。

靈灰安置所地方雖大，但山谷型的地勢不易散氣，尤其是春秋二祭。施琪珊看着手上的平面圖，最終決定以一座單體長型主建築及大平台打破限制。主建築的外形以溫暖的木調屏風為主設計，遮蓋人來人往的視覺觀感，從而營造一種私密感，為人提供了空間悼念，「連結和分離都是這個設計中的一個重要元素。」自然光穿過縫隙，悄然而入，形成一種通透感的同時，也將自然帶融入其中。

主建築能容納三萬多個骨灰位，並接駁山谷，以便大樓內的升降機抵達山谷各層台階的四千多個室外骨灰位。大平台則設有訪客中心、燒衣設備、停車場、洗手間等設施，並與山坡連在一起，為視線留下一個寬闊的景觀。「整個設計以最少的建築物及最多大自然為出發點，再者便是於建築物內，留下適當的留白空間，讓人喘息和感受，在借助大自然帶來的平靜中，使內心舒懷一些。」

施琪珊在建築署工作了六年，這個項目是她辭職前的最後一個設計。有想過完成後才離職嗎？「其實我一直對生死的議題都很感興趣，大學時的畢業論文也是這個主題。」施琪珊確實有過掙扎，也想看着它從零到完成，但建築項目一動土便是三五七年，最終還是抵不過那顆想出去看看的心，「如果有平行時空的話，兩件事就一起做了。」

1. 設計著意減省建築物，提供更多活動空間。整個設計猶如一座大公園，由一個大平台及一長方體建築物組成。拜祭者經平台中的蜿蜒小路走向中央階梯廣場，並抵達骨灰龕大樓。大樓連接山坡各層階梯戶外龕位。
2. 平台下設公眾洗手間、紀念堂、冥鏹爐等後勤設備；平台上是叢林中的大草地，方便疏導春秋二祭大量人流。
3. 公園入口為一倒影水池，只見藍天與白雲倒影，看不見骨灰龕樓。此為洗滌心靈的開始。

施琪珊離職後，項目由鍾鳴昌建築師接手。「他基本上採取了整個原設計，並在深化設計時加入了很多景觀元素和意義上的心思。」主建築樓並沒有設於入口處，而是要經過上文提及的水池、小路，沿途伴着清風與竹葉颯颯，讓心情稍稍緩衝。水池的設計看似沒有盡頭，鍾鳴昌表示，這寓意了逝者能回顧一生往事。除了主建築樓，東西面的山坡台階各設一個紀念花園；東翼以中式文化為設計靈感，三層台階的紀念花園分別以竹、梅和柳三種富有中國特色的植物為主題。西面的紀念花園則以西式風格為主，擺放着動物石雕和主題碑牆，為空間綴以一絲藝術氣息。

「世界上有很多經典的建築都是出自靈灰龕，因為這個地方可以非常純粹和精神性。」然而，讓施琪珊感到滿足的不僅僅是設計所帶來的，還有一些反饋。施琪珊的一個好友母親也安置於此，「每次她去探望她的媽媽時，都會給我發一條感謝的短信，並告訴我她在那裏可以釋懷。」對於設計者而言，項目的完成並不是每次都等同劃上句號，意義反而是在完成的瞬間才真正開始。如果説死亡的一刻就是人生的句號，那麼葬禮、墓地和靈灰安置所，或許就是留給在世人的安慰和念想。

法國國際學校　香港科技大學逸夫演藝中心
不走回頭路

城市的天際線，總會摻和着建築物的輪廓。緩緩走進這片都市叢林中，仰頭望着拔地而起的石屎，忽然感覺承載着我們意識的軀體其實很渺小。

鄧可欣建築師站在這四面圍城之中，想像如在這裏興建一所學校，學校的設計該是何種模樣。作為丹麥建築事務所 Henning Larsen Architects 的合夥人及設計總監，鄧可欣以往所接觸的項目和設計的房子，都有特別好的周邊環境，與人煙稠密的香港形成極大反差。可偏偏在這圍城之中，出現了一座簡約而不簡單的建築，讓人忍不住回頭，只為看多兩眼。遠遠看去，建築上整齊的五彩格子窗，與周邊鱗次櫛比的房屋相映成趣，這是法國國際學校位於將軍澳的最新校舍，於 2018 年正式啟用。

將軍澳是香港的新市鎮之一，當時周邊還有不少地盤，很多家長聽到在這裏興建校舍後，都抱着懷疑的態度，鄧可欣以「四面圍城」來形容當時的震驚。「如何在高樓林立下，自成一角？如何創造一個城市中的綠洲？怎麼讓這個地方擁有自己的性格和吸引力？」鄧可欣直接了當的表示，這個項目在很多方面都甚具挑戰性，「時間是最大的挑戰，從贏得比賽得到這個項目開始，我們只有兩年半。」然而，問題最終都被一一克服。

學校的周邊環境雖然紛繁，但步入校園後，卻可看到另一個世界。首先為了盡量減少聲音帶來的影響，可吸音的材料成了校舍的選材之一，「那時候我們還特意請了一個世界級的 acoustic designer。」而這種安靜感不僅是聽覺上，還是視覺上。鄧可欣以開放式的理念，貫穿整個校園的設計，甚至不惜成本，增加校舍的高度，加大空間感，用鄧可欣的話說就是，「以 open space 應對四面圍城。」

除了增加空間感，整個設計還充滿了靈活性。學校的地面設有幼兒園、飯堂以及報告廳，除此以外，校內還有一個五彩繽紛的玩樂場，另有一條 400 米長的跑步徑「The Loop」蜿蜒的穿梭於玩樂場和花園中，「香港很少有這麼大的 playground。」與此同時，玩樂場在特定時間會變身停車場，安置四十輛接送 1,150 名學生上學、放學的校車，也正是這個靈活性的設計，解決路面交通問題，讓他們贏了比賽，「將問題變成機會，是建築師的日常訓練。」

法國國際學校分為法國部與國際部，兩邊的老師與學生甚少有交流的機會，「所以就算身在一個校舍，大家也互不相識。」在新校舍教室的設計上，鄧可欣打破了傳統的教室做法。移動式的間牆設計，讓一般的教室與名為「Villa」的開放式空間自由切換。敞開後的空間足夠全年級學生展開活動，學生不僅可以一起學習，還加強了不同班級之間的交流，「現在說英語的和說法語的學生都在一起玩，語言能力自然也會進步。」

1	2
3	

1　學校南正門的外立面由 627 個彩色玻璃拼湊而成。五彩的外觀除了吸引視線,也象徵學校支持多元文化的願景,及其具前瞻性的國際教育使命。

2　3　法國國際學校放棄傳統的教室模式,以開放的學習空間促進創意和師生互動。在小學部,傳統的封閉式教室可以合併成大型開放式空間。中間的走廊則可作共用空間,讓百多名同齡學生共同學習。

一個好的學校建築設計,能讓師生感到幸福。空間、採光等都能改變學習體驗,為孩子帶來快樂。

北歐的建築設計，總是帶着大自然的純粹與溫度，像清晨的那縷陽光，就算直接照射在臉上，也是溫暖而不熾熱。這絲溫柔氣息，在法國國際學校也能感受到。「日光和風從東面而來，教室朝南和北的話，可以避開太陽的直接照射，又有充足的自然光。」同時，窗戶採用深窗設計，自然光溜進室內之際，窗戶得以遮去部份陽光，「就算學校在冬天有兩三個星期被陽光直射，也不用窗簾。」

至於那讓人忍不住張望的彩色格子牆，由 627 塊紅、黃、藍、綠的瓷磚拼湊而成，整齊的排列和斑爛的色塊，像美國導演 Wes Anderson 的電影般，散發着一種偏執的夢幻童趣感。牆的背後，是一個體育館。陽光透過深窗式的小孔，能帶着糖果般的色彩悄悄滲入，讓人覺得夏日不再炎炎，倒有一種柔和感。

關於怎麼定義好的建築時，鄧可欣是這樣回答的：「回應社會、回應天氣、回應用家，當然也可以滲入一些自己的個性，只要在各方面取得平衡就行」。

那年，法國國際學校透過公開比賽招標，參加比賽的建築公司大多來自法國；法國人設計法國國際學校，乍看下好像挺順理成章的，但換個思路想，他們並沒有太多本地建造的經驗，這對土生土長的鄧可欣來說，似乎是一種優勢。殊不知，這也是她在香港的第一個項目。

「本身想做醫生，但大哥做了。」問起鄧可欣如何和建築結緣時，她毫不猶豫的說，建築並非她的首選。「我不是一個很有藝術細胞的人，既不畫畫，也不做模型。」那年，剛好學校有講座，講者在台上說，如果你喜歡做領袖，喜歡做決定，那就去做建築師吧！「我就是這樣被吸引的。」她直言不諱，說完就連自己都忍不住大笑了。鄧可欣說話很直接，甚少拐彎抹角，語速也有點快，雖然身型小小，骨子裏的每句話、每個舉動都透着一股幹勁，和她聊天，沒有半點懈怠輕忽的機會。

畢業後，鄧可欣沒有馬上找工作，而是拿着遊學獎學金，去了旅行擴展眼界。她小時候因為家裏窮，不能出國，還記得大二那年的暑假，隻身跑去北京，跟着建築師張永和實習。她記得張永和那時就鼓勵她出國，不過因受家裏經濟條件所限而未有打算。直至旅行回來後，鄧可欣進

1　　逸夫演藝中心呈橢圓形,看似由三個同軸心的白色圓環層疊而成,環與環之間設玻璃幕牆,讓人一覽西貢海灣。寬敞的社交空間亦為香港增添一個世界級活動場地。

2　　逸夫演藝中心是一個靈活的多功能空間,擁有優質的聲學設計。圖為香港管弦樂團的開幕演出。

入了建築署，認識了馮永基。「他那時候經常和我們說，在美國讀建築時，要打幾份工才能維持生活，過程又是怎樣辛苦等等⋯⋯我就想，這些經歷有沒有可能在我身上發生呢？」

好奇且不怕輸的性格，讓她有了出去闖闖的念頭。如是者，她開始留意並報讀國外的學校。「我沒有把這個計劃告訴家人，一切都是秘密地進行，同時申請獎學金。」後來，她收到 UC Berkeley 的錄取通知書。UC Berkeley 提供部份獎學金，但有部份需要自行負擔，「當時做醫生的哥哥開始執業，他贊助了我部份學費。」去到美國，鄧可欣也是一天打三份工熬過的。「我那時還報讀了 Landscape，讀雙學士學位。你知道我為甚麼讀 Landscape 嗎？因為有獎學金，win-win！」她毫不掩飾地說。

不僅如此，讀書期間，鄧可欣又再一次拿下了遊學獎學金。2002年，她回到香港，在 OMA（Office for Metropolitan Architecture）呆了兩個月，開始她的項目研究，「我在那裏認識了現在的丈夫。」

她的丈夫 Claude Bøjer Godefroy 是英法混血兒，同時也是她的搭檔。夫妻檔在建築界也算常見，她用「互補」去形容他們之間的關係，但說話直來直去的她，也避不開時而會有的爭執。「我們在一起十多年了，還在學習相處；大家都知道雙方的想法，但未必事事認同。」

一年後，鄧可欣回到美國繼續唸書，Godefroy 則回到法國巴黎，後來輾轉又去了哥本哈根。畢業後，鄧可欣沒有立馬回香港的打算，「這麼辛苦走了，當然要在外面多蹲一會。」不過，她也沒有到哥本哈根找 Godefroy，而是去了紐約 —— 那個她心心念念、覺得人生必需去一趟的城市工作。

美國跟丹麥說不上十分遙遠，但紐約與哥本哈根的距離，還是讓她有種正處於「人生交叉點」的感覺。在紐約呆了一年後，她決定辭去工作，買了一張前往哥本哈根的單程機票，那時也不知道去了會怎麼樣，「但隨心而行吧。」她說到這裏時語速明顯放慢。

那年是 2003 年，幸運的是，她到埗不久後，馬上找到了工作，加入 Henning Larsen Architects，「那時公司還沒有很國際化，只有我一個中國人。」她和 Godefroy 順理成章的結婚了，不過婚後，還是逃不過異地戀的問題。「我丈夫覺得在建築地盤工作很悶，於是又回了巴黎，在 Ateliers Jean Nouvel 工作。」那她也跟着去巴黎嗎？「不是，我在哥本哈根呆了一兩年後，才前往巴黎。」

之後，鄧可欣和丈夫在巴黎建立了自己的公司，以合作形式與曾任職的 Henning Larsen Architects 再續前緣，「那時在一個比賽中贏得一個很大的項目，可說開展了新篇章。」不幸的是，當時正值 2008 年，金融風暴下，Henning Larsen Architects 有很多項目都無法收回費用，差點倒閉。「他們說，你們自己設法解決佛山那個項目吧！」

如是者，兩個人一腳踢，夫妻檔擔起大旗跟進不同項目。他們從佛山坊塔大劇院到杭州余杭大劇院，從法國國際學校到香港科技大學逸夫演藝中心，一路下來，團隊亦由最初二人變成幾百人，由於工作太忙，她的手部出現勞損：「現在我的手基本上已無法畫畫，光是用半個小時滑鼠都覺得很辛苦。」

鄧可欣回想從前的經歷，她直言自己際遇不好，雖然佛山的項目是轉捩點，但也是一段最苦最累的時光，幸而從中學了很多東西。時至今日，那個項目還未收齊所有費用。

Henning Larsen Architects 的生意在 2013 年逐漸好轉，駐香港公司順理成章的由鄧可欣和丈夫 Claude Bøjer Godefroy 負責。佛山的項目將她從國外帶了回港，法國國際學校更是她在自己地頭的第一個項目，「兜兜轉轉又回來了，好像一場全壘打。」雖然鄧可欣依舊認為在香港做建築的機會不多，甚至很難打入，但她不怕輸的性格，又怎會對市場妥協，「能做多少是多少。」

四十五歲的她表示，現在是工作上的黃金期，「當然我已沒有十年前的能量，但我聰明了，知道現在應該思考的是自己還可以做甚麼。」人生充滿可能性，不管等待她、丈夫，以至兒子的，又將會是一個怎樣的新旅程、新挑戰也好，那句「一定要成功，不走回頭路」，似乎會伴着她一直走下去。

荔枝窩客家生活體驗村
北郭先生

「以前郊區哪有人去。」黃德明托了托架在鼻梁上的圓框眼鏡,用微微低沉的聲線,緩緩地說。

由新型冠狀病毒肺炎疫情爆發至訪問當日,已經過去兩年了,在不能出外旅遊的日子,大家只能將注意力放在所在之地,不時和朋友聊天,還會聽見友人打趣的說:「現在週末去郊區行山的人,竟然比去旺角逛街的人還多。」

黃德明很喜歡鄉郊生活,也很享受住在矮矮的房子,「住在五、六樓,我也覺得不舒服。」附近最好也空空如也,不要有甚麼建築物,如果用兩個字形容的話,應該是「偏僻」吧!黃德明不僅住得矮,對一般建築師所追求的 tower 也毫無興趣。

2018 年,建築師王維仁策劃威尼斯雙人展,主題是 tower,「細數之下,原來我真的沒做過 tower。」當大家都在談論高度時,黃德明卻沉醉於鄉郊之中,連他自己都覺得有那麼一點格格不入,這時,我們還在旁打趣地說,「四樓建築師。」

疫情爆發之後,他開始在家辦公。從市區的辦公室回到郊區的家,看得出他相當樂意,「可以隨時走出去花園逗一逗我的貓貓狗狗,去草地摘一下花花草草,還可以一邊曬着太陽,一邊開會。」聽着黃德明用他不慍不火的語調描述在家辦公的美好,忽然有種「湖前山下,詩酒年華」的感覺。

雖然,香港曾是英國外交大臣 Lord Palmerston 口中的 Barren Rock,即荒蕪之地,但這件荒蕪的外衣早已消失在人們的印象中。身處鱗次櫛比的摩天大樓下,看着燈光斑斕的維港一帶,很難想像,如果附近忽然沒有了二十四小時的便利店,這裏入夜後會是一個「萬籟俱寂,蟬鳴聲聲滲入石」的畫面。

但其實,在新界及離島地區,還有大大小小六百多條鄉村,它們遠離煩囂,清幽恬靜,其中包括這條逾三百年歷史的荔枝窩村。若沒有禁區紙,從馬料水碼頭乘坐渡輪到荔枝窩,大概需要一個多小時;若走山路,從烏蛟騰經九担租、上苗田、下苗田、三椏村,約莫要走兩個多小時。有人形容荔枝窩村是隱世古村。

荔枝窩村的全盛時期有二百多戶人家，逾千人居住，村民們以務農捕魚為生，盛產稻米，是新界東北慶春約七村之中最熱鬧的村落。不過自1960年代起，村民陸續遷移，到了1990年代，剩下的只有那空蕩蕩的房子和野草荒田。

可誰又會想到，這個荒廢幾十年的落寞小村落，竟先被《孤獨星球》（Lonely Planet）評為2016年「亞洲十大旅行目的地」的第五名，後於2020年，獲頒聯合國文化遺產保護獎，以及美國建築師學會香港分會授予「特別嘉許獎2021」。大眾由2022年夏天開始，還可以來到此地入住經復修後的民宿，感受古村的樸素悠然和傳統的客家文化，體驗在荔枝窩的生活。

「如果沒有林超英先生和吳祖南博士，我想這件事不會發生。」黃德明繼續用他平穩的聲線講述故事的經過。林超英是前天文台台長，現為香港鄉郊基金會主席，平日裏，特別喜歡行山，一次無意中的路過，才造就了往後的種種契機。他與香港環境研究學者吳祖南是好友，二人一直關注香港環境及鄉郊保育，於是便有了現在的「永續荔枝窩計劃」。

或許是得天獨厚，荔枝窩位於地質公園——印洲塘海岸公園內，沿岸的紅樹林，由銀葉樹和白花魚藤交織而成，有極高的生態價值。而荔枝窩的村屋則位於茂盛的風水林之下，屋頂鋪有瓦片，灰白相間；村外築有圍牆，是典型、古樸的客家村風貌。

香港鄉郊基金會以租賃的方式，向荔枝窩村村民租其村屋二十年，期間負責復修及活化。項目於2017年獲得香港賽馬會資助，黃德明則負責「荔枝窩客家生活體驗村」的村屋修復。第一期將十五幢村屋活化為民宿等多用途空間，最終目標是復修共二十五幢村屋。

不少人聽到活化兩個字，很自然就會想到拆樓、興建，但黃德明卻說，「活化不只是建築物群的翻新，而是找回最基本的生活方式。」所以，在「永續荔枝窩計劃」中，復修並不是第一步，復耕才是，「將荒田變農田，有了生計，才能吸引居民回流。」

荔枝窩的民宿有別於其他離島的度假屋，在這裏，可以體驗傳統客家農村生活，包括舉辦農耕、客家飲食文化等不同專題的體驗活動，「山長水遠來到這裏，就是想讓人感受、了解這裏的生活。」只有參與其中，投入感才會提高。過程中，少不了質疑的聲音，比如說，「你有沒有住過？」「天天嘆冷氣，你知不知道怎麼做？」黃德明笑了笑，心裏不禁默念，「蚊子何時出動，何時收工，我都知道。」

從復耕、復修，最後是復村，一步一步按部就班走來，過程或許會有人質疑，但也不乏有心人支持與推動，黃德明談及當中的點點滴滴，依然對林超英與吳祖南的遠見表示欽佩，「這是他們的宏願。」

現在，荔枝窩不僅有原居民，還有原本居住於城市中的一家大小，移居此處，以新村民的身份一起參與復耕計劃，建立小農場，種植出屬於香港的出品。現在不時都會看見，印着荔枝窩出品的咖啡豆、稻米、薑黃粉、蔬菜等，宛如將《桃花源記》放在二十一世紀的香港：「土地平曠，屋舍儼然，有良田美池桑竹之屬。阡陌交通，雞犬相聞。其中往來種作，男女衣着，悉如外人。黃髮垂髫，並怡然自樂。」

1	2
	3

1. 保育設計並非必定是復原舊建築的原狀,而是因應各村屋不同的條件和屋主的期望去實行。
2. 荔枝窩村內共有二百多間建於不同年代的客家村屋,以三縱九橫的形式以及風水格局排列,為整個項目提供珍貴參考。
3. 客家生活體驗村當中四間相連的古村屋有着不同程度的破損,最嚴重的一間只剩外牆未倒塌,加入新元素的自由度比較大。

班門弄　圖花源
House of the Rising Sun

艾莉西亞·凱斯（Alicia Keys）和 Jay-Z 在《Empire State Of Mind》一歌中，高呼着「*New York, concrete jungle where dreams are made of. There's nothing you can't do. Now you're in New York……*」

整首歌下來，紐約二字縈繞在耳邊，久久不能散去，腦裏頓時對這個夢想產生地充滿了幻想與嚮往。馮永基有夢，但不是紐約夢，也不敢想紐約夢，至少他是這樣形容的。

馮永基出生在大半個世紀前的一個龍年，在華夏文化的傳統下，他的母親也不例外，如其他父母般帶着望子成龍的希冀。他小學就讀瑪利諾修院學校，時不時就會有美軍來校表演，因而對美國產生了一種嚮往。那時逢星期三，都爹利街都會有美國宣傳片播放，「我每個星期都從荷李活道走過去，甚少缺席。」

他曾在自傳《誰把爛泥扶上壁》中寫下：「筆者屬雙子星座，小學親美，中學崇洋，大學反建制，畢業後入官場。」這短短一句，為充滿崎嶇、變化的人生閱歷和心態作結。1970 年代，馮永基隻身來到美國求學，不是去紐約，而是路易斯安那州的一個小鎮，「雖然當時在香港過得很節儉，但去到簡直感到失落。」看着眼前破落的景象，回想起母親賣首飾、打零工，東湊西湊才湊夠一張單程機票，那顆懷着希望的心一下子冷卻了。「親戚朋友聽到我去美國，還以為我很厲害，我哪敢和家裏人說。」他已經沒有提及是哪個小鎮了，腦海中只留有破落的印象，以及這一去是為了改變現狀的決心。

赴美之前，馮永基就讀於浸會學院傳理系。當時浸會學院還不是大學，但他渴望正正經經讀一個大學學位。他的會考成績不賴，卻因選錯科與其擦肩而過。生活的種種際遇讓他不敢期望太高，因此在赴美擇校時，保守起見，選擇了他有信心的大學。怎料這求學之路也是一波三折，當時他報讀的路易斯安那州立大學因不知香港是何地，因此那封錄取通知書足足遲到了半年，而他早在候補的大學上課了，「若然不是母親將信寄來，我還不知道怎麼一回事。」

收到信後，馮永基立心轉校、轉科，從一開始的社會科學科轉到藝術科，繼而才到建築系。「幸好我成績優異，取得四年獎學金。」除了學業，馮永基每天摸黑起床，一連打好幾份工，木廠、唐人餐館、洗碗、侍應……可謂佔了生活一大部份。靠打工賺來的錢，他沒敢亂花，在大學三年級已經為母親在香港買下了一套房，「我們一直寄人籬下，所以希望有一個屬於自己的家。」

你所不知的香港建築故事

1	3
2	

1,2　位於班門弄的一個工作室,特色是玻璃牆上有一首自我表述的英文詩。每朝太陽升起,詩文便投射在暖白的牆上,呼應屋主感受尤深的一首民歌:《House of the Rising Sun》,勾畫出在鬱結中期待光明來臨的軌跡。

3　班門弄的正門,特色是白色的外牆被豐盛的植物纏繞所呈現的生命力。門前的鐵板剪影,象徵建築師默默守護這裏的人文精神。

1	2	3
4	5	6

1. 後座是清水混凝土建築,營造屋主子女的年輕品味。前座與後座由走廊連接,外牆是大幅的開合式百葉簾,既可調節陽光,亦可保護屋內私隱,一物兩用。
2. 房子有前後兩座,前座以白色為主,為全家共用的空間。白色碰上深灰的大閘門,烘托出建築的純淨。前花園以人字排列的中國灰磚,滲透着東方建築的古樸華風。
3. 花園中的水池鐵板上鏤空的八個字:「庭園靜好,歲月無驚」。每天正午時刻,這八個字會在陽光的照射下,慢慢呈現於水波之中。
4. 圖花源的正立面,借鐵網營造大花圖案,模擬一個大禮盒。
5. 圖花源穿透兩層樓的小中庭,可從高處看到地面木板地台的內外景色。
6. 圖花源的側面以大片玻璃作外牆設計,引入戶外景觀,室內充滿陽光氣息。

上一代人，不常將愛掛在口邊，馮永基和母親的關係也很隱約，但他記得母親從前常熬夜陪他讀書，「那時候貪玩，每天七點才回家，還要吃完飯才開始學習，讀書讀到凌晨三四點，我媽媽就坐在旁邊，一邊陪我一邊打瞌睡，有時還會沖杯鹽水給我補充體力。」在美國的第一個生日，馮永基花了二十五美仙買了一個西餅為自己慶祝，想到這破釜沉舟的決定，他一時感觸，不禁落淚。

「我有質疑過自己，在浸會不好嗎？為甚麼要這麼辛苦跑來這裏？」在美國的五年，馮永基沒有見到衣香鬢影，而是極端的另一面，這一面沒有在宣傳片中呈現，但卻是最真實的美國。「一個黑人受歧視，白人高高在上，華人嘛，在美國社會不重要。」種族的不平等，黑人生活的悲哀與無望，那種天天只求生存，有一天過一天的短暫寄託，直到今天再聽 The Animals 那首《House of the Rising Sun》，馮永基依舊會落淚，只因當時那種前路茫茫，看不見將來的感受太深。

熬過五年，馮永基沒有蹉跎歲月，畢業後立馬回到香港。他先後在何弢建築事務所和王董建築師事務有限公司工作，後來才走進官場，參與大大小小的公共項目。生活開始好轉，但他並沒有懈怠，依舊接不少外快。1991年，馮永基有機會到國外深造，他毫不猶豫的選擇了貝聿銘位於紐約的建築事務所。貝聿銘是他的偶像，這種欣賞不為他的設計，而是一個華人能在西方社會出人頭地，於馮永基而言衝擊很大。「我未必會變成貝聿銘這麼偉大，但我問自己：Can I be better？」

掙扎是人的本能。因自小住的惡劣，讓他渴望有自己的家，加上建築師的情意結，他希望自己的居所能任由自己發揮。他將自己的居所命名為「班門弄」，意指讓建築師把玩的居庭。設計散發着簡約淡泊的感覺，白色的外牆被豐盛的植物纏繞着，暗暗的透着絲絲生命力；門前的鐵板融入剪影元素，是馮永基喜歡的意象手法，在光影之間遊走，默默守護着這裏所衍生的人文精神。屋內的設計開揚明亮，與周邊綠樹環抱，日出而作、日落而息，其中一個設計焦點在於畫室的一塊玻璃幕牆上。上面貼有一首詩文，隨着遠處的地平線透出一絲金光，天邊的霧氣漸漸散去，待太陽緩緩升起，詩文也徐徐投射在暖白的牆上，呼應那首讓他為之動容的歌《House of the Rising Sun》，勾劃出鬱結中期待光明來臨的軌跡，「每當看着都可感覺到一個很強的生命力，帶動我每日的精神和動力。」

除了「班門弄」，出自馮永基之手的大宅設計還有圖花源和位於渭州道的房子。圖花源以「長城公社」的藝術理念為靈感，落地玻璃窗從地面延伸至屋頂，將大量自然光引入室內，隨着白晝黑夜的光影變化，在屋內亦可感受到大自然的花開花落，生命的持續進行。屋內穿透兩層樓的小中庭，由高處直睹地木板地台的內外景色。由於圖花源位於正門的景觀不及在旁的樹林景觀來得那麼悠然自若，馮永基竟將正門轉移至旁，面向樹林，外觀則大膽採用了工業材料作為遮光屏障，綴以灰紫色的花朵圖案，破了工業感之餘，又添上了一絲浪漫。

而位於渭州道的大宅前後共兩座，馮永基以一灰一白為主色調，前座是白色，採用深灰的大閘門，碰撞出一種簡約利落感；後座則是一座清水混凝土建築，原始自然的質感下散發着一種樸實無華。花園綴以人字排列的中國灰磚，滲透着東方建築的古樸華風，水池上的鐵板鏤空了八個字：庭園靜好，歲月無驚。每待正午時刻，這八個字會在陽光的照射下，慢慢呈現於水波之中。

不管是班門弄，還是圖花源，甚或渭州道的大宅，不難看見馮永基喜以融入光影變奏，呈現入大自然浪漫又淒美的生命進程。

香港中文大學圖書館「進學園」
志之難，在自勝

不少人看待建築師，總會以看待藝術家的標準提問，「你的建築是甚麼風格？」無可否認，不少世界名建築師都有屬於他們的獨特建築風格，但並不代表創造出屬於「自己」風格的建築才是好的建築，甚或好的建築師。

彭一欣在設計香港中文大學的圖書館進學園時，希望為中大做一件有點不一樣的作品，但她知道，「風格作為一種風格本身，是沒有意思的。」

依山而建的香港中文大學鄰近吐露港，自成一角的聳立於半山之上。校園內處處花木扶疏、鳥鳴聲聲，有山城的靜謐愜意，也有絲絲海島的清新與活力，與位於鬧市中的大學氛圍，大有不同。

2009年，中大想擴建大學圖書館，而圖書館本身位於百萬大道的一端，正門前是烽火台，上設有朱銘的雕塑作品「仲門」，不僅是中大的地標之一，更是中大的一個傳說。

傳言，向大學圖書館方向穿過「仲門」而行，可以一級榮譽畢業，反之則無法畢業。關於這個能否畢業的傳說眾說紛紜，但也為這個地方增添了那麼一絲趣味。旁邊還有個名為「惠園」的噴泉廣場，仿古羅馬風格，而這些都是中大風貌的一部份，承載了這個地方的記憶與故事，可以說是動不得。

在不破壞原有面貌之下，學校決定發展地庫。「初初設計時，就已經想融入自然的元素。」雖然，彭一欣當時看見的是一個極之混亂的地盤，鋪滿石屎的空間也讓環境變得很暗，她形容構思時需要很大的想像力。不過，中大的環境讓她自然而然的聯想起山、樹、石。

進學園作為校園內其中一個二十四小時開放的圖書館，卻沒有傳統圖書館的嚴肅氛圍，也不見讓人看到就覺得需要埋頭苦幹的自修室風格桌椅。取而代之的是簡約且明亮開放的空間，以及充滿設計感的桌椅，走進其中，有種輕鬆自在的感覺。

圖書館雖然位於地庫，但那片明亮和開揚卻不是靠煞白的燈光撐起。仰頭望去，惠園前面的玻璃水池直接成了圖書館的天窗，為地庫引入自然光。當陽光穿過水池，只見水波粼粼的光影，隨着光影緩緩晃動，似乎身在室內，也能感覺到清風微微撫過水面，雲朵遮蓋了太陽。

圖書館另一個引人注目的地方,是一張 S 型書桌,既像絲帶,又像蜿蜒小徑,於圖書館內穿梭。而且書桌高度還不一,椅子也有普通座椅及豆袋兩款,「本人比較懶,喜歡攤着,筆直的坐着對我來說,不是一件很吸引的事;所以當時就想,如果我想攤着,那書桌的高度該是怎麼樣呢?」

有人稱進學園為走讀生的天堂,是一處可以通宵做莊務、趕功課、在考前作最後衝刺的勝地,因此亦被冠名為「進宿」。

設計對很多人來說是一件很花巧的事,但嘩眾取寵的作法並不是彭一欣所相信的。進學園的多面向就是想讓學生找到適合自己的學習模式,「Let project speaks for itself.」而不是讓它變成你所想要的樣子,「了解一件事的本質比較重要,就算是一面牆也有它的意思。」彭一欣說。

彭一欣對建築有自己的看法與執着,但殊不知,建築一開始並非她的首選。「其實讀建築是我父親的要求,不是我最初的選擇。」問及她為何選擇建築,彭一欣用她細細的聲線,不帶絲毫猶豫地從口中吐出了這幾個字,「我那時想做戰地記者。」

圖書館位於地庫，卻明亮舒適，開揚的空間設計融入自然和人文的元素，讓學生沉浸其中。

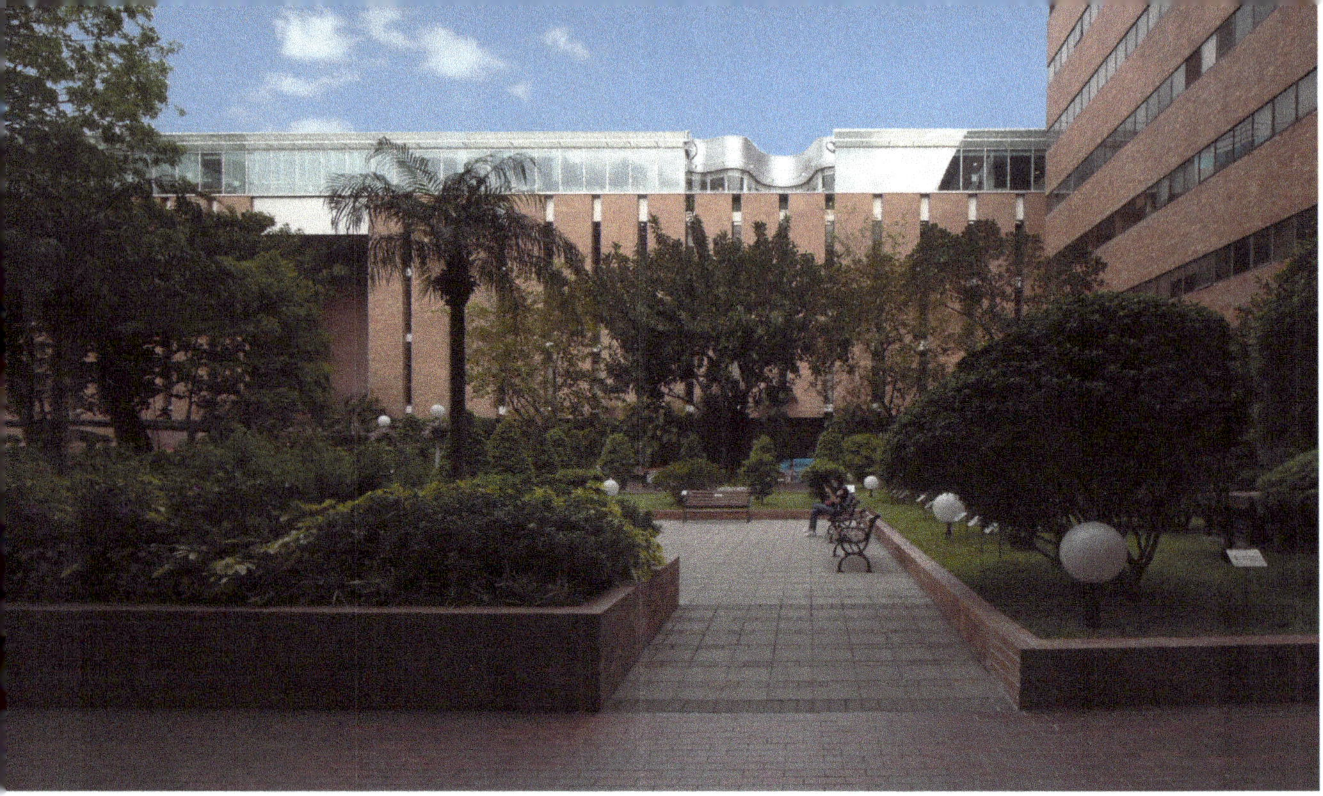

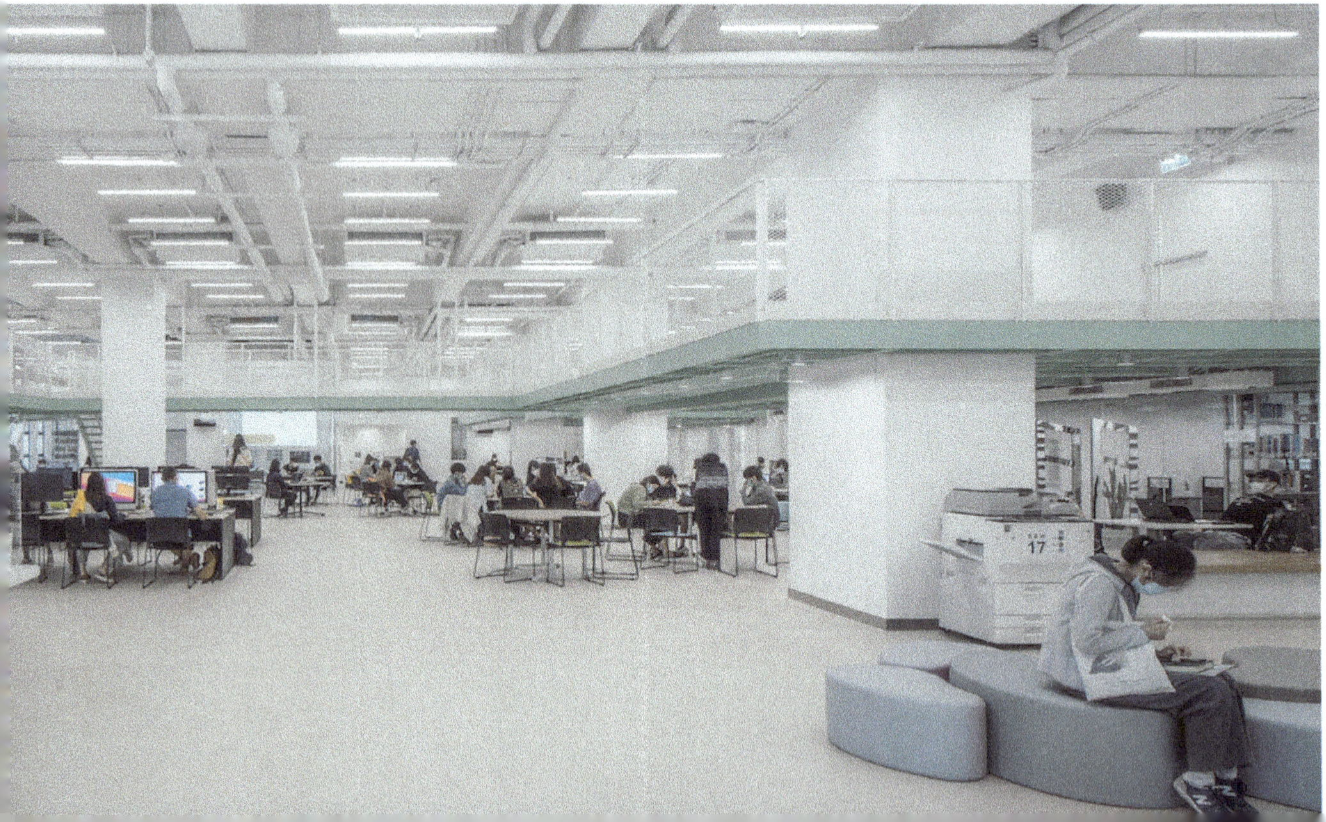

1. 香港理工大學圖書館加建的溫習閱讀空間，以自由讀書為靈感，設計出 Study Landscape 中一系列的 pavilions，讓學生找到屬於自己的溫習模式。
2. 嶺南大學圖書館的設計在現有的主空間注入全新的一層 Platform of Knowledge，為學生提供一個拓展自己的空間。
3. 呈 S 型的桌子是一條「學習路徑」，將廣大空間交織一起，其高度、寬度和形狀的細微變化為學生提供了一條發展新想法的路徑。

自小喜歡藝術和攝影，平日看了不少攝影集，其中一本出自巴西的戰地攝影記者 Sebastião Ribeiro 的黑白攝影集 *Workers* 就讓她萌生了做戰地記者的念頭。書裏是一張張她從未看過的世界：這個鏡頭定格於巴西的金礦中，成千上萬、汗流浹背的工人在挖礦；那個鏡頭聚焦在斯里蘭卡布廠中，一個又一個肌膚黝黑的女工，日以繼夜地處理布料。彭一欣在 1980 年代的香港長大，這些畫面不曾在她腦海中出現，讓她震撼的是，「原來世界上有很多人的生活跟我不一樣。」

1990 年代的香港，父母將子女送去國外留學可以說是一個趨勢，彭一欣也是處身洪流的一份子。十三歲那年，她獨自一人坐上前往美國的飛機，拖着比她大三倍的行李箱，尋找當時就讀的寄宿學校。「父親」在彭一欣口中是一個聰明、努力、數學很棒的人，「其實他很想讀大學，奈何當時沒有這個條件。」他的父親是做地盤起家，後來才成立了自己的承建商公司，「建築師對他來說，是一個很值得尊重的角色。」

帶着父親的期望，她成為了一名建築師。雖然身分不同了，但當初想做戰地記者、想為社會做點事的感覺還一樣嗎？彭一欣聽後沒有馬上回答，沉靜片刻，緩緩地說，「使命感的背後，需要很大的堅持和很多的心力……」彭一欣分享了她近幾年的一些工作經驗，包括一些曾十分投入、努力做好的設計，因一句話而全功盡棄。對於不管投入多少時間和心血，卻事與願違的結果，至今談及，仍然能感受到她的絲絲無奈，還有點點不忿。她形容自己當刻就像卡夫卡的小說 ——《城堡》中的主角 K 一樣，應城堡之聘，千辛萬苦來到後，卻始終走不進城堡。

不過那又如何，就像卡夫卡在《城堡》中寫下的一句：「K 知道並沒有真正的強制，他也不怕這種強制，在這兒就更不怕了，可是使人氣餒的環境的威力，習慣於失望的威力，每時每刻察覺不到的影響的威力，這些倒使他害怕，但他必須敢於同這種危險作鬥爭。」彭一欣也一樣，「我不敢說自己有某種使命感去改變這個世界，但至少我能做的就是盡全力，付出最誠懇的心和能力。」如果再遇到挫敗時，會對自己說甚麼呢？「只有努力、努力，再努力，不要放棄。」

香港中文大學李兆基建築學大樓
遊乎其中，不亦樂乎

清水混凝土的簡約質感讓香港中文大學建築學院（李兆基建築學大樓）散發着樸實無華的感覺，沒有花俏、沒有誇張，就像鄭炳鴻建築師和乙增志建築師一樣，實實在在的。

2008年，香港中文大學舉辦了一個久違的設計比賽，項目就是建築學院。當時有四十多位國際設計師參與，按要求，只能提交三張設計圖。在四十多個參賽團體中，評委最後挑選了六個設計團體，而鄭炳鴻和乙增志便是其中一個參賽團體。乙增志憶述，當時作為評委的嚴迅奇問了一個問題：怎樣從你們的設計中看得出它是一個建築學院？

說到這裏，鄭炳鴻忍不住笑了。乙增志模仿當時一本正經的說詞，「其實我們這個建築是傳承香港中文大學的傳統——謙虛；建築的內在能用作建築學院，外觀上就不需要一個很特別的造型。」鄭炳鴻在乙增志說完之後，邊笑邊補充了一句，「This is just another teaching building.」聽完，在旁的乙增志表示鄭炳鴻十分大膽，「人家問你的特色在哪，你居然在一個正式的比賽裏這樣回答。」雖然這也是事實，但確實有點出其不意，當他們以為會輸時，卻在若干月後，收到了好消息的來信。

鄭炳鴻和乙增志除了是建築學院的設計者，也是用家。在設計過程中，兩人不僅從自身出發，也以用家的思路思考，還直接讓學生評論他們的整個設計圖。「其實我們有個信仰，建築不應該是揮霍無度的，我們更喜歡實實在在。」建築學院就像一棵大樹，學生與老師，甚或不同界別的人，都可以在樹蔭下吸收、輸出，互相交流與學習。乙增志表示，這個概念來自美國建築師 Louis Kahn 對於建築學院的詮釋——「Communal ground. One big roof.」

那麼實在就是你們所理解的美學嗎？「美學這個字源於西方，中國人說的是心學，未必是物質上的美，起碼去到胡適那一代才開始出現美學……」在旁的鄭炳鴻忽然打斷，「人家問你怎麼看美學，不是問胡適怎麼看美學啊！」說畢，二人嘩然大笑，乙增志繼續說道，「美學某程度與視覺有關，香港的美學介乎於包容性和複雜性，所以我看美學會起碼是能感動到你視覺的一個環境。」鄭炳鴻接着說，「以八個字總結就是：遊乎其中，不亦樂乎。」

兩人相識於大學時期，至今經已相伴大家數十載。「他大學的時候很文靜，不說話的。」乙增志看了看在旁的鄭炳鴻，「是啊，在學期間，有一年空檔期，因為差點畢不了業。」回想起大學時光，他們記憶猶新，而將兩人拉在一起的是恩師張肇康。

| 1 | 2 | |
| | 3 | |

1. 除了設計工作室、圖書館等設施之外,整座建築的靈魂應是建築教育家路易斯‧康所着重的這種「樹下空間」。
2. 香港中文大學李兆基建築學大樓。
3. 在這裏無拘無束地交流想法,模糊了老師與學生的界線。

張肇康喜以研究中國民居建築與文化,大學時期,鄭炳鴻和乙增志就跟隨張肇康到農村考察、看福建土樓,「他基本上是第一批華人建築師去關注民居,民居是一種很有生活氣息的建築,與時並進且以人為本,其實很平民化,但當時學校不會教這些,因為整個世界的潮流就是後現代主義。」鄭炳鴻訴說着在張肇康身上所看見的,所學到的。

畢業後,鄭炳鴻在香港中文大學教書,同時成立了雅砌建築設計有限公司（Arch Design Architects Ltd）,後來,乙增志也加入了。千禧年初,公司陷入困境,沒有項目,也沒有員工,兩個人四目相對,再加兩個秘書,支薪都成問題,「我又不想辭退她們,只能拿大學的工資作為她們的薪水。」

聽畢鄭炳鴻的話,乙增志感嘆這個情況維持了好長一段時間,「我想我們接近十年八載沒支薪,他就靠大學,我當時和中學同學開了家法國餐廳,白天回公司,晚上就華燈初上,換了件衣服就去做酒保。」後來,乙增志也加入了中大教書,兩人就像難兄難弟,相伴至今。

談到滿足感,乙增志淡淡的說,「我們兩個就是一步一腳印,如果說從金錢上來看,那絕對是沒有滿足感的;但是作為一名建築師,我們的滿足感就來自能夠大大方方的承認自己設計的作品,我覺得做建築師最痛苦的事,就是你不敢告訴別人那是你設計的。」

二人從畢業至今,已逾三十載,教書就佔了他們二十餘年的時間。「坦白說,再過幾年我們都六十歲了,但還是覺得我們很年輕,還有一團火!」儘管兼顧職業建築師及教師兩種身分不算容易,但能在大學教書,他們都覺得是幸運的,「從人文角度去點想,和學生一起的生活感覺就是清高點,不用太入俗。」

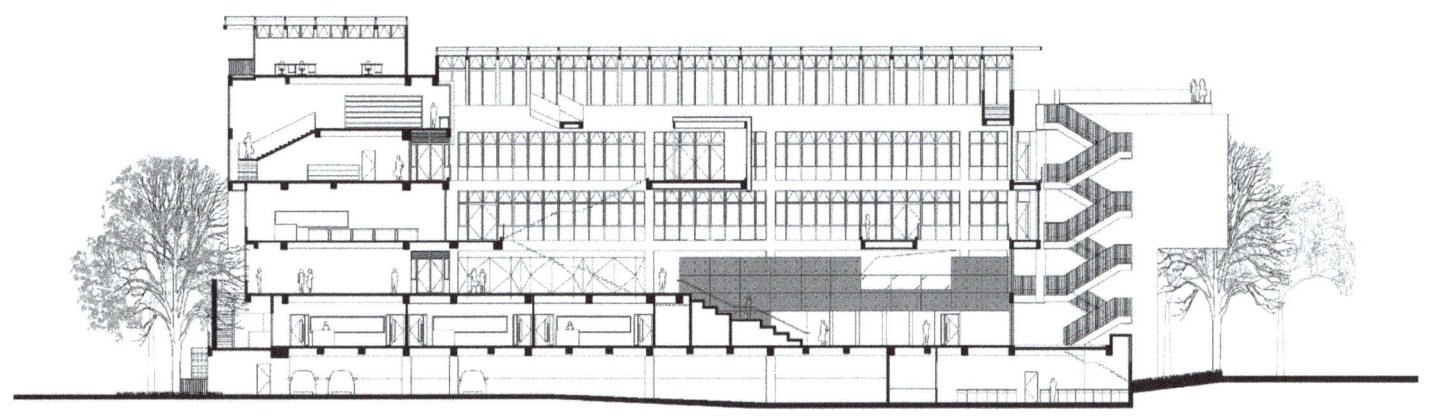

259　新界東

香港中文大學晨興書院
跑道

余嘯峰的寸頭好像跟了他很多年，或許是因為這個髮型容易打理，又或許是戴上頭盔後，不會把頭髮壓得變了樣；寸頭搭上那稍為黝黑的皮膚，整個人給人幹練利落的感覺，讓你看見他時只會將視線放在他的臉上，直接與他那雙黑白分明的單眼皮眼睛對視。

訪問時，余嘯峰正身處熱辣辣的泰國。他在忙碌的日程中，空出了星期五的上午。因為父親工作的緣故，余嘯峰從小便隨着爸爸逛地盤，與建築的緣也由此而生。「我中學時還以為讀建築是一件很容易的事，畫一下圖就可以畢業了。」余嘯峰在視像訪問的螢幕那頭，載笑載言地回想起這個美麗的誤會。

在普瑞特藝術學院（Pratt Institute）修讀建築的日子，老師和教授並沒有視學生為溫室小花，反而對他們有很高要求。為了應付那劇烈的競爭氛圍，余嘯峰形容，每個星期大概只有三至四晚的睡眠時間，「就算在平日裏，也只能睡幾小時。」回想起三十多年前的大學生涯，他算是認清了當初以為讀建築很簡單是個美麗誤會，但他也不忘感謝當年的師長：「真的要謝謝他們，真的。」就像每個小孩都會經歷的成長過程，往往在長大了，才懂大人的苦口婆心。

1980 年代的紐約，正值建築行業的旺盛期，余嘯峰畢業後便加入了當時美國最大的建築與工程公司 Ellerbe Becket，在建築師 Peter Pran 帶領的 Design Studio 底下工作。他知道自己的經驗不足，就跟着老師傅學習，與此同時，跟大夥參加了很多比賽，不停獲獎，包括約翰・甘迺迪國際機場的項目。「那時還和 Noman Foster、Zaha Hadid 一同參賽。」說到舊時，余嘯峰臉上露出了難掩的喜悅，他形容那幾年真的很開心，「不僅好玩，贏了比賽還可以將設計做成真的建築。」

1990 年代初，隨着中國市場愈來愈大，他在機緣巧合下也回國了。輾轉下，他於 2003 年與建築師王克江創立了嘉柏建築事務所。那年不是正值非典型肺炎時期（俗稱「沙士」）嗎？「對呀，膽粗粗就創業了。」

余嘯峰的觀念在某程度上還是比較傳統，公司成立後，並沒有做任何市場推銷和廣告，「我覺得口碑好，自然會有人找上我們。」來到 2022 年，公司也快成立二十年了，從住宅、商業到公共建築以及綜合項目，他均有涉及，當中包括成都 ICC、北滘文化中心、深業上城等。縱觀他的大部份項目都建在內地，但他依舊相信，只要把作品做好，自然就會得到來自其他地方的機會。

1 晨興書院坐落於小山丘上的建築群。
2 兩座宿舍之間的連橋,強化了建築的整體關係。
3 建築群分高低二座,與地勢呼應,並保護了周邊建築的視野。入口前方為中央廣場,提供了大型師生聚會空間。

2006 年,余嘯峰和 Benwood 上海工作室合作設計香港中文大學晨興書院,這也是他在香港的第一個項目。晨興書院於 2011 年落成,依山勢而建,由高座 Tower Block 與低座 Greenbery Building 組成,中間是一條天橋,連結着兩座建築物。兩座大樓之間的廣場成為了學生的公共空間,由此遠遠望去,是吐露港的風景,靜謐而舒適。外形上,晨興書院以啡調和灰調為主色調,淺色的水泥與磚的元素呼應着香港中文大學一貫的建築風格。

對於建築設計風格,余嘯峰表示,他不追求特定的設計元素,「每個地方都有自己的性格,就好像身處不同場合,會穿不同的衣服一樣。」而他做建築最大的滿足感,就是來自用家的滿足,「其實很多事情都不是為了自己而做,而是為別人而做;如果只為自己而做,那很容易,每個項目都做得差不多便可以。但如果有一個用家回頭跟你說,『謝謝,我用得開心』,我覺得這是我做這行最大的滿足感。」

每每讀到他的名字 —— 嘯峰,把兩個犀利的文字放在一起,氣勢立馬翻倍;不過他的言談卻讓人覺得舒適、平和。余嘯峰不僅是一名建築師,還是一位專業的賽車手,曾代表阿斯頓馬丁、保時捷和奔馳的車隊比賽,而且在 2010 GT Asia 的賽事中,首登領獎台。說起賽車,余嘯峰眼睛裏的光不遜於說起建築的時候,他喜歡挑戰,建築與賽車正好能滿足他。雖然兩者間並沒有太大關係,但對他而言,每個項目和每場比賽的開始,都是一個新的開端,新的挑戰,新的練習,接下來的就是看看你能將它做得有多好。

西貢視覺走廊
不只是香港後花園

甫來到香港的後花園,便見那裏有最早的遠足路徑和純樸的漁村風貌,沿途海岸山嶺、碧水藍天,覆蓋在山壁上的苔蘚散發出溫潤的青草與泥土的氣息,頓時將咆哮的大都市屏蔽了。

西貢被稱為香港的後花園,馮永基卻説,西貢又豈止後花園這麼簡單。2003年,「沙士」帶來了一股低壓氣氛,時任財政司司長梁錦松提出促進「本土經濟」,西貢被選為第一個試點。馮永基作為項目建築師,帶領團隊景國祥與施琪珊一同進行。當時的主導單位是旅遊事務署,原意打算在海邊設計幾個小賣亭和攤檔,豐富社區,但項目交到馮永基手中,又怎會如此簡單。

從公眾碼頭為始,漫步至訪客中心,沿途可見十種不同語言的文字標識以示歡迎。走進些許,是西貢海濱公園,如今已成為大家口中的紙船公園。海風吹來,淺淺的水池上泛起了漣漪,上面立着幾個紙船雕塑,靈感取自孩童時期摺紙船的玩樂。紙船雕塑上印有抗日時期的報紙字樣,訴説西貢昔日作為漁港,以及懷緬當地居民曾參與東江縱隊港九獨立大隊的抗日事蹟。

「公園其實一直都在,我們沒有重建,只是做了一點改動。」馮永基與團隊將原本設於入口的機電房和洗手間移至旁邊,打開入口之際,已大大減少空間設計上帶來的隔膜,增添一絲通透性及開揚感,令公園與周邊環境產生互動,讓人更願意走進去休閒小憩。

公園臨海,晚風習習,那種愜意讓馮永基提出了海邊餐廳的意念。可是餐廳屬於食環署,公園屬於康文署,跨部門合作並不常見,加上政府項目一直都是價低者得,餐廳的投標在第一次並不順利。於是,在第二次投標時,馮永基籌備了一個展銷會,比起交出冰冷冷的文件,他和團隊成員景國祥和施琪珊逐一向大眾講解項目,「完全是打破了慣常的做法,建築師通常都不會出來做銷售。」回想起這些踩界往事,他都忍不住笑了,「連景國祥也説我瘋狂。」餐廳得以落成,地方變得熱鬧,他還主動聯繫餐廳,舉辦兒童繪畫比賽,在海濱公園旁做了一個臨時的展覽空間,展出當時繪畫比賽的作品,為地方增添了一絲暖意與歸屬感。

若細心留意,沿途高聳着一個個古色古香的銅鐘。馮永基表示,銅鐘的靈感源自天后古廟。臨海而建的古廟寓意天后娘娘保佑出海的漁船及船民平安而歸,而每一座銅鐘均代表着零零散散坐落於西貢的廟宇,巧妙

 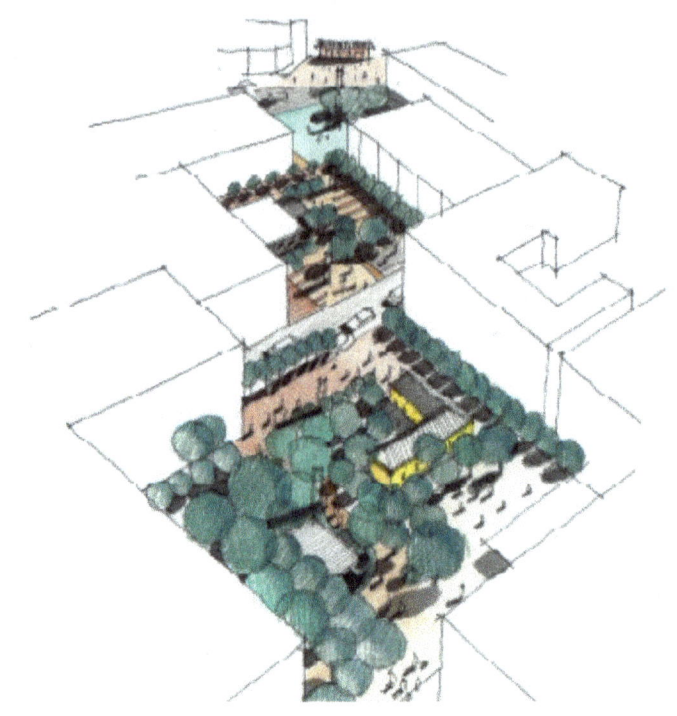

地連接了古廟與昔日漁村文化的關係。細數之下,西貢共有十三間廟宇,馮永基的原意是每間廟宇對照一個古鐘,從天后廟延伸至碼頭,中間途經籃球場、萬宜公園、巴士站、小巴站、海濱公園,以十三個銅鐘連成一線。但這就要重新規劃地方用地,奈何巴士站及小巴站難以搬遷,故只實現了五個銅鐘。王維仁對此是這樣形容的:「馮永基在建築的公共廣場與地景上,成功的結合了建築、景觀,與城市的空間文化與環境藝術。」

作為一名建築師,馮永基深知,藝術可為自己而生,建築卻不行。他多年來不但堅持「Building less for more」的理念,更是大膽嘗試,經常「越界」。回想起整個西貢視覺走廊的設計,馮永基可是踩到土木工程拓展署、食環署的餐廳、康文署的公園,就連露天茶座外面屬於路政署的馬路,他也不放過,鋪上與餐廳統一的地磚,調和整個設計的調性。

「由建築師帶起整個社區的活動,而不只是做建築本身。」後來政府還將西貢這個項目作為城市設計的示範項目,「自己住了西貢這麼多年,對自家地方還是有種情懷,特別是聽到周邊人給的意見,不管是好是壞,都讓建築師、用家與城市之間產生了很特殊的關係。」

身處於此地,聽不見城市的咆哮聲,反倒是喃喃細語日常,或許就如林語堂所說的,「最好的建築是這樣的,我們深處其中,卻不知道自然在那裏終了,藝術在那裏開始。」

| 1 | 2 | 3 |

1. 建築師手繪的西貢視覺走廊透視圖。
2. 建築師手繪的西貢視覺走廊鳥瞰圖。
3. 西貢視覺走廊最初的方案包括遷移巴士總站及設置十三個銅鐘，遺憾是至今仍無法全部實現。

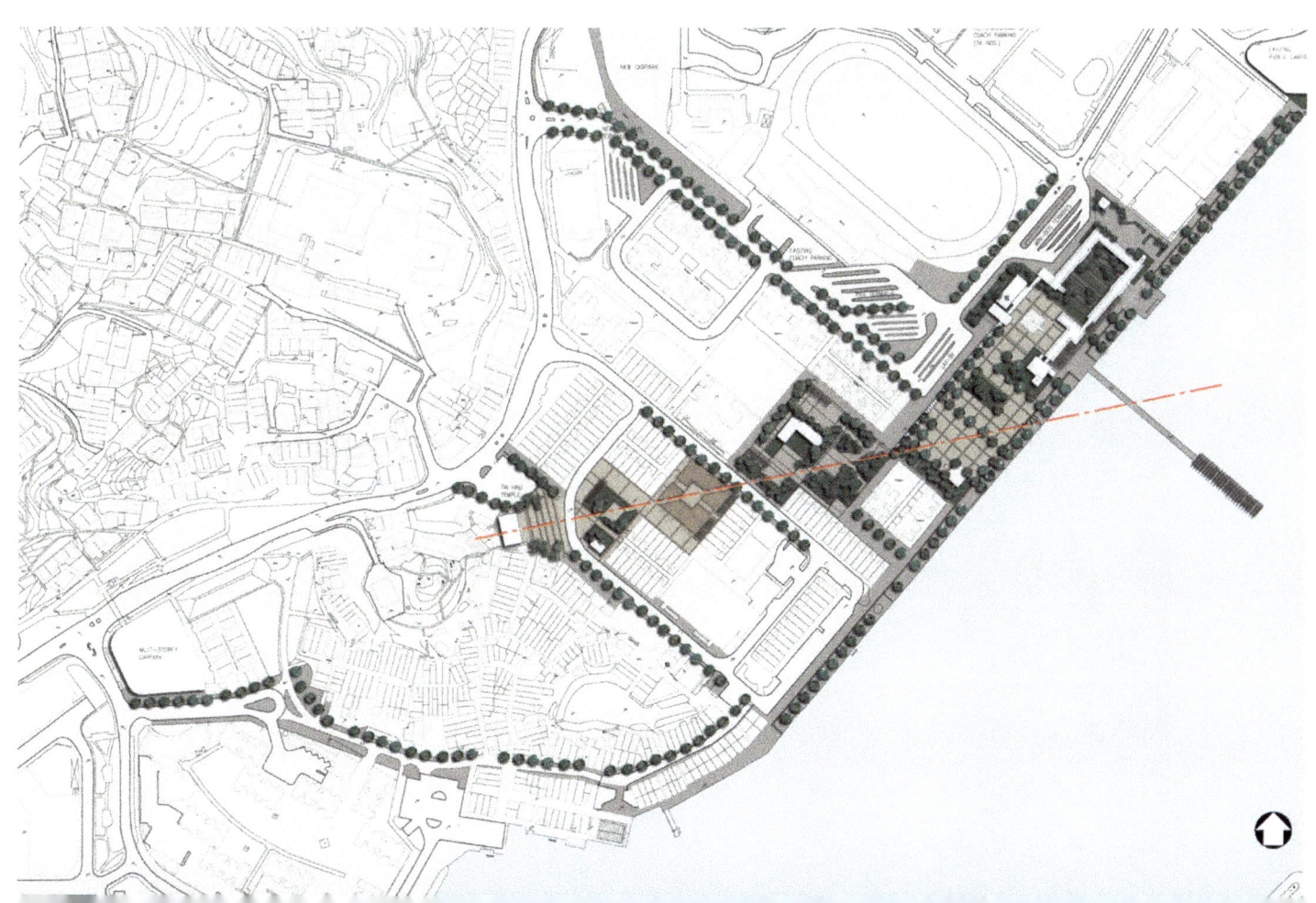

| 1 | 海濱公園涼亭旁的幡旗，以多國語言向各地遊客問好。
| 2 | 設計團隊自發策劃兒童繪畫比賽，全部作品被展示於涼亭之間。
| 3 | 紙船公園。
| 4 | 自由自在的牛，衝破了人為自設的界限。

269　新界東

1. 由建築師爭取加建於西貢海濱公園的海濱茶座。
2. 大涼亭及銅鐘是沙咀道公園加建的新設施，銅鐘代表位於西貢的廟宇，原本凡中午會鳴鐘，可惜不了了之。
3. 海濱碼頭的特色是天然透光的頂蓋及設有多國語言的展示牌，以現代的設計手法，凸顯西貢的青春活力。

新界西

導讀

新界如何界定?過去以界限街劃分九龍與新界,但現在已變得相當模糊。新界西的範圍劃分也固定,一般泛指葵涌、青衣、荃灣、屯門、元朗。

葵涌以工業大廈為主,優秀的建築不好找,反而在青衣島,有一座在 1999 年啟用的青衣市政大樓,是吳享洪建築師的作品;白色方格配搭虛實穿插的空間,是當年最優美的市政大樓,以今天的美學角度,仍是耐看。十八年後,青衣島上出現了另一幢優異建築,便是青衣西南體育館,為鍾鳴昌建築師的作品。外觀由簡潔的幾何圖形構成,卻有說不出的張力,猶如紀念館般屹立在廣場上,室內設計以強烈的視覺元素,呈現反差的效果,令人驚喜。

葵涌亦有火葬場,是李昭明建築師和梅鉅川建築師另一建築作品。在另一篇章,筆者曾介紹香港最有特色的設計多集中殯葬類建築,這個火葬場也包括在內,惟規模相對細小,外觀呈流線形、樸素、寧靜,從玻璃穿透蓮池,在簡潔中見心思。筆者亦留意到李昭明和梅鉅川團隊曾贏得不少公共藝術比賽,說明不少年輕建築師從戶外雕塑起步,逐漸發展到建築項目,是年輕人理應擁抱的正能量。這裏需要補充一點,梅詩華建築師亦分別在將軍澳與屯門兩個停車場上蓋屋頂,設計了非常獨特的籃球場。它們不以球場常見的地面圖案設計,反而大膽轉用繽紛的色彩與線條,打破一向墨守成規的球場設計,為大眾帶來全新觀感。

另一邊廂,荃灣二坡坊遊樂場及砵蘭街休憩花園也由破舊的公園化身為繽紛的遊樂場,原來這是姚嘉珊建築師策劃的「未·共研社」的其中一個項目——「眾·樂樂

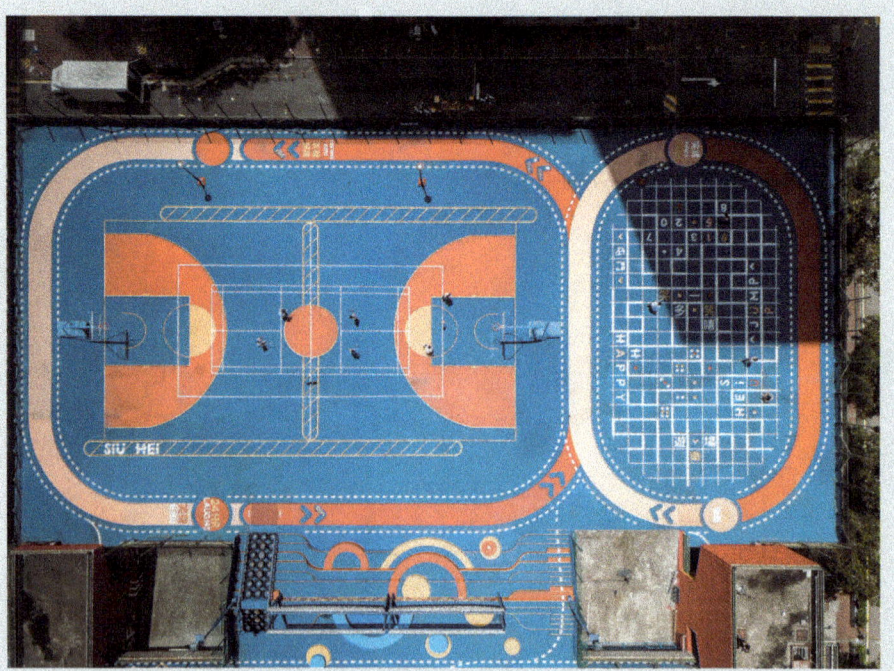

你所不知的香港建築故事

院。幾經搬遷的珠海學院，得以擁有如斯美麗的校園，是嚴迅奇建築師的功勞，更是校方的遠見。筆者認同一座優美的校舍，可直接提升學生的自豪感，在跟珠海書院學生交流的過程中，完全能感受到他們的期盼與喜悅。吊詭的是，嚴先生畢業於香港大學，曾為香港設計多間大學校舍，作品大多見於香港中文大學校園內，反觀在他出身的母校，其作品最少；在本書訪問中，他會談及自己的作品香港大學研究生堂。另外，朱海山建築師作為香港珠海學院建築學系主任，對於學系的付出也是功不可沒。原本作為全職建築師的他，於 2008 年轉換跑道，到珠海學院全職教書。他的熱誠和投入值得敬佩。

屯門的另一所高等學府，是位於虎地的嶺南大學，校園的整體設計由巴馬丹拿集團所負責，往後不斷增加校舍及設施，包括由王維仁建築師與 AD＋RG 建築設計及研究所國際有限公司設計的嶺南大學社區學院，以及彭一欣建築師改造的大學圖書館。來自台灣的王維仁建築師，在內地得到不少設計文化建築的機遇，包括在成都、杭州、深圳等地，他的作品尤其對中國傳統建築的現代化表現手法情有獨鍾；他設計的嶺南大學社區學院亦是中國四合院的再呈現，值得觀賞。

園」；運用設計將城市中破舊的公共空間或公園變為先導微型公園，以繽紛童真的色彩，為地方賦予新的面貌。

在荃灣有一年輕人的時尚熱點——The Mills 南豐紗廠，前身是南豐紗廠廠址，隨着香港工業式微，其第三代保留廠房，改造為一座吸引年輕人的文化新蒲點。這裏為香港的第三代帶來文化角色上的啟示：他們是接觸者、創造者，而不是接收者，可一步一腳印地改變香港新時代的新面向。由於這裏的前身是紗廠，設有南豐的歷史展覽館，及大型展覽空間，後者為一個必須由策展人安排的展覽場地。南豐紗廠的設計是由徐莊德建築師、盧智恒建築師、吳家健建築師、譚漢華建築師等共同負責，各自在不同崗位努力下合作無間的成果。跟 The Mills 南豐紗廠頗為異曲同工的活化工程，可數葵興的聯泰工業大廈，那是張艷芬建築師在香港的項目，把原來平平無奇的工廠外觀，改造為富動感的潮人商場。香港不少工業大廈極待變身，這類工程適宜由追求創意的建築師主導，是雙贏的配對。

屯門同樣給人工業區的印象。在屯門臨海一帶，可遇上一幢彩紅土色調的新建築，形象鮮明，是嚴迅奇建築師設計的珠海學

屯門另一個最不為人知的國際大師作品是由法蘭克・蓋瑞[1] 設計的香港銘琪癌症關顧中心。法蘭克・蓋瑞建築師在香港的設計作品之中，較為人們認識是在港島司徒拔道的 Opus Hong Kong，被形容為香港的洋紫荊花，一再展現其擅長的扭曲形態，顛覆香港住宅建築所崇尚的四平八

正。但這座位於屯門醫院旁的癌症中心，能得世界名家設計，非常難得，乃因贊助人銘琪本人是法蘭克．蓋瑞的親屬。這座建築一反他設計的常態，更像是一座歐美大宅，也許是因為服務對象使然，需要專為癌症病人設計一個休閒的環境。

屯門並不缺乏有質素的新建築，「源．區」是一座自給自足的污泥處理廠，它不獨是一個環境教育中心，亦是一個轉廢為能的實驗基地，更是可讓市民享受免費足浴的公園。它是一座以波浪型的外觀凸顯周邊山水形態的現代建築，它的設計借助陽光、自然抽風及綠化屋頂以減低能源損耗，是綠色建築的佼佼者，設計者為法國著名建築師克勞德．瓦斯康[2]和Thomas Schinko[3]。

除此以外，被稱為「港版邁亞密」的屯門浩和街有一片大草地和棕櫚樹長堤壩，吸引不少人慕名而來，來一趟短暫逃離之旅。

元朗是新界較北的一個傳統市鎮，自西部鐵路連接後，大大縮短元朗與九龍之間的交通時間，逐漸成為年輕人的另一好去處，使該區的生活方式變得年輕化，諸如踏單車尤其普及。喜見政府設在該區汽車天橋底的單車管理站，連同公共廁所都採用了非常簡約的設計，筆者驟眼以為身處北歐，因為當地的公共建築都是極其簡約，而今這種設計在元朗再不稀奇。此外，這裏亦有廖偉廉建築師設計的元朗區綜合服務大樓新翼，凹凸的方格配合活潑的色彩，是反映現代潮流的新建築，令大家對元朗市容進一步走向年輕化及型格化，更有所期待。

與此同時，呂達文建築師所走的路，由初期的崎嶇到後來的發展，當中經歷適合年輕建築師借鑑。筆者最先接觸是他在深圳的項目，一個接一個都是當地很有特色的公共建築，令人產生疑問的是他作為一個香港人，到底如何在內地開創天地？原來這全賴深圳政府公開招標設計，反過來，他在自己土生土長的香港，只能遇上小伯樂，那是他的一位朋友，誠邀其在元朗的鄉間興建一幢丁屋，名為 Vice Versa House，也值得一睹。

香港的世外桃源

1889年成立的香港哥爾夫球場位於粉嶺古洞，佔地170公頃，也許只有少數香港人曾到過這個世外桃源。在筆者還未到訪前，從未想像香港會有這麼美麗的大自然公園。筆者到訪後，始發現今天仍存在如此優美的英式古建築、409棵古樹及大片的草地，尤其精彩的是香港難得一見由白千層樹組成的大樹林，到過這裏，才知可媲美倫敦的海德公園及紐約中央公園的美景，原來早在香港出現。一般香港的平民百姓不會知道本地擁有如蘇格蘭般的大自然美景，基於這裏是香港哥爾夫球會的場地，亦因為他們不斷悉心培植，這個迷人的地方才得以出現，是互相依存的一種關係，值得欣賞及尊重。這片球場草地

若然有一天被改為香港人的中央公園，保留一切現有園林水道，絕對能令香港人感到自豪。

鄰近香港哥爾夫球場，有一座名為大龍獸醫化驗所的建築，外形不似一般平庸的化驗室；物料採用自然石砌成，並以白色噴漆做出一陰一陽的對比，襯托圓形與方盒兩者之間的幾何互動，從中可見設計者心思細密的安排，那是周安遠建築師的傑作。

不再悲情的天水圍

天水圍是一處屋苑林立的新市鎮。因早年該區的社會結構過於單一，又缺乏基本配套，生活枯燥乏味，換來「悲情城市」的惡名。政府有見及此，引入多種不同類型的住宅及新建公共設施，包括由溫灼均建築師設計的天水圍綜合大樓，這座建築採用很多不同物料以創造不同的趣味空間，另一特色是他大膽採用耐候鋼做外牆，其粗獷的質感令建築看來與眾不同，是香港首次引用的建材。

為豐富天水圍的生活質素，康樂及文化事務署的博物館藏品大樓亦選址在天水圍，成為一座在地的文化建築；它不獨是藏品館，還附設公開展覽區，讓遠離市區文化設施的居民亦有接觸藝術的機會。這座文化建築是由巴馬丹拿集團負責，位置在香港濕地公園對面，預計要待幾年後才完成。

為何要建濕地公園

香港濕地公園是天水圍的另一焦點，緣起於 1999 年，世界各地不少城市都在尋覓一個新完成的建築來紀念千禧年，如北京興建了中華世紀壇、倫敦以千禧拱頂作紀念、芝加哥建了千禧公園，特區政府也檢視了本地有甚麼適合的建築。

當時只有沙田香港文化博物館接近完成階段，礙於有不少人對其外觀有保留，政府忽然想到提前興建香港濕地公園，希望第一期能於 2000 年年底完成。香港濕地公園的設計工作，早期打算交託私營建築顧問公司負責；鑑於工程期必須趕及在幾個月內完成而遭婉拒，筆者和李魁彥建築師唯有如履薄冰，開始承擔這項世紀工程。

我們的團隊還有李培基建築師負責展覽部份，故此一起包辦第一期的建築、室內、展覽、園藝各個範疇，目標在千禧年的十二月底完成。到九月，當大家信心滿滿之際，來了連場大雨，特區政府的高層官員到工地視察，眼見遍地泥沼，認為不可能趕及完成，默不作聲放棄了千禧慶典的計劃，但我們的團隊依然費盡努力，終趕及在十二月中完工。

一期完成後，作為業主的漁護署滿意我們的表現，通知可承接第二期的設計及統籌工作，這才是整個香港濕地公園工程的真正挑戰——在面積達六十公頃的土地上，創造一個悠閒的大自然景區，內建一萬平方米的主展覽館與分館及觀鳥屋，首次採用地熱系統，更提出了與別不同的環保概念。誰又料到，工程臨近完成之際突然多了一段插曲，有市民舉報在梧桐河中發現一尾鱷魚，弄得全城捉「大鱷」……經擾攘幾個星期後，終於成功捕捉大鱷，並送贈給香港濕地公園；為此，又臨時加建一座豪華居所以安置這名新朋友「貝貝」。

注釋

1. 法蘭克·蓋瑞；Frank Owen Gehry，美國後現代主義及解構主義建築師，於 1989 年獲得普利茲克獎。
2. 克勞德·瓦斯康；Claude Vasconi，法國建築師。1964 年於法國巴黎成立自己的辦事處，設計了巴黎大堂 Forum des Halles。
3. Thomas Schinko；法國建築師。於 2010 年創辦 Vasconi Architectes by Thomas Schinko，作為前合夥人——法國建築師 Claude Vasconi 的延續，Claude Vasconi 於 2009 年去世。

香港濕地公園
少建不怪

退休生活，該是甚麼模樣？曬曬太陽、悠閒度日？可馮永基偏偏甚是怕熱，也停不下來，他的退休生活更像做着一份全職工作，日程排得滿滿，從早到晚的熬心費力，看起來比退休前還忙。

馮永基是典型的雙子座，同一時間可以做很多事，不僅停不下來，還追求完美，但血液中的浪漫主義又像是雙魚座，不然他也不會特意選擇在一個特別的日子辭職。

2008年2月14日，馮永基選擇在浪漫的情人節與「情人」分手⋯⋯至少他是這樣形容離開長達二十年的建築署，最後以簡單的十六個字交代了去向——告別建築，重拾筆觸，相濡以沫，開心知足。「不過我的上司和同事都不信我是真的為了畫畫，他們不明白我為何拋棄既有的名利，還以為我另有打算。」每每說到那年的離職，他的語調都會高兩度。

或許大部份人對馮永基的認識，先是一位建築師，後是一個藝術家，但回看時間線，早在與建築結緣前，他便與藝術相戀了。還記得第一次與他訪談時，他已提及兒時因家境不好，難以透過栽培去發掘自己的興趣愛好，卻從小知道要靠雙手去生存，「但很奇怪，我當時覺得畫畫還挺容易的，而且畫甚麼都挺像樣。」十一歲後，馮永基更頻頻投畫至《南華早報》的「兒童天地」，「那時被選中的畫，每幅能有十元的稿費。」

馮永基就像一個被迫長大的小孩，成長的過程沒有萬般呵護，卻因而練就了一身的堅持不懈。離職後，馮永基慢慢將心思放在又長又窄的宣紙上，以水墨繼續譜寫想說的故事。從千禧年開始，馮永基便繪畫了大量以香港為題的水墨畫，從吐露港、八仙嶺到白沙灣、印洲塘、海下等自然景致，淡淡然中散發着「生於斯，長於斯」的吾土吾情。雖然畫裏不見任何建築的蹤跡，卻不難察覺到他對於建築的理念，看着筆墨間的島嶼雲煙、候鳥翱翔的畫面，不其然想起了濕地公園的天人合一。

在新界一隅，那片逾六十公頃的濕地與繁忙的都市節奏形成了強烈反差，它的靜謐秀美宛如世外桃源，洗去一切塵囂鉛華。有人說，它是香港的後花園，看着數以萬計的鳥群在天際翱翔、掠過之際，比起後花園，它更像候鳥覓食棲息的天堂。

濕地公園的主建築物是一座十萬平方呎的展館和遊客中心，以清水混凝土建成，無添加原色透着一種粗獷的質感，乾淨的線條恍如在天際線劃

下利落的一筆。面對濕地公園的如斯風光，馮永基及項目建築師李魁彥不忍建築物過於出眾，因此以斜坡式的設計，在建築物的上蓋及外牆分別種以爬牆植物，並以綠草覆蓋，巧妙地將這個十萬平方呎的龐大展館隱藏於這濕地之中，遠遠看去，只剩下一個半月形的「鳥籠」，沒有絲毫的喧賓奪主，恍如因環境而生。

「作為建築師，每當完成了一項建築，就代表它在實體上已佔據了公共空間，對市容造成影響，無論變好、變醜，皆是建築師個人取向而衍生的結果。」誰不喜歡美的東西，馮永基也喜歡，但這種美並不是單純的美，而是與周邊環境相得益彰、互相輝映。望着聳立於湖中的四口木樁，悄無聲息的成了鳥雀的休憩處，只見白鷺不驚不乍、晏然自若的緩緩落下，休閒地享受着這濕地的同時，不經意地完全貫穿整個濕地公園所隱藏的中軸線，一同演繹天人合一。

現代主義建築大師路德維希・密斯・凡德羅（Ludwig Mies Van der Rohe）有一句「Less is more」，這句話來到馮永基手上，就成了「Building less for more」。作為一名建築師，他熱衷於自己的工作，更熱衷於設計，但在他主理的逾百項大小項目中，不難察覺，出自他手的項目總是盡可能以「少建」為目標，以此騰出更多空間。建築師嚴迅奇形容這是一個「嘈吵」建築的年代，大部份媒體均傾向追捧浮誇的建築造型以及炫目的視覺效果，因而淡化了建築的真正價值。對於馮永基的建築設計，他形容為嘈吵下的一泉清水，雖不會使人心跳加速，但能留下餘韻，久久揮之不去。

於人生逾半百之際轉換跑道，是一個大膽的決定，或許也是出於馮永基對自己的了解。看着那十六字宣言，還是忍不住問多了一次：「其實不過餘下五年就正式退休了，為何不再等等？」

「我覺得我的藝術生命還未走到盡處，反觀建築路可能已經走得差不多了，我未必可以再有突破。」他口裏的突破，就是嚴迅奇所說的「嘈吵」。「今天來說，沒有嘈音難以在世上有大作為，但我的性格不是這樣嘛，既然如此，或許也該放下了。」

| 1 | 2 | 3 | 4 |

1. 在大片草坪底下，埋藏着一個一萬平方米的訪客中心。草地蓋頂採用「地熱冷卻系統」，令難看的冷氣機件消失於無形。
2. 代表天水圍六種生態的摺紙形雕塑，分別是：基圍蝦、彈塗魚、盧氏樹蛙、蜻蜓、黑面琵鷺、招潮蟹。
3. 由蠔殼爐砌成的影壁。影壁是中國傳統建築的特色，能避免外間看穿建築物的內部。在旁的銅鴨則扮演迎賓的角色。
4. 斜坡式的建築物上蓋及外牆分別種以爬牆植物，加入水的元素，讓大眾更貼近自然的感覺。

從湖中泛舟,可欣賞訪客中心大樓的夜色——像雀籠的半圓體建築。當客人遊走於籠內,飛鳥卻自由自在,顛覆了人類與飛鳥的角色。

1	2		
3	4	5	

1. 設於入口的涼涼流水,讓人在步入公園的一刻開始便感受到自然氣息,同時借助流水聲掩蓋馬路上的嘈音。
2. 飛鳥在人工湖上四根木樁上休憩,悄無聲色成為貫穿建築物的中軸線。
3. 大堂頂設有天窗,引入自然光,提供綠色能源。
4. 壁影中的蠔殼源自本地,以藝術的形式重新呈現。
5. 藍天、白雲、灰牆、淨水,猶如一幅版畫的構圖,卻是香港濕地公園展覽大樓的立面。這裏是消防車專用的救災走廊,亦是攝影師最佳的取景位置。

說畢,他臉上又浮出了意味深長的模樣,「其實還有一件事,一個國家級的秘密。」我一臉期待,等待着他透露「十六字官方宣言」以外的秘密。

2008年,政制及內地事務局和建築署合辦了一個比賽,那是中國2010年上海世界博覽會的香港館概念設計比賽。「我參加了。」馮永基從口裏吐了四個字。當時他作為公務員,自覺不適宜參賽,因此這個比賽就像是一個契機,讓他多了一個理由放下包袱。

如是者,他辭職後第一件事就是專注於上海世界博覽會香港館的設計比賽。「這件事沒有公開報道過,我也很少提及。」原本還在期待故事的發展,怎料才剛開始講故事,他已直接用「欲哭無淚」四個字去形容故事的結局。

馮永基直言因為不會畫電腦圖,所以找了一個香港大學的學生做助手,「當時我天天在香港大學的電腦房和他一起埋頭苦幹,我一個大叔混進學生堆裏足足三星期。」比賽的設計雖然已經完成,還提前做好了,馮永基因有事離港,因此將項目交給了他的助手。比賽截止當日,他還特意打了個電話詢問情況,只聽電話那頭說:「交了,不過遲了一點。」原來他在過了截止時間後才遞交。

「我很少參加比賽,唯獨那次我想試試看,看看能不能走出香港,just give me a try!」馮永基的性格樂天,很少叫苦,所以當他少有地在提起一件事時如此唉聲嘆氣,到現在還能感受到他肚子裏的一絲氣憤、眼裏的一點無奈與心裏的一股傷心。最後,那枚因遲了遞交而被退回的光碟,他也不要了,想必是不想觸物傷情了吧。

香港珠海學院
麻雀雖小

珠海學院從荃灣舊校舍搬至屯門咖啡灣,由建築師嚴迅奇操刀。但其實早在嚴迅奇接手之際,珠海學院已經開始了地基工程,原因是珠海學院當時展開了一個公開比賽,贏得項目的正是 Rem Koolhaas 創立的 OMA。後來因種種原因,珠海學院於 2013 年找到嚴迅奇,並決定讓其接手。

珠海學院的新校舍佔地面積 1.6 平方公頃,相較於其他學院而言,面積比較小。於嚴迅奇而言,其面積某程度上是一個限制,更遑論要在短期內,做出一個麻雀雖小,五臟俱全的「小社區」,實屬不易。

珠海學院樓高八層,設有教室、劇院、室內體育館、圖書館以及教職員宿舍,「這裏就像一個微型的城市,無論是學習、互動、休閒、公共、私人等,大學所需的功能都有。」

珠海學院前後花了三年時間完成,時間雖短,但好在建築師的想法得到賞識。嚴迅奇形容業主很尊重他們的取向與建築問題上的解決方案,特別是在香港建築條例愈來愈有限制底下,比如說,有上蓋的地方其實也計算建築面積,但校方並不介意犧牲一點建築面積去成就整個設計,不會要求用盡每個空間,「他們對建築和藝術都有要求,當遇上一個想法一致的業主,事情就順暢多了。」

珠海學院在設計上,以圖書館橋及學生會橋橫跨草坡上空,這巧妙一筆連結了東西兩翼,亦構成了標誌式門廊,與遠處的青山灣和大嶼山形成一種通透的感覺,簡約而不簡單。

嚴迅奇以「rustic」來形容校園的感覺,所以在設計上也基於一個信念,「一定不做無謂、多餘的東西,也盡量不做純屬為裝飾和視覺效果的設計;這裏存在的東西都必定有它的理由,比如功能性或有象徵式的東西,可以說是一個誠實、authentic 的表現。」

最後問他怎麼看待比賽這件事,他卻笑着說,「比賽經常都有,但未必每次都能贏,最重要是反思。」面對參賽不中標一事,他也嘗試安慰自己,「有時輸了不一定跟你是否努力有關,這樣想心裏就會舒服點,就好像最近在一些比賽上輸了,我也不是很明白。」他不禁笑了笑,「但事情就是這樣,有起有落。」

1　校園中心平台上方連接東西兩翼的架空圖書館。
2　圖書館飄浮在中央草坡上。
3　教學樓的走廊利用建築之輪廓,從上方引入天然光,亦有助自然通風。

1. 珠海學院的設計概念手稿。它是一座建築,還是一個微型城市?
2. 將一座學院濃縮成一座單一建築,結合了學院所需的所有教學、研究、居住、康體功能,亦藉室外、室內空間之互扣,製造一系列多元化之交流互動場所。
3. 圖書館橫跨東西兩翼,可盡享大嶼山景色。

南豐紗廠
靈感分享地

近年，香港有不少舊建築活化，如 PMQ、大館、中環街市等，這些舊建築在活化後，換上了新角色，延續其故事，而位於荃灣的南豐紗廠就是其一。

南豐紗廠成立於 1954 年，在 1980 年代時期，成為香港最大的棉紗生產商之一，見證了香港製造業的黃金時期。但隨着製造業在香港慢慢式微，南豐紗廠也失去了舊日的光輝。

2014 年，南豐紗廠進行了一次大規模的活化工程，翻新後，成為了一個集文化與歷史的地方。在這裏，不僅有藝術展覽，還可以透過舊日的棉紡舊物和照片，了解昔日的紗廠歷史。2018 年，南豐紗廠工程完成，其外形在活化後沒有產生太大的變化，依舊平實低調，在現今高樓林立的城市中，就像代表着某種年代的符號與歷史。

南豐紗廠由三座廠房組成，高低不一，參與項目的建築師包括徐莊德、譚漢華和吳家健等人。在設計上，南豐紗廠盡可能保留了原貌，而在此基礎上，以橋作連結，將三座廠房合併為一。與此同時，最花心思的地方想必就是在不怎麼改動外觀的情況下，讓人們走進去時卻有不一樣的感覺，比如將室內一些封閉的空間變得開揚。

走進南豐紗廠，你會覺得十分親民，紗廠在設計上沿用了工業風，同時添加了藝術文化元素，例如找來本地藝術家，以壁畫的方式，在牆壁上繪製一幅幅代表紗廠歷史的塗鴉，訴說紗廠的故事。在結構上，南豐紗廠新舊融合，在空間上也做出了大量的改動和重新規劃。例如，以前不起眼的天台變身為一個工業區綠洲，讓人在此休憩。天台上，還有一幅巨型壁畫，描繪了香港紡織業的發展與歷史。準確來說，這幅巨型作品其實是由六千多塊鋁片組成，當微風吹過，鋁片便會像布一樣輕輕擺動。

談及南豐紗廠的活化項目，徐莊德建築師總是忍不住提及張添琳。張添琳作為南豐發展有限公司董事總經理及南豐紗廠創辦人，也是提出保育紗廠的人，如此之下，所有事情才得以發生。結合紗廠本身的高樓底及大空間，徐莊德表示，這是一個很大的發揮空間。主中庭在改造後，高樓底的通透感與空間感，十分適合舉辦展覽，他形容，南豐紗廠就像一個可以讓人們分享靈感的地方。

1	
2	3

1. 橫跨南豐紗廠主入口的連接橋,是香港首座以玻璃建成的戶外行人橋。
2. 南豐作坊致力推動創新,中庭高三層,用途多變。
3. 將舊有的物件回收,升級再造。

1		
2	3	4

1. 往日香港的色彩,透過上落廠房的樓梯通道保留下來。
2. 葡萄牙藝術家 Vhils 把紗廠豐富的歷史,以巨幅肖像牆面雕刻演繹。
3. 紗廠坊是南豐紗廠的核心,為紡織業的殿堂。
4. 南豐作坊致力推動創新,中庭高三層,用途多變。

青衣西南康體大樓
剛柔之間

位於半山的青衣西南康樂大樓，為鄰近居民提供了一個社交聚會及享受康體樂趣的地方。大樓門前設廣場，引領街道上的行人進入大樓。富動感的折疊式上蓋行人通道，則連接湧美路行人天橋，把鄰近屋邨的居民帶到大樓核心部份，居民可經此前往不同的活動室或到地面大堂。大樓設有主場館、跳舞室、多用途室、兒童遊戲室、戶外攀石牆、室內泳池、戶外草坪及其它配套設施，整個室內設計風格是以「動感」來表現。

青衣西南康體大樓的一大特色是設有戶外草坪。鍾鳴昌在外國經常看到小朋友在草地上自由自在的「打筋斗」，但在香港很少看到。其實「打筋斗」也算是一種運動，於是他在體育館的平台建立草地，提供可以讓小朋友自由「打筋斗」的場地。鍾鳴昌坦言，他做項目時，總想加入一點新元素和新的生活風格，除了加設草地，還包括考量自然的光影照明一類的細節。像大堂融入的黑鐵元素，其實是為了凸顯運動中的硬朗、力量；大堂中的雕塑，則象徵了脈搏的線條。此外，室外放置了幾張可供仰臥起坐的長椅，使用者可以在這裏做簡單的伸展運動熱身。至於泳池的設計風格，就參考了蝶泳的動感，特別擺放了一件模仿蝶泳泳姿設計的巨型雕塑，同時在設置裝置時考慮到救生員的視野，保證他們能夠對泳池的情況一覽無遺。

建築物的外表會影響每個人的觀感，但「意義」才是鍾鳴昌的首要考慮，其次是功能、外表。三者能否平衡，設計時總要取捨，建築師需要問自己想得到甚麼。鍾鳴昌每次接到一個新的項目，都希望能傳達出新的想法，不想重複，不想受到局限。他不曾介意做小型項目，比如公共廁所，他認為只要將目標定得高，會為自己的理念爭取，而非只求合格、「有型」就行，自然會有所突破。

鍾鳴昌在何顯毅建築工程師樓學習時，覺得這裏的創新和管理能力都很強，可以不斷作出嘗試。最好的建築是關於「平衡」，讓適當的事配合適當的建築，即使是創新的設計，也會偏向考慮建築想傳達的意義和本身的功力，把心思放入細節中，而不是將一個固定的風格套入所有類別的建築。

一件美的建築，往往能看到「personal touch」，即個人的藝術元素，但建築師嘗試在空間上做突破時，並不意味着要做標奇立異的設計，比如建立一個開放的空間，在康體大樓上建草地平台，自然會有意想不到的功能。鍾鳴昌希望退休後，能在不同的建築公司做義務工作，繼續自由創作，享受其中樂趣。

1		
2		4
3		

1,2,3　體育館由跳舞室外的坐椅、入口裝飾牆及天花板等，都不忘以動態的設計配合體育的動感。室外則設置了草坪，讓幼童與家人一起做戶外運動。

4　泳池天花吊頂靈感來自泳手游蝶泳時的動態，以簡單的直條子製作水波的形態。

嶺南大學社區學院
活現四合院

王維仁建築師出生於台灣，台灣大學畢業後便遠赴美國加州大學柏克萊分校攻讀建築，並在三藩市工作。在建築設計路上，他尤其對華人城市感興趣。1997年，王維仁應聘香港大學的教學職位，曾任香港大學建築學系主任，並成立王維仁建築設計研究室（Wang Weijen Architecture）。王維仁曾參與「起動九龍東」的籌備項目，負責把東九龍的研究資料整合，包括在觀塘海濱的城市空間重組及保育建築。他也建議以低成本的貨櫃作為展覽廳，這理念後來亦被採納。

由於王維仁建築設計研究室是個人成立的公司，若然在香港本地承建大型公共或私人項目，並不容易。故此他的建設項目多集中在台灣的院校，近年才有參與香港中文大學深圳分院設計的良機。他非常關注景觀庭園及庭園建築的優點，在設計香港嶺南大學社區學院的機遇下，引入四合院的設計理念——以互動形式讓光源進入建築物，將其轉化為一個當代的城市建築。他在台灣也曾實驗這種設計手法，但在香港高密度的高樓大廈中，體驗中國傳統合院空間關係確是挑戰，更是突破。為了將中國四合院融入港式建築，王維仁順理成章，將中國四合院的理念結合香港特色，以交錯方式營造成連體的庭院空間。

王維仁對創作有豐富經驗，可見於多層公共空間的運用。傳統的四合院需要很大的空間面積，但香港土地有限，在平地興建一個建築群相當困難，王維仁靈活運用四合院設計，透過不同高度的序列，把四合院扣連成校園的主要建築群，構成幾個相連的庭院，發展成一系列相互交錯的中庭。如此，把低層的空間引進到開放的庭園，並穿透上層景觀，以增加校園輪廓的層次感，這種交錯重疊的高層合院，不但提供傳統空間的現代體驗，更因樓層之間交錯而增加空氣對流，相當成功。

王維仁為進一步融入環保建築概念，刻意省却空調，在無法避免下才在教室安裝。他重視引入陽光及促進自然通風，呼應四合院與大自然的互動關係，延續「以人為本」和「自然生態」的想法，拉近人與空間、人與建築的距離。他認為庭園建築不只是一座房子，建築物本身也能與自然連結；立於庭院，昂首看天，便會感受到大自然的變化多端，既有陰晴圓缺，亦有落葉歸根。

王維仁近年較多接觸內地「城鄉建設」項目，感受頗深。「城鄉建設」需要考慮的第一個層面是「人」，因為村莊是人居的地方。第二個層面是真實的物料，例如土、木、磚、瓦，透過認識這些物料與用途，可解構建築不再是抽象的概念。王維仁企盼能在每一個建築項目中多種植物，希望將生態和水體帶入建築之中。在訪談的過程中，感受到王維仁對大自然的敬愛及對保育的關注。他亦會參與香港郊野公園建築的研究，繼續探討建築與自然的關係。

1	2
3	4

1. 社區學院的院落底端,可見位於兩個視覺軸線焦點的小教堂;配合原有地形層高的台階平台景觀,保留坡地的原生樹種。

2. 嶺南大學社區學院東北向立面鳥瞰,以兩層的教室模組疊加交錯,形成多層的院落與平台空間。

3. 香港理工大學專上進修學院結合教室間的空中花園平台與公共樓梯,成為垂直都市院落的校園空間。

4. 香港理工大學專上進修學院建築群樓的西向立面,鄰接公主道高架道路,塔樓以四層的教室空間模組,形成步步高升的序列空中院落。

新界西

Vice Versa House
內心如是，外在亦然

「Frankie，以後我有房子，你可以幫我設計嗎？」誰會想到，大學時一句不以為意的玩笑，在畢業後的某年某月，再次將兩人拉到一起。

呂達文剛從美國回到香港，下機後不到一個星期，就接到了一個電話。電話那頭，是他在香港大學讀建築系時的宿友 Henry，當時住在隔壁。他清楚記得初次提到這件事是在 1996 年，兩人還在就學，一個讀建築，一個讀醫，同樣的話，在畢業後的某天再次從電話那頭傳來。

跟大部份人一樣，呂達文在香港大學建築系碩士畢業後，直奔社會的洪流，工作了六、七年左右，身邊的朋友、同事，開始買房買車、成家立業，他卻決定隻身去紐約讀書。「其實我一直都有個夢想，就是想出去見識一下。」於是，他辭去了當時的工作，申請了美國哥倫比亞大學的建築與城市設計碩士課程，完成他的第二個碩士學位。

其實去紐約之前，呂達文的履歷一點也不差，前後任職於凱達環球、呂元祥建築事務所和 Hellmuth, Obata + Kassabaum，更在 2003 年獲得了香港建築師學會的青年建築師獎。那時亞洲文化協會給了呂達文一筆獎學金，贊助他去美國考察。在美國，他去了 IM Pei、Frank Gehry，回來後就想，可不可以透過留學，再擴展一下眼界呢？

「我還記得當時我和媽媽說，可能有兩三年無法給家用。」所幸媽媽和太太都很支持，與他共度這段艱難的時光。

呂達文從中學開始，已經打過六、七份工；畢業後也要養家，「所以工作六、七年，也只存了一點錢，剛好夠讀書。」有人笑呂達文，結了婚才去紐約讀書，還分隔兩地，就不怕離婚收場？當然，這件事並沒有發生，碩士畢業後，有人留在美國工作，有人選擇回港，於是才有了剛剛那一幕。

呂達文來到元朗的山廈村，村內還有一些青磚老房屋和舊式的騎樓村屋，有個燒柴的大廚房，逢年過節，廚房便會熱鬧起來。時至今日，山廈村仍為張氏的單姓村，就像城市中的微型社區，「其實這個廚房就是一個社交場所。」呂達文看着這片離廚房不遠的空地，若有所思。

呂達文在美國哥倫比亞大學讀的是建築與城市設計，他在想，如果將每天發生在街巷裏的日常生活和人際關係都濃縮在一個建築內，又會是怎

麼樣呢?空地旁邊是屋主爸爸的房子和爺爺的祖屋,屋主作為家裏的長子,性格開朗外向,在家人之間就像膠水一樣,「能不能透過這個屋子凝聚家庭、親戚的倫理關係呢?」最後,這片空地建了兩座屋子,一座屋主所住,另一座則是屋主的弟弟住的。

兩座房子都以白色為主調,採用大量的透光設計,玻璃外牆讓屋主在上下樓梯時,可以分別看見爺爺、爸爸和弟弟的房子,構成一種視覺對話。「家裏的小朋友也喜歡坐在樓梯看書,有暖暖的陽光,還可以和爺爺打招呼。」

房子還有很多「秘密通道」,這些通道以活動趟門連接着屋外的花園和公共空間。就算處於不同空間,但每天的起居、生活狀態似乎少了一層隔膜,「連電話都不用打,走出來就看到了。」將原本屬於室內的日常生活,延伸至不同家庭之間的交流,同時又宛如將屬於戶外街巷的社交,搬至室內,形成「屋內的圍村街巷」,而房子亦被命名為「裏外亦然」(Vice Versa House)。

接手這個項目之際,呂達文選擇創業,成立了香港匯創國際建築設計。不過,他卻陷入一種矛盾之中,「如果反其道而行,做些有理想的事,能否生存?」作為香港人,他有感香港為他提供了優厚的條件,但同時也帶來包袱,「這個包袱是大家對所有事情都太習以為常,包括香港的價值觀,往往都是以買樓、買車為目標……」我們或許難以一己之力改變社會的慣常價值觀,環境卻會反過來改變人,「所以要將自己放在合適的環境裏;試想想,如果能處身在一個可以專注思考建築的環境,你的能力相信也會在一定時間內有所提升。」

他又指,「香港的優勢是做建築時能跟商業的軌道結合得很好,我是從那裏開始這門事業,但每年也會有兩至三個項目是可讓自己自由探索一下的,儘管這些項目未必賺錢。」大千世界,選擇繁多,卻也是取捨。若然不創業,呂達文說他可能會去教書,又或者去做某個研究,「無論如何,人都是可以生存的。」

| 1 | 2 | 3 |

1. 首層客廳充分考慮採光、通風對流及各個家庭之間的互動關係。
2. 室內圍村街道、生活起居的動線猶如村落街道，連動開放空間、爸爸及弟弟的房子，東南西北各有關聯。
3. 室外的佈局仿似圍村的街道，將公共空間、爸爸及弟弟的房子連結，東南西北各有關聯。

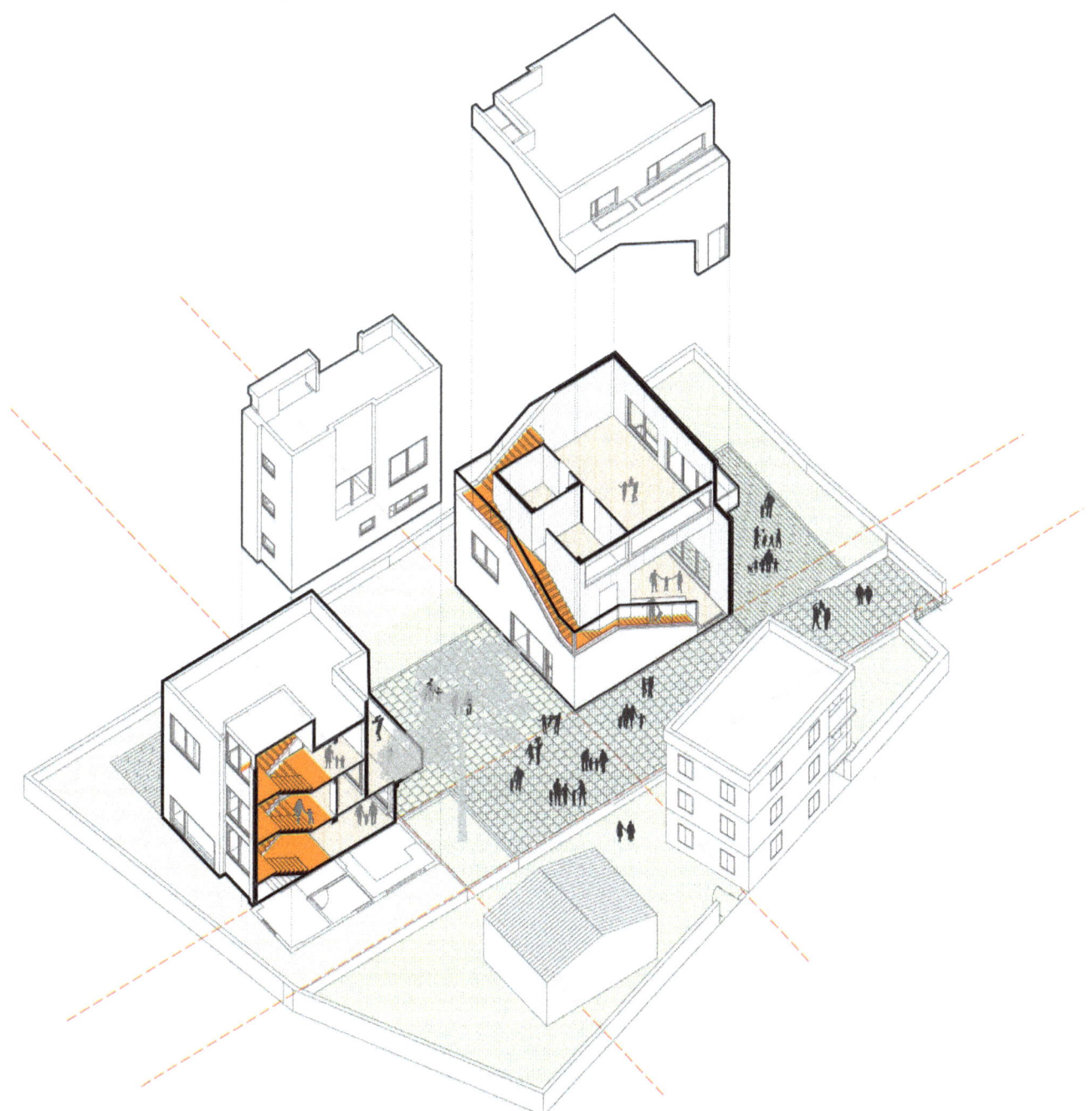

離島

導讀

未到過香港的遊客，會以為這裏只有購物和美食；曾到此一遊的旅客，除認識到這個城市人口稠密的一面，還會很快被她不一樣的魅力吸引。談到香港之美，在城市生活以外，還有舉世知名的維多利亞港和襯托兩岸的起伏山巒、迂迴的海岸線及二百餘個島嶼構連形成的港灣幽谷，奈何這些天然美景被「石屎森林」的惡名淹沒，驅使一般遊客先入為主，錯過遨遊香港自然景區的機會。

郊野公園的由來

香港最令人驕傲的，是擁有如詩如畫的自然景區，幸得前人的高瞻遠矚，早在香港尚未大幅度開發前，訂立了《郊野公園條例》。

香港在二戰之後，林業經過十五年的復原與擴展，郊區環境得以大大改善。根據當時林務主任戴禮先生 (P. A. Daley) 的資料顯示，直至1963年，大約完成了10,000英畝的政府林和2,000英畝村種植。但隨着人口急增、土地減少，以及愈來愈少人從事林木行業，加上每年山火有增無減，在這情況下，必須重新思考香港的林務政策。戴禮先生很看重植林對現代都市的價值和意義，建議林務要為社會提供康樂、保育、科研和教育的用途。在戴禮的不懈努力下，促成了1965年戴爾博夫婦的顧問報告，提出香港的人口增長加速了都市發展，包括觀塘、荃灣、沙田、屯門等新市鎮正在興建，如不迅速建立一個公園制度以保育大自然，恐怕會後悔莫及。

1971年，熱愛郊野的港督麥里浩爵士上任；同年，國際社會在伊朗拉姆薩爾 (Ramsar) 達成世界重要濕地公約，1972年英聯邦生態會議在香港舉行，在全球保育聲音下，促成郊野保育政策逐步出台。香港在1973年成立康體局，提出山嶺海灘是屬於大眾的，並在1976年制定《郊野公園條例》，為香港提供大量綠化保護區。此舉，不僅保護水源及大自然，更為大眾提供戶外郊遊。香港的高綠化比例全靠郊野公園的數目，由初期二十一個增至現在共二十四個，佔香港大約四成的土地面積。1979年更建設全長一百公里的麥理浩行山徑。香港面積最大的島嶼是大嶼山，其位於南大嶼與北大嶼的兩個郊野公園，就佔去大嶼山大部份面積，令大嶼山有條件成為香港旅遊島，出現了不同的旅遊景點，包括迪士尼樂園、迪欣湖、天壇大佛、心經簡林，昂坪360纜車及大澳水鄉。

本章節安排了六個專訪。望東灣青年旅舍是嚴迅奇建築師的早期作品，儘管規模不大，但對當時仍屬新晉建築師的嚴迅奇來說，是最佳的起步點。這座青年旅舍以幾何形的塊面組合建成，為他帶來建築獎項及往後無數的機會。話說回來，今天不少有設計品味的青年旅舍已先後關閉，主因是旅舍規模細小、缺乏設施，難於經營。近年這間青年旅舍已由郊野返回市區，轉往石硤尾開展業務，以吸引不同的客源。在這情況下，年輕建築師也失去不少藉小項目磨練實力及實戰的良機。

心經簡林是筆者與景國祥建築師合作以來最費神的項目。過程中須尋覓地塊、搜求巨木、克服運輸，還要以土法安裝來自非洲加蓬共和國的三十八根巨大木柱，一步一步都有着不一樣的故事。這個被視為給香港祈福的非一般任務，在如何選址的問題上已是波折重重，如何避免觸及環保條例、如何克服複雜地形的制肘、如何面對公眾及傳媒的關注等都是挑戰，看過收錄在本章的訪問，讀者自會明白。

大澳水鄉是香港的旅遊寶藏

上海周邊有著名水鄉——周莊、烏鎮、朱家角，名聞遐邇，而被形容為石屎森林的香港，其實亦有大澳水鄉，足以令香港人感到安慰甚至自豪，說明我們仍能把根留下。大澳水鄉的棚屋並非由建築師設計，卻有楊煒強建築師留下研究，出版了《棚屋上下》一書，把香港特色傳揚海外，令大澳得到社會關注，保持其旅遊價值，將之延續下去。

位於大澳的舊警署，是大澳的另一景點，為「活化歷史建築伙伴計劃」下的成功例子。有關活化建築的申請，一個重要考慮條件是申請人如何適當地運用該老房子，盡量避免更改外形或作無謂加建。香港一直欠缺有品味的度假精品酒店，欣逢「活化歷史建築伙伴計劃」有如此合適的地點及面積恰當的舊房子，申請者又具有經營酒店經驗，配合廖宜康建築師的智慧設計，得以做出美滿的結果。例如為了解決傷殘人士進出的問題，酒店特意設置能在斜道行駛的升降機，大大減少牽動山坡的工程；廖宜康亦保留了老房子的原有外牆，適度增設玻璃屋作餐廳部份，效果優雅。

機場島上的優美建築

香港國際機場一號客運大樓是公認世上最漂亮及最通達的機場大樓，但願機場管理局能盡量保留霍朗明建築師為香港人贏盡光環的完美設計。在當年興建赤鱲角新機場的同時，赤鱲角（又稱「機場島」）上亦建有不少優美建築，包括由周安遠建築師設計的後備飛行控制中心、機場消防局及在幾個荒島上的雷達站，全是輪廓鮮明的現代設計，惟這些建築不易踏足，未能讓大家欣賞到香港不同例子的極簡建築。

機場附近的東涌新市鎮亦在急速發展，其中有幾座建築值得大家觀賞，包括由吳享洪建築師設計的東薈城和東涌郵政局，以及嚴迅奇建築師設計的東涌地鐵站等。筆者在這裏的最大發現，是為應付新型冠狀病毒而在竹篙灣興建的臨時隔離營舍，頗具青春氣息，這些皆由王歐陽建築師事務所、利安建築師事務所、呂元祥建築師事務所，在「設計與建造形式」下各自發揮的成果。住隔離營動輒要兩三星期，一個設計活潑的空間，也許能為被困在內的市民帶來一點視覺趣味。

最初對應否挑選正生書院新校舍為採訪對象抱猶豫，根據手上所能翻閱的資料，一直無緣窺探新建築的設計樣貌，但見傳媒報道了正生書院的感人故事，加上陳兆焯校長的堅持，令我們的團隊愈來愈動搖；這個項目早在重建初期，已知十分艱巨，因在芝麻灣人煙渺渺的離島進行工程，既昂貴又困難，更不容易聘請建築工人，李亮聰建築師卻願意承接工程，有心貢獻社會，我們又怎能放棄這個有特別意義的訪問？

南丫島一直以來是外籍人士喜愛居住的小島，傳聞悅榕控股酒店集團的老闆，正因年輕時曾在榕樹灣居住，被那裏的大榕樹吸引，從而觸動他日後以榕樹命名酒店。筆者早已欣賞梁志天建築師在相思灣的居所，在

筆者追問期間，他傳來自己設計的兩間相連房子，看來宛如希臘愛琴海邊的度假別墅，相當吸引。這是他在南丫島上興建的作品，浪漫的大晾台向海伸展，漁舟白鷺，晚霞晨霧，此情此景，羨煞旁人！

香港幸有很多離島，令香港人在緊張的生活之中，仍有呼吸的空間、幽靜的選擇。在坪洲島上，有一個不為人知的藝術村莊，暱稱「秘密花園」，起源於藝術愛好者受不了城市生活的高昂消費，輾轉選擇在這隱世地方居住。筆者曾與一些為追夢而遠離煩囂的年輕人傾談，很欣賞他們能為藝術而繼續堅持。坪洲是相對寧靜的小島，島上有一幢大膽設計的三層小屋，是用全磨沙透明物料興建，設計師是外國建築師合組的 BEAU Architects。在大嶼山的咸田，則有英國出生的本地原居民廖偉廉建築師所設計的村屋，呈現出與其他村屋不一樣的輪廓。其村屋的設計特色是在二樓建有大平台，打破一般平直的盒子模樣，加上設大片玻璃與白牆互動，配合大自然的花園，給人一種清純白潔、綠野仙蹤的感覺，是值得提倡的優秀村莊。

香港的村屋與西班牙有何關係？
香港不乏獨立小屋的設計機會，尤其所謂男丁原居民享有的「丁屋」──每層七百平方呎，即三層共二千一百平方呎，又不受屋宇署的建築條例限制，本是最有空間發揮創意的小品。不幸是，這些屬於新界原居民的產物，其業主一直以來都抱着要以最低成本方法興建的心態，隨着早年鄉議局與政府來回商討出的仿中國村屋規格，這些村屋原呈金字頂琉璃瓦形式，但因鄉民要求有天台乘涼及晒晾衣服，便演變成後來穿鑿附會的「西班牙式」別墅。在約定俗成下重複興建相近的樣式，令建築成本低廉，換言之，設計費所佔比例微不足道，建築師在缺乏誘因下，極少涉足這類設計。另一方面，儘管有業主企圖興建不一樣的村屋，亦認為聘請建築師是一筆額外花費，還是作罷。如是者，新界出現數以萬計的所謂「西班牙式」村屋。直

至近年，由於丁屋不再便宜，新一代業主有要求，尤其有部份建築師亦選擇入住村屋，上述情況有所改變，逐步出現各適其適的 designer houses。

說到石鼓洲的戒毒所，相信一定有人聽聞過那裏有一座羅馬浴池，但知道歐暉建築師在這裏設計了石鼓洲康復院新翼的人則不多。歐暉的成功起自他在惠州設計的教堂做出成績，繼而開展了他在內地的業務聯繫，但他在香港的作品不多，先是一組得獎的戶外裝置，接着便是這座戒毒所的新翼。由於石鼓洲的特殊用途，恐怕讀者也不容易一睹羅馬浴池及歐先生的作品。

在長洲島上，縱是人口最多的離島，其建築的可觀性卻不及南丫島，只知有一座二十多年前興建的明愛陳震夏郊野學園，是何永賢建築師的首個作品，屬於長洲島上當年最優美的現代建築。多年後，終於有一座不錯的長洲社區中心將在海旁興建。

如今大家提起長洲，焦點仍落在搶包山，未必知道長洲有櫻花樹，屬緋寒櫻，數量已由四十棵下跌至十餘棵。筆者奇怪，當香港人蜂擁往大棠看楓香樹，慕名到南昌公園看黃花風鈴木，跋涉到浩和街賞棕櫚樹，其他區何不也花點心思以主題式種植美化環境？相信這會是一個能吸引遊客的秘訣，一切只待人為！

思考大嶼山
大嶼山確是一個奇異的大離島，它是香港最大的島嶼，面積為 147.16 平方公里，是香港島 78.59 平方公里的兩倍。若當年英國建城選址大嶼山而不是在港島，香港的市區輪廓會完全不一樣。如果當年不是把大嶼山九成面積劃為郊野公園，今天可

能不會缺乏建屋用地。筆者嘗試從宏觀思考箇中原因：當年英國人選擇開發港島，是地利因素；保留新界北大片土地，是為阻隔香港與內地而建立的緩衝帶；不開發大嶼山，是交通接駁問題，況且在1976年尚未有發展大嶼山的需要，因為交通上困難重重，港英年代政府才會讓這大片土地任由一地產商獨領風騷，發展成外國人鍾情的愉景灣。話說回來，早於1923年，已有外籍神職人員居住在大東山上的二十間石屋，說明無論何時，或出於甚麼因由，大嶼山的寧靜都是外籍人士的至愛。

回想1979年，筆者曾參與設計愉景灣第一、二期及愉景灣哥爾夫球會所。那些年，大嶼山仍是大片荒山野嶺，還以為香港不愁土地短缺的問題。當時香港仍可隨意填海增加土地，鑑於大嶼山沒有交通接

駁系統，更未有發展赤鱲角機場的計劃，保留大嶼山的獨特性作為旅遊大島，是理所當然的事。

與新加坡的情況相比，新加坡總面積是718平方公里，劃為旅遊的聖淘沙島是4.7平方公里。香港總面積是1,106平方公里，大嶼山島是147.16平方公里，儘管聖淘沙島與大嶼山島兩者在功能上稍有分別，但新加坡可以平均利用土地，解決土地不足問題。凡事沒有如果，如果大嶼山不是被劃為郊野公園，而是以港島的模式發展，按1990年代規劃署建議發展大嶼山，以海底隧道與港島西連接，那麼大嶼山早已容納一百五十萬人居住，今天便毋須為土地而大費周章。

上文只是為了讓大家了解事情的前因後果。愛護大自然，不隨便放棄得來不易的郊野公園，是香港人的共識。慶幸香港仍然擁有這麼多天然美景，應珍之重之！

OOAK LAMMA
不願等十年的掌聲

有些人拼了命地去考建築師牌,卻不得所願,梁志天卻說,考了牌當了建築師沒多久就「變心」了。

訪問那天,約了梁志天下午四時四十五分,在位於九龍灣的辦公室見面。還沒步入門口,便見到矗在前台的少女雕塑,在疫情期間,雕塑還打趣的戴上了白色口罩。一路走進去,可以看見擺放在不同角落的各類藝術品,不多也不少,恰到其處。

梁志天那天穿了一襲黑色休閒服,與他的辦公室色調呼應,但其實早在幾個月前,他的辦公室還是明亮的白色調。剛坐下不久,他便很快進入正題,單刀直入地說,「我和很多建築師不一樣,人家都是考牌後就馬上當建築師,我考了牌卻跑到不同公司工作,累積足夠相關的經驗後,就建立起自己的建築設計公司⋯⋯」

1981年,梁志天在香港大學建築系畢業,先後在王歐陽建築師事務所、香港政府屋宇署和其士集團工作過;1987年,他忍不住跳了出來,成立了自己的建築及城市規劃顧問公司,那年他剛好三十歲。從1987到1997年間,梁志天又何止做了兩年的建築師,不過那兩年的計算,或許是帶着某種期望和純粹。

「這十年間,確實做了不少項目,但自己滿意的,沒幾個。」都說三十而立,四十而不惑,從事逾十年建築的梁志天,卻在四十歲之際,惑了。那副 Maison Bonnet 的黑框眼鏡下,只見他眉頭一皺,說出當時問過自己的一個問題:「梁志天,你四十歲了,到底想做甚麼?」

1997年,他做了改變他一生的決定,至少到現在,他都是這樣形容的。「我很喜歡做室內設計,我一直都開玩笑說,我是做室內設計、產品出身的。」經過十年的沉澱,梁志天決定雙線發展,把別人看不起的室內設計慢慢變成公司的主線,堂堂正正的給個名份,與此同時,走進內地急速發展的洪流之中,一下就抓住了爆炸性的機會。

「上海是一個很好的開始。」作為進入中國市場的首批設計師,梁志天從設計第一個樣板房開始,一下就抓住了大眾的眼球。那種快感想必是數以年計的建築項目難以填補的,「我很享受一個多產、多任務工作(multi-tasking)的過程,無論好壞也可以很快看到結果。」

	2	1	受南丫島自然之美的啟發，OOAK LAMMA 內白色的牆壁、舊船木和綠松色的傢具等，都巧妙地與周邊大自然環境相扣，呈現天人合一的哲學。
1	3	2	白色的建築被大海與樹木包圍，私隱度高。乘坐 OOAK LAMMA 專屬遊艇，可由繁囂的都市抵達其私人碼頭，展開愜意的旅程。
		3	設計師把舊船的木拆下改造，化身成私人碼頭的地台、建築的外牆與室內梯級，其紋路與質感為整體設計增添自然的氣息，同時達到防水防潮之效。

現在，SLD 的建築設計項目由最初的百分之九十變為現在的百分之十，反之，室內設計項目則從以前的百分之十變成了百分之九十，與此同時，他開始做很多不同的產品，跑米蘭傢具展，他的作品如今已經遍佈全球。

不是每個建築師都會兼顧室內設計和產品設計，「我們是拿刀也行，拿劍也行。」聽他談室內設計，似乎更能看到一種共振。若可以重新選擇，會否讀室內設計？他嚥下了口裏的茶，淡定且堅定地吐出了幾個字，「我不會，我無悔。」在大學選科時，梁志天的首選和次選都是建築，由始至終，建築還是他想讀的。

梁志天說話很直接，聽不到任何委婉與拐彎抹角，也沒有一套冠冕堂皇的說詞，言語間感覺他是不拘小節的；但在他辦公室坐下不久後，看到眼前這張印着「SLD」（梁志天設計集團）Logo 的飲品餐牌遞到手上時，你就知道他對細節與形象的執着。

OOAK LAMMA 是兩座相連的雙層度假別墅。建築設計簡約，臨海而建，融合了設計師對南丫島大自然的美景、文化和工藝的熱愛於細節之中。

大概要讀過建築才會知道，讀建築有多辛苦，書桌的枱頭燈總在入夜後便亮起，犧牲睡眠時間去砌模型似乎也是常態。大學時期，梁志天卻只願花三分一的時間唸書，我們忍不住在旁打岔，「顧着追求女孩子」：「『追女仔』是其中一樣，而且很重要。」玩笑過後，梁志天接着說，「三分一的時間唸書，三分一的時間去打工，餘下的時間都在運動場上。」梁志天很喜歡運動，上山下水都難不到他，「未必樣樣精，但都十八般武藝。」他停不下來，也不想停下來，那種不安於同時只做一件事的性格，是典型的雙子座，但更像一隻火麒麟。

很多人都會對缺點避而不談，但梁志天有自知之明。「通常一個人的優點，就是一個人的缺點。我所理解人的缺點是很難改變的，因為和性格有關，把缺點變成優點，幾乎不可能。」梁志天的爆炸力，讓他在想做一件事時，可以用盡全力，但一個擁有爆炸力的運動員，耐力便會略顯遜色，這似乎也說明為何他更愛室內設計。

他形容自己是一個有前無後的人，永遠只看前面，從不回頭看。「那是運動員心態吧！我知道甚麼時候開場，甚麼時候完場，而且每件事都有完場的時候。」走過四十的惑，待到知天命之年，「傳承」二字浮現在他腦中。「起碼醞釀了十年，可能不止，從五十歲就開始想怎麼傳承。」

梁志天放下他手中的茶杯，繼續說道，「我就是想做 Robuchon。」法國一代名廚喬爾・侯布匈（Joël Robuchon）擁有三十二顆米芝蓮星，而他的餐廳則開到了世界各地，「但世上只有一個 Robuchon，也不會分身，為甚麼大家會慕名而去？」梁志天繼續說道，「親力親為不是不對，但不是唯一的選擇。」梁志天相信一個系統、一個文化同樣可以影響及帶領公司。2018 年，SLD 在香港上市，「Steve Leung Design 已經不再是個人的公司，而是一個品牌，就像 Robuchon。」

從建築設計到室內設計，再到產品設計，甚至遊艇設計，「香港很少人能做到遊艇設計吧？」很多人看梁志天，就會想到成功和順利，他不否認上天對他很好，也很感恩出現在他生命中的貴人，「但其實我也很努力，不過這都在我計劃之中。」梁志天就是這麼鮮明，那惹火的性格令接觸過他的人，有一半喜歡他，一半不喜歡他。

他形容自己的人生就是一個計劃，每一天都有計劃。「我會去想明天做甚麼、明年做甚麼、五年或十年後做甚麼，不停想，也不停在大方向中修正。」他為自己制訂的計劃自然也不是輕易便能做到的，「這樣才有動力，但也不能太難，太難會灰心，樓梯都要一級一級上啦！」梁志天不僅每天都有特定的計劃，對時間控制更是嚴謹，「我開會一定準時開始，準時結束。」

還有未完成的夢想嗎？「沒甚麼大夢想吧，想六十五歲時出版另一本書。」談着談着，他說他現在好像回到原點了。

少了做建築設計，並非因為不喜歡。當興趣去做，他似乎更享受。近年，他開始創作自己的項目，其中包括在南丫島購入了兩幢村屋，作為送給子女的禮物。房子位於南丫島一隅，背山望海，還有一個私人碼頭，隨着海風吹來，只覺絲絲愜意。

梁志天特別喜歡海，在這間房子的設計上，也用了一些特別的物料——一艘廢棄的漁船。「房子裏百分之九十九的木材都是來自這艘漁船，有些還保持着原樣。」裝修時剛好遇上颱風山竹，海水倒灌至位於地面的客廳，「原則上，這些來自漁船的木是經得起海水的考驗。」後來，梁志天還自己研究了一個防波堤，讓海水回到海裏。

梁志天的大女兒是一名律師，但十分喜歡烹飪，最終的夢想是成為一名廚師。房子被命名為 OOAK LAMMA，是一間度假屋，也是一個私人廚房，「我想幫她完成夢想，沒有很刻意，但一直在我心裏。」

不少媒體寫梁志天時，會以「簡約風格」形容他的設計，但他卻說，「風格會框住自己，與其說是風格，更像是一種態度。」那甚麼是簡約的態度呢？「不做多餘的事，點到即止。」那副黑框眼鏡下，依舊沒有絲毫猶豫和半句廢話。他看了看手錶，「時間差不多，不能太晚。」最後，站在那幅由塗鴉藝術家兼前同事 Gustav Szabo 於他六十歲時送他的肖像畫前，留下了倩影，為今天訪問作結。

心經簡林
愜意背後

隨着晨曦的一縷陽光瀰漫開來，黑暗一絲絲退去，萬物在輕柔的微風下，緩緩甦醒。這片刻着國學大師饒宗頤墨寶的心經簡林，亦在陽光的籠罩下，蒙上一層金紗。

心經簡林位於香港西南面的大嶼山，環島綠意盎然、沿路流水淙淙，鄰近天壇大佛、寶蓮禪寺，眺望石壁水塘，背山望海，着實遠離城市煩囂，在藍天白雲下，微風和煦。

心經簡林緣起於 2002 年，當時香港碰上「沙士」，百業蕭條，經濟低迷。饒宗頤大師以篆體書寫巨型「心經」，即《摩訶般若波羅蜜多心經》，冀為港人祈福；墨寶先捐贈給香港大學博物館，隨後由「心經簡林」計劃的督導委員會，將「心經」墨跡轉化為戶外大型雕塑空間，由三十八株巨型木柱組成，順山勢而行，排成「∞」字，取「無盡無限」之意，是目前世界上最大的戶外木刻佛經群。

沿途悠悠走來，處處恬靜自然。不過，這寧靜不是必然的。負責項目的建築師是馮永基及景國祥，憶起當時的建造過程，景國祥直言，這寧靜背後是一把汗一把淚的走過來！「雖然項目小，但牽扯的持份者很多，從選址、採購木材、雕刻到運木上山、奠下地基、將刻好的心經按排列豎立等等，須在不超過半年內完成⋯⋯」

心經共 260 字，由唐積聖、張醒熊和李國泉三人雕刻，三人均是經驗豐富的雕刻藝術家，唐積聖更有將近二十年臨摹饒宗頤大師的經驗。初時，心經本想刻於花崗岩上，奈何找遍香港也沒找到合適的石材——不是太小，就是不夠平整，加上運輸問題，於是大膽提出刻於木材上，宛如古時的竹簡。馮永基說，其實靈感來源於大嶼山欣澳的貯木場，「那裏有很多浮在水中的木杉，作品借用木杉與大嶼山的地緣關係，不是更好嗎？」如此一來，以木代替石，既可呼應中國文化歷史，又體現了心經與自然的關係，更貼近「心無罣礙」。

心經的排列也十分有意境，取無限之意的「∞」字型不僅是俯視能見的效果，從遠看去，順山勢而行，一樣可見「∞」字型。「當時，電腦科技並不比現在方便，要呈現這個效果，木與木之間的距離、高度等等都要非常準確。」景國祥說。若仔細看，三十八條木柱中，惟第二十三條留空，原來，在閱讀心經時，需要稍作休止，故留空一條。

1　2　3
木柱排成「∞」字，象徵「無限」。
書法分別刻於木柱上，近似古時書於竹簡，名為「心經簡林」。
饒宗頤教授於1980年到內地觀看了山東泰山的《金剛經》摩崖石刻，想到要書寫大型《心經》。

心經簡林無疑讓人感到怡然，但在這個沒有車路可到達的自然環境，只有一條寬1.2米的山路，要將8至10米高的木材，從山腳運上山也是一大難題；「木材太重了，就連直升機也負荷不了，最後只能用農夫車慢慢地運上去。施工用的起重機，也要拆鏈、拆件運上山才可以使用。」與此同時，它也是一個具特殊科學價值的地方，皆因世界獨有的盧文氏樹蛙的棲息地就在附近，屬於自然保護區。換句話而言，既要完成整個項目，又不能影響樹蛙的生活，就必須避開牠們的生育期，「那麼一年就只剩下五個月時間可以動工，這無疑是跟時間賽跑。」

景國祥說話語速有點快，但對於甚麼是好建築，他內心有一個堅定的答案。「這個城市不需要每個建築師都是貝聿銘，也不需要每一座建築都是中銀大廈。」他以周星馳的電影作比喻，「沒有配角怎麼襯托主角。」景國祥性格隨和，任勞任怨，他與馮永基在建築署是同一個團隊，馮永基雖為上司，但二人亦師亦友，惺惺相惜，「他叫我做甚麼，我都赴湯蹈火的。」景國祥笑言。

心經簡林的項目無疑是一個耐性與耐力的考驗，兩人就像孖寶，雙劍合璧。心經簡林在不到半載便完成，但它帶來的遠不止於此。看着那一株株刻有經文的巨木上，還留有樹皮，經年月、風霜緩緩流動，能感受片刻的安靜與快樂，一種「心無罣礙」的智慧。

你所不知的香港建築故事　　324

離島

望東灣青年旅舍
總之就繼續跳舞

每位建築師或許都有一件起家之作，那件作品在回看之際，未必很完美，但就有如初戀一樣，是一個特殊的存在。

我們坐在嚴迅奇的辦公室裏，面前是一張又長又寬的辦公桌，一本本建築書與設計圖以不規則的線條一字排開。他坐在辦公桌的另一面，靠着窗，身後還有一個櫃子，上面的書就整齊多了。不過，要數步入門口後最先映入眼簾的，應該是櫃子上那張被放大了的建築手稿圖，圖上繪有東九龍文化中心的設計，快佔了牆的一半面積。

寥寥幾筆的手稿，往往記錄了當時的靈光一現。喜歡繪畫的嚴迅奇，也想過做畫家，不過卻因「無法無中生有」而煞停。比起天馬行空的藝術創作，他更享受觀察周邊事物的寫生過程。如是者，結合現實和視覺的創作，唯建築較為相近。

1976 年，嚴迅奇畢業於香港大學建築系，隨後進入了馬海建築工程師事務所，僅僅實習兩年，便決定於 1979 年出來創業，時至今日，已經四十逾年。

從圖書館到大學、從酒店到寫字樓、從文化中心到博物館，嚴迅奇的項目不僅愈來愈多，還愈做愈大，「你問我，建築師是否要有自己的風格，是的，但不是在視覺上。」

地標式建築是一個強烈而刺眼的符號，不管好壞，總能以最快的速度成為舞會上的焦點，成為人人口中的熱門話題，而安迪・沃荷半個世紀前所說的「十五分鐘成名論」，放到今日可能都嫌多，與此同時，也往往讓人產生這就是建築價值所在的錯覺。嚴迅奇在建築界打滾了四十餘年，也留下了不少讓人記下的手筆，不過它們卻沒有張狂而囂張的地標外衣，而是公道的存在。

如何不以視覺效果作為風格，而又能形成風格？「這就是你對事情的態度與取捨。」嚴迅奇說話不算快，平和的語調中，透着一絲肯定與自信，「對所有事有一致的態度與取向，自然就成了一種風格。」

建築的「形」只是形成風格的其中一個元素，而「神生」則能相得益彰。從他的建築作品集 *Presence* 一書中可見，「形神兼備」是他對建築的理解，也是他所相信建築的首要價值。換句話說，若要追求真誠的建築，其造型必須同時回應內在與外在兩者的訴求。

回看嚴迅奇的起家之作——賽馬會望東灣青年旅舍，那未必是他最著名或最驕傲的作品，卻是他依歸初衷的創作。來到大嶼山的望東灣，一份靜謐清幽洗去了大都市的煩囂，吹來的微風帶着鹹鹹的味道，被輕拂的樹葉沙沙作響，夾雜着海浪聲。身在一個如此寧靜優美的大自然環境，如果要在其間做建築，它們會是一個怎樣的存在？

「記得當時香港電台訪問我，我說了兩句話：我要做到大自然中有建築，建築中有大自然。」回想起三十多年前的項目，嚴迅奇不緩不急地從口中彈出了兩句話。

他的靈感來源一如慣常，就像寫生般，細細觀察與感受周邊的環境，依舊不走天馬行空的路線。「建築不是一個自我中心的個體，如果它是必然存在的，就要想怎麼與周圍的事物產生一個良好互動的關係。」看着背靠山，面向海的畫面，賽馬會望東灣青年旅舍就如海岸邊的石頭，靜靜地散落在這裏，呼應着前面的海；而建築物的質感與紋理就呼應着後面的山，就像一個對話，以一唱一和的姿態存在着。

如果現在讓你重做，你會怎麼做？「想法沒變。如果可以，我想滲入一些環保的元素，如太陽能發電、自然通風系統……」其實不管能否重來，那句「想法沒變」就像一顆定心丸，讓他循着自己的信念一直走到現在。

不同於藝術家，建築師是被動的，然而嚴迅奇執業多年，依舊熱衷於參加各種建築比賽，在被動中做主動。談及比賽，溫文爾雅的他，忽覺有火，「比賽是好事，可以不停地去嘗試與挑戰。」

面對創意的時高時低，嚴迅奇相信，唯有保持一顆好奇心和勇於尋找挑戰的心，才能不斷的突破自己，就像村上春樹小說《舞．舞．舞》中的那句，「跳舞啊。只要音樂還響着的時候，總之就繼續跳舞啊。」

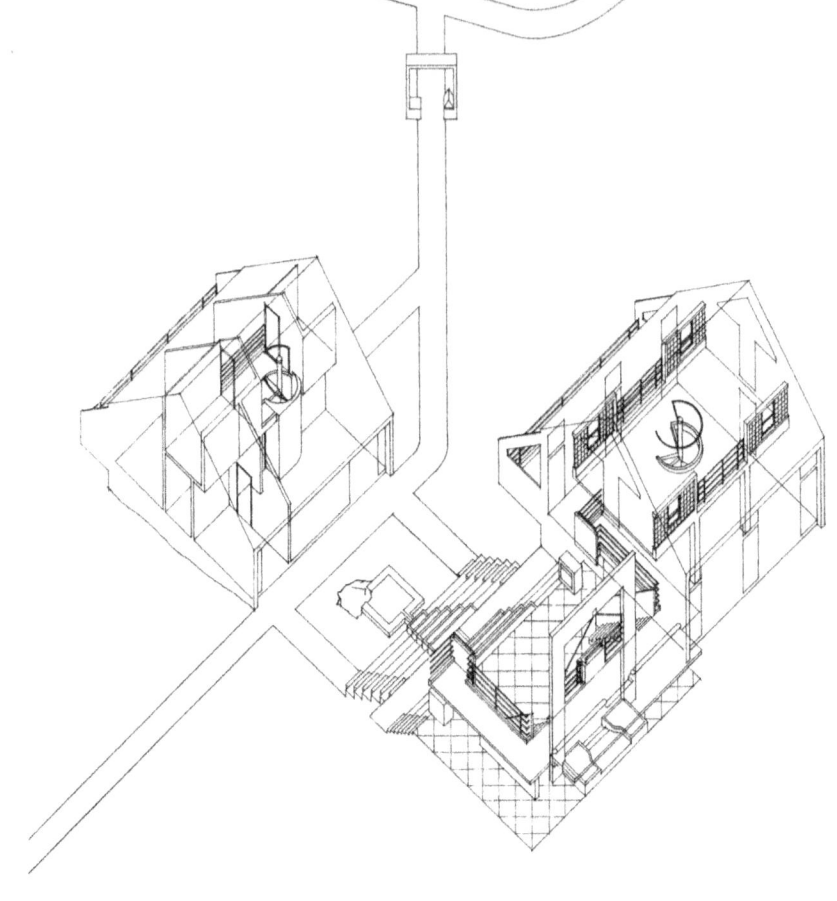

四座獨立建築呈圍合佈局，中央庭園為旅舍活動中心。
從中央庭園上望飯堂建築。
宿舍與飯堂以連廊連接，加強中央庭園之圍合感。

329　離島

從概念手稿可見,建築群坐落山腳草坡,輪廓呼應鄰近山石,順勢而下。

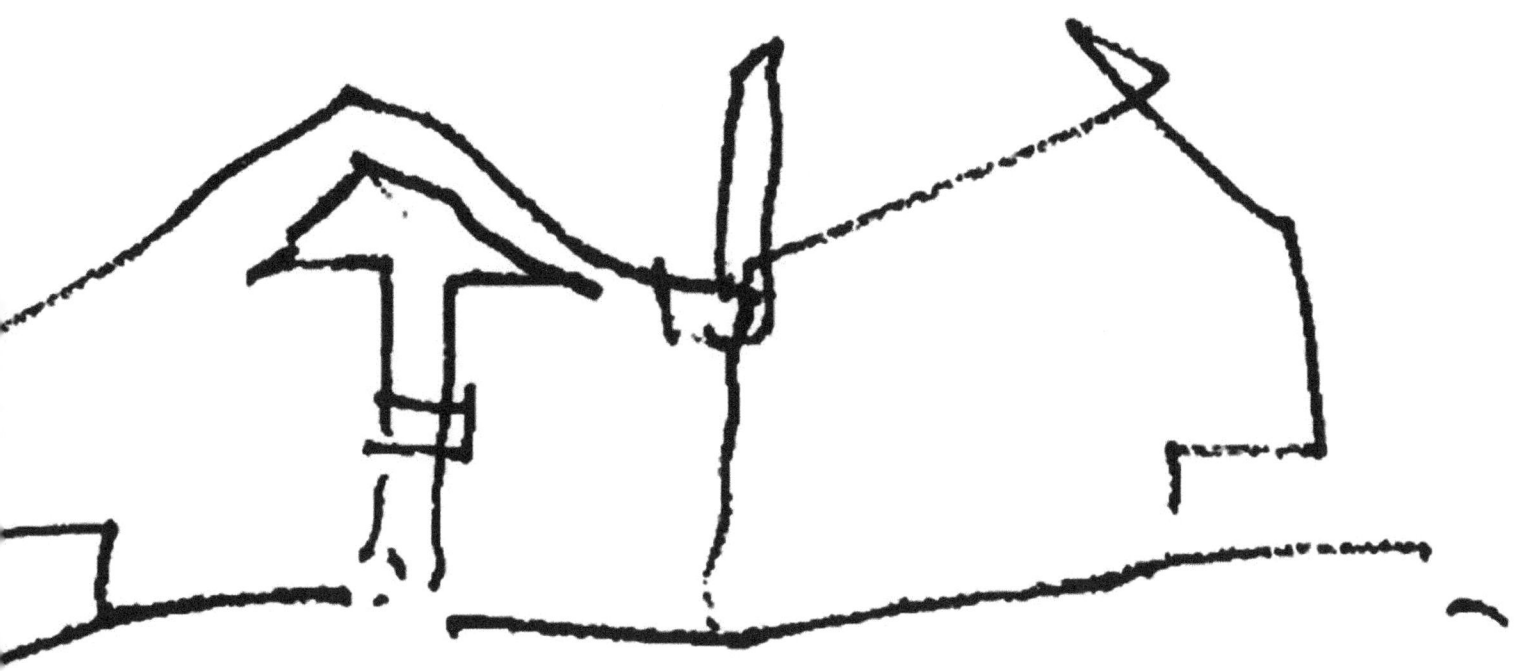

331　離島

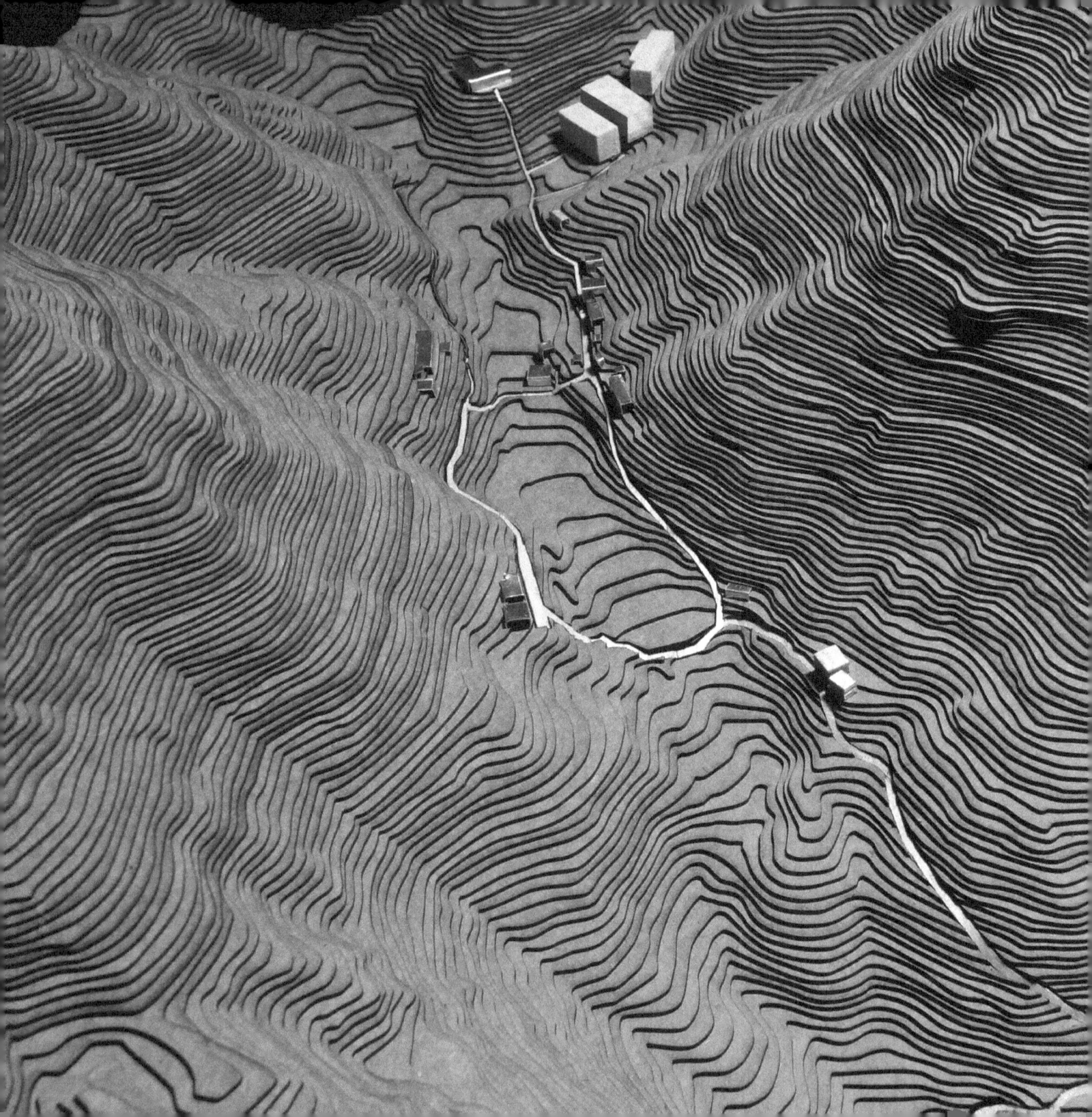

基督教正生書院
回歸的路更長

與李亮聰建築師見面之前，已經跑了三場訪問，拖着稍稍疲累的身軀來到柴灣。穿過卸貨區，走進舊式的工廠大廈電梯，隨着絲絲隆隆聲響，電梯門緩緩打開。不用左右張望，走廊的盡頭有一面清水混凝土的灰牆，上面刻着被稱為「功能主義之父的建築師」勒・柯比意（Le Corbusier）的 Modulor Man。

推門而入，黑膠唱片機中傳來古巴樂隊 Buena Vista Social Club 的《Chan Chan》，明快奔放的旋律連帶空氣都變得輕鬆。門口旁的桌上已經擺着紅酒與風乾火腿，溫暖的燈光下散發着紐約東村的文藝氣息，忽感輕鬆。

那天，李亮聰穿了一件白襯衫，袖子捲到手肘處，及肩的頭髮甚為黝黑，鬍子從兩鬢留到下巴，說起話來十分直爽，渾身上下散發着瀟灑不羈的感覺。

李亮聰很小就知道自己喜歡甚麼，讀完中學後便跑到美國唸建築。大學畢業那年正值 1992 年，他形容當時市道極差，「我拿着簡歷到不同的建築事務所敲門，都一無所獲。」回憶起將近三十年前的事，李亮聰不假思索的說，「最後最後，我來到斯蒂文霍爾（Steven Holl）的建築事務所，這是我最想去的地方。」當時他手執履歷與作品集，在門口徘徊了好一陣子，「既然都來了，不如試一試。」正當他準備按門鈴之際，斯蒂文剛好開門，兩人四目交投，「他問我，你來幹嘛？」

李亮聰表明了來意，對方看過作品後，就問了他一句：甚麼時候能上班。「當時他的團隊只有三人，加上我四個人，那時他剛剛贏了奇亞斯瑪當代藝術博物館（Kiasma Museum of Contemporary Art）的比賽。」剛畢業就接觸大大小小不同類型的項目，於李亮聰而言，不失為一個影響性訓練與經歷。「Steven 對我的影響不在設計上，更多是一種態度和他的以身作則，而那種態度和原則直接影響設計與專業。」李亮聰前後在那待了七年，在年屆三十之際，他決定告別居住了十年的紐約，回到香港。

在紐約待得好好的，怎麼忽然回來了？難道在紐約住悶了？「I love New York. Even until now, I still love it.」李亮聰不帶任何猶豫，立馬語氣堅定的回應了問題，隨後他沉靜了片刻，「我始終都是香港人，好像沒在自己地方做過貢獻，有點若有所失。」說畢，他笑言聽起來好像很偉大。碰巧，朋友告訴他，香港大學聘請兼職老師，他便抱着一試的心態遞上申請，「教到今日原來都將近二十年了。」除了教書，他也創辦升建築有限公司（Index Architecture Ltd.），雙線前進。

與李亮聰聊天，可以感覺到他身上的一種隨性自在，時而還有種船到橋頭自然直的感覺，但回看他着手的項目——基督教正生書院，儘管有紅酒相伴，黑膠唱片機中傳來輕鬆明快的音樂，也掩蓋不了當中的辛酸苦辣。

基督教正生書院坐落於芝麻灣半島的一個山谷上，從中環搭船到長洲後，還要轉乘船隻，待船靠岸，再走十餘分鐘的山路才可到達。書院隱於蒼蒼鬱鬱的山林中，恍如與世隔絕，雖然偏僻卻也清靜。只是對於建築師而言，在原始環境下完成任務，等於從零開始，時間與金錢也是數以倍計。

最初，正生書院有意搬入大嶼山梅窩一間空置校舍，怎料招來梅窩居民的反對。「當大家聽到正生時，就很自然聯想到戒毒；但其實我們不是做戒毒工作，而是面向各種成癮行為、隱蔽問題，但家長們都不相信。」李亮聰總是害怕這種先入為主的想法，駕馭了正生書院本身的意義。然而正生書院跟不同政府部門拉鋸了多久，梅窩的校舍就空置了多久，李亮聰無奈的搖了搖頭，「那裏的小孩其實很有禮貌，見人一定說早晨，而且堂堂正正，不會避開你的鏡頭。」

或許正生書院在誕生一刻就注定步履蹣跚，而李亮聰從接手項目的第一天起，就知道這是一條漫漫長路。從選址到設計，建造到落成，李亮聰跑過禁毒處、教育局、社會福利署，也與水務署、屋宇署、建築署、規劃處、地政署等十二個不同的政府部門溝通、拉鋸、獲得許可，等待審批……整個過程花了將近七年時間才開始動工，「如果大家沒有共識，事情很難落實執行，我們連最基本的水電來源、基建，如公路、化糞池都要解決，不然你安裝了燈，原來沒有電，而且還要將建材運上 800 米高的山上，沒有路怎麼行。」

山谷地勢不平，李亮聰便以多根樁柱升高平台，以作校舍建築，一來減少對地勢的破壞，同時無結構柱的設計讓空間變得開揚。「但屋宇署見到你的建築物離地，通常會要求封上水泥，因為怕你僭建；我心想，我們又不是炒樓，如果我們需要大一點的地方，開口就行了，怎會自找麻煩。」李亮聰禮貌性的表示這都是過程，不過他回頭就放話，「小事我不跟你吵先，先做大事。」

在設計上，李亮聰還原建築概念的基本步，能簡則簡，以功能性為主。簡約潔白的外牆下，綴以黑色鐵柱，毫無多餘修飾；高樓底的開放式空間，既便於通風透光，亦適合群體活動。正生書院從破舊的鐵皮屋到擁有一座實在、完善的建築，依舊維持不安裝冷氣、不提供熱水洗澡此類基本設施，「唯一有冷氣的地方，是給電腦吹的。」這麼做不是為了省錢，而是校長陳兆焯曾和李亮聰表示，不想過於奢侈，「因為這是一個讓學生苦行修煉的地方，做的是生命教育。」

在正生書院裏，沒有年級，甚至階級之分，書院裏的校長與老師自願降薪任教，與學生同吃、同住、同眠，以身作教。「別想着校長或老師就有熱水洗澡，或是好吃一點的食物，學生煮甚麼，他們就吃甚麼，難吃的話，下次就再煮好一點。」

雖然普遍的建築項目都非短期內可以落成，但長達十年的光陰，他是怎麼想的？「最瘋狂的不是我，是由校監林希聖發起這件事，然後請了校長陳兆焯，正生存在多久，他們就守在那多久。」由雙劍合璧變成三劍俠，「校長也問我，怎麼會花十年在這裏？」那時李亮聰回了一句：「你也是啊！」兩人就像相逢恨晚，會心一笑，額頭恍如刻着「明知山有虎，偏往虎山行」的執着。

忽然想起北島曾寫下：「如果說，遠行與回歸，而回歸的路更長。」不管是李亮聰，還是校長，甚或在正生沉澱的學生，回歸的路雖長，但或許遠行就是為了回歸，而回歸就是一個尋找自我的旅程。李亮聰未曾想過，他有一天也會像陳兆焯一樣，深陷在這個地方，如今項目已經落成，但李亮聰並沒有獨善其身。在蔚藍的天空下，蒼鬱的山林中，正生書院顯得尤為明亮，於李亮聰而言，這已經超越了一磚一瓦所訴說的故事，而他說的一句話：「This is something really close to my heart.」直白卻情意深長。

透過仔細考量樓底高度、陽台深度和窗戶擺位,室內能夠藉着煙囪效應,形成自然的冷卻系統,增加對流,不使用空調也不會過份炎熱。

1		
2	3	

1. 三座主樓的空間按私隱度鋪排，並根據地勢相互錯開。
2. 建築物以細長的樁柱代替結構柱，能減少對地勢的破壞，提升空間靈活性。立面的窗戶、雨水收集管道和陽台欄杆則展現了垂直式的設計。
3. 建築物坐落於僻遠而充滿大自然氣息的小島山谷上，有治癒心靈的作用。

337　離島

大澳文物酒店
大城小景

無意中看到藝術家馬琼珠在明報《星期日生活》分享了一個名為〈直度鳥‧橫度貓〉的故事,短篇的連環圖有畫有相,配以寥寥數語,簡易卻有趣;而其中一篇是這樣寫的:「據說鳥的祖先是某類型恐龍。那麼,我們看見今天的鳥,就像看見遠古。虎是體型最大的貓。那麼,我們看到城市的貓,大可以想像原野和森林。」看來生活還是需要多一點想像力,才有趣味。

讀畢,忽然想起了大澳。從中環上船,繁忙的城景漸漸從餘光中淡出,緊接而來的是大海的藍和小島的綠,相互更替。天空偶爾飛過一兩隻燕鷗,不過也無礙這趟平靜的旅程。隨着連綿海島與群山,搖搖晃晃四十五分鐘,來到了梅窩碼頭;下船後,再一顛一跑地乘坐1號巴士,才算來到了大澳。由中環來到這一海之隔的離島,全程約莫兩小時,就像回到了百多年前的香港,那個還是不為人知的小漁村。

大澳三面環山,水道縱橫交錯,河口處的舢舨船隨着波浪輕輕搖擺,河道旁的棚屋上還掛着漁網,無意間描繪出水上人家的記憶。而在悠悠古風中,島嶼上所遺下的古蹟,如楊侯古廟、石麟閣、永慶火油倉、慈善方便院、舊大澳警署等等,都悄悄記錄了大澳由伶仃到繁華的痕跡。當中,舊大澳警署被活化為現時的大澳文物酒店,以新的身份繼續見證大澳的歷史。

舊大澳警署於1902年落成,至今已有百年歷史。它在1996年停用後,荒廢了幾年。2010年,舊大澳警署獲古物古蹟諮詢委員會評選為二級歷史建築。

繼活化百年古蹟薄扶林伯大尼修院後,廖宜康透過「活化歷史建築伙伴計劃」,成功以大膽的方案取得大澳文物酒店的項目。將荒廢警署變為精品酒店,既要保留有價值的歷史痕跡,又要注入新靈魂,延續地方故事,廖宜康表示,「活化比重建更難。」

大澳文物酒店背山望海,餘暉下,海風習習。一輪忙活後,酒店保留了19世紀晚期古典建築的典雅,白色的拱形走廊與遠處那一片淡藍色的天與海,宛如將聖托尼利的風景帶到眼前。中式瓦屋頂和木製平開窗的設計,為建築綴以一絲古樸韻味。以警署的官階及水警輪命名的九間房間,並沒作出太大改造,主要在原有的結構上重置空間,讓對流窗將微風與陽光帶到室內,而房內保留的火爐,還能見到舊日的花磚與鐵器。

活化了的大澳文物酒店具殖民時期的建築特色,設中式瓦屋頂、拱形外牆、木製平開窗、壁爐等。前警署特有的大砲台、探射燈、角塔和羈留室都經過修復和翻新。

原有的報告室變成酒店接待處,舊辦公室則成酒店房間。大樓屋頂經擴建後煥然一新,成為玻璃屋頂餐廳,並展示香港藝術家的創意作品。

屋頂則添加了一個玻璃屋作為餐廳,白晝是無盡的大海與日光,入夜便是徐徐海風及無垠星空。安坐於此,只感覺時光靜好,歲月安然。

談及活化大澳文物酒店的過程,特別記得廖宜康淡淡的說了這一句:「有時要聽聽上帝的聲音,聞聞那個地方的氣味,感受一下它吹來的風,它會告訴你很多東西。」於他而言,做建築先要降低自己,虛心觀察周邊的環境、氣候、景觀、文化、習俗等,而最大的成功感並非是否有獎,或是有沒有在某個地方插上旗幟,留下標誌性的建築,而是能否延續那個地方的文化與故事,讓人感到歡欣。

現在的大澳,仍是古樸的,但也是不羈的。那不屑城內的繁華,只求歲月靜好的感覺表露無遺,而城內人的親臨,恍如訴說這裏難得的靜謐依然可貴。

Ham Tin Villas
一種身臨其境

廖偉廉說話很溫和，三五句話中，總會忍不住露出靦腆的笑容，就算保持沉默，微微下垂的眉毛與彎月般的眼睛也像在微笑。不過，他的建築設計並不像他這般斯文敦厚，反而帶着一點張力、表現力和狂。

廖偉廉先後畢業於格林威治大學及威斯敏斯特大學的建築系，1990年代移居香港，隨後任職於多間建築事務所，如許李嚴建築事務所、OMA 等。他於 2002 年創立自己的公司 —— 神舟建築設計有限公司（ARK Associate Architects Limited），「原因很簡單，想走自己的路。」

取名為神舟，是希望像挪亞方舟一樣，有一個新的開始和期望。廖偉廉還記得，公司確立名字不久後，有一次他翻閱《聖經》，再次遇見了 ARK —— Ark of the Covenant，是神的約櫃，意為神與你同在。帶着敬畏與謙厚之心，廖偉廉踏上他想走的建築項目及室內設計之路。

很多建築師都表示，在香港做建築有很多限制，特別是遇上市場主導的建築項目。對此，廖偉廉並不否認，「但在限制中尋找突破的可能是一件有趣的事。」與此同時，他也傾向做一個完整的設計 —— 結合建築項目與室內設計，而且身為藝術愛好者，他還希望能在建築項目和室內設計中灌入一絲美學氣息。

將藝術融入生活，相信並不是掛上一幅畫就可以，怎麼才能真正把藝術與美學融入其中呢？廖偉廉的笑容依舊溫和，只見他想了想，然後不緩不急地說：「藝術的表現於我而言有兩種，一種是形，就像雕塑般的形態；另一種是空間，就是創造一些有趣的空間。」

廖偉廉喜歡富有表現力的藝術呈現，而位於銅鑼灣的 V Point 和尖沙咀的 Iceberg 就是他比較喜歡的兩個建築項目，有如巨型雕塑般，展現出他心底裏的一絲狂。

廖偉廉近年的另一個項目 Ham Tin Villas 就與 V Point 和 Iceberg 大有不同。Ham Tin Villas 位於大嶼山南岸，毗連貝澳沙灘。背山面海，原生樹木與溪流潺潺散發着清幽氣息，不見都市的忙碌，盡是優美與恬靜，彷彿更貼近他的平和。

對廖偉廉而言，「每個類型的項目都有不同的約束與發揮空間。」不同於高密度的城市空間，Ham Tin Villas 身處於大自然中，設計走簡約路

| | | 1 | 受冰山的外形啟發,以橫向的折面玻璃幕牆組成;白色陶瓷塗層結合具反射性的玻璃,為建築提供多維的外貌。
|1|2|3| |
| | |4|2 建築的外形設計靈感來自寶石,玻璃外牆以不同角度反射四周景色,帶來猶如萬花筒般的視覺效果。
| | | |3 每棟別墅都坐落在廣闊的花園空間內,讓大自然流入和流出生活空間,模糊了內外的界限。
| | | |4 別墅採用實牆和玻璃牆的對比設計。透明的全高玻璃提供了集中的視野和與花園區域的聯繫。

線,以白色為主調的外牆,透着一絲純淨。大量落地玻璃窗貫穿整個設計,加強透通性,遠遠望去,就像一個玻璃盒子。兩層半高的設計中,還有一個平台花園,直接與大自然對話,像林中小屋般,讓人享受一刻靜謐。

從創業走到現在,已有二十逾年,回想起初入行的 1990 年代,大眾對設計的理解和追求以實用為主,有時更在乎室內的設計多於建築外形;踏入二十一世紀後,廖偉廉表示,大家更着重於一種體驗。打開 ARK 的網站,簡單的一句「CREATING EXPERIENCES, PLACES AND LIFESTYLES」,表達了他對建築與設計的理解。面對轉變,他深知作為建築師,需要不停進修,不能停留在原地。

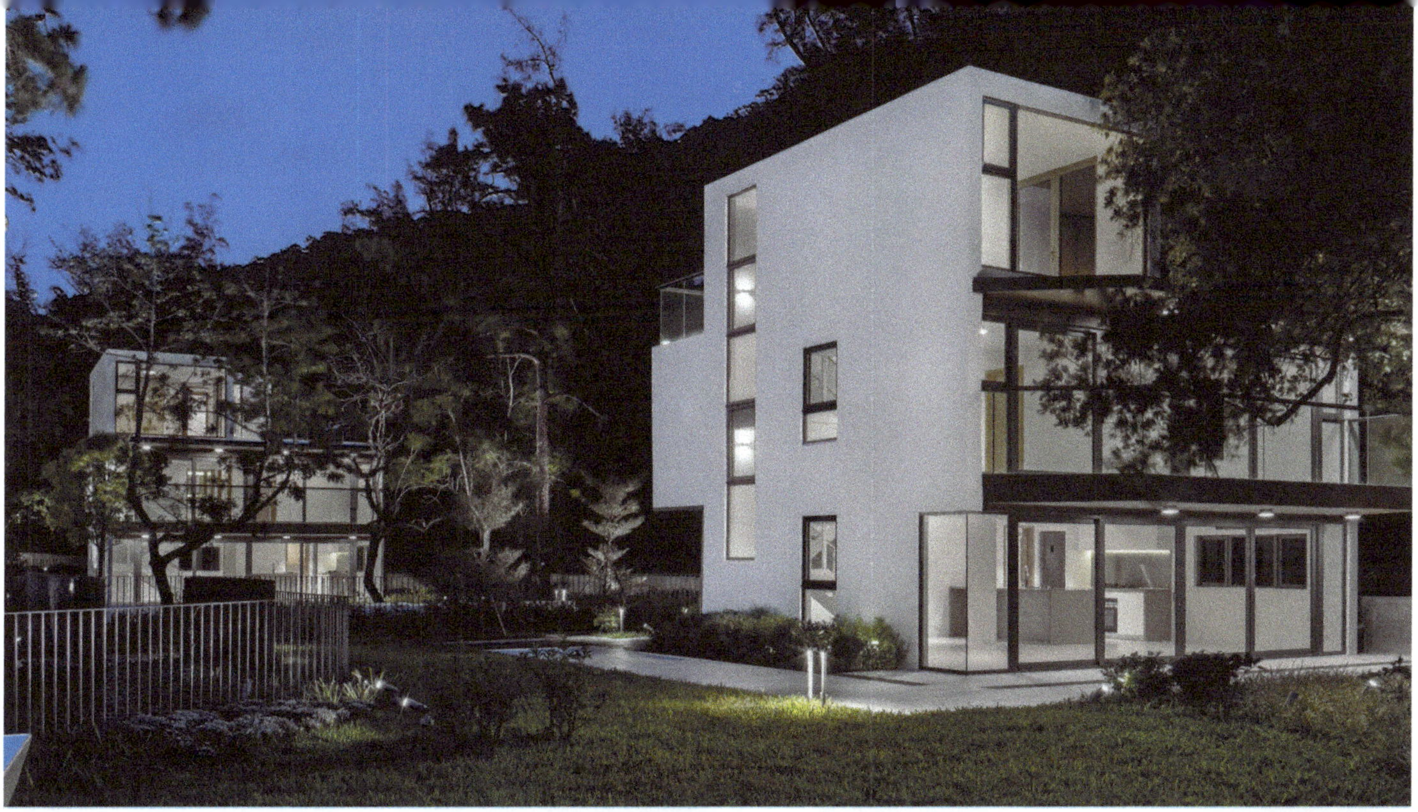

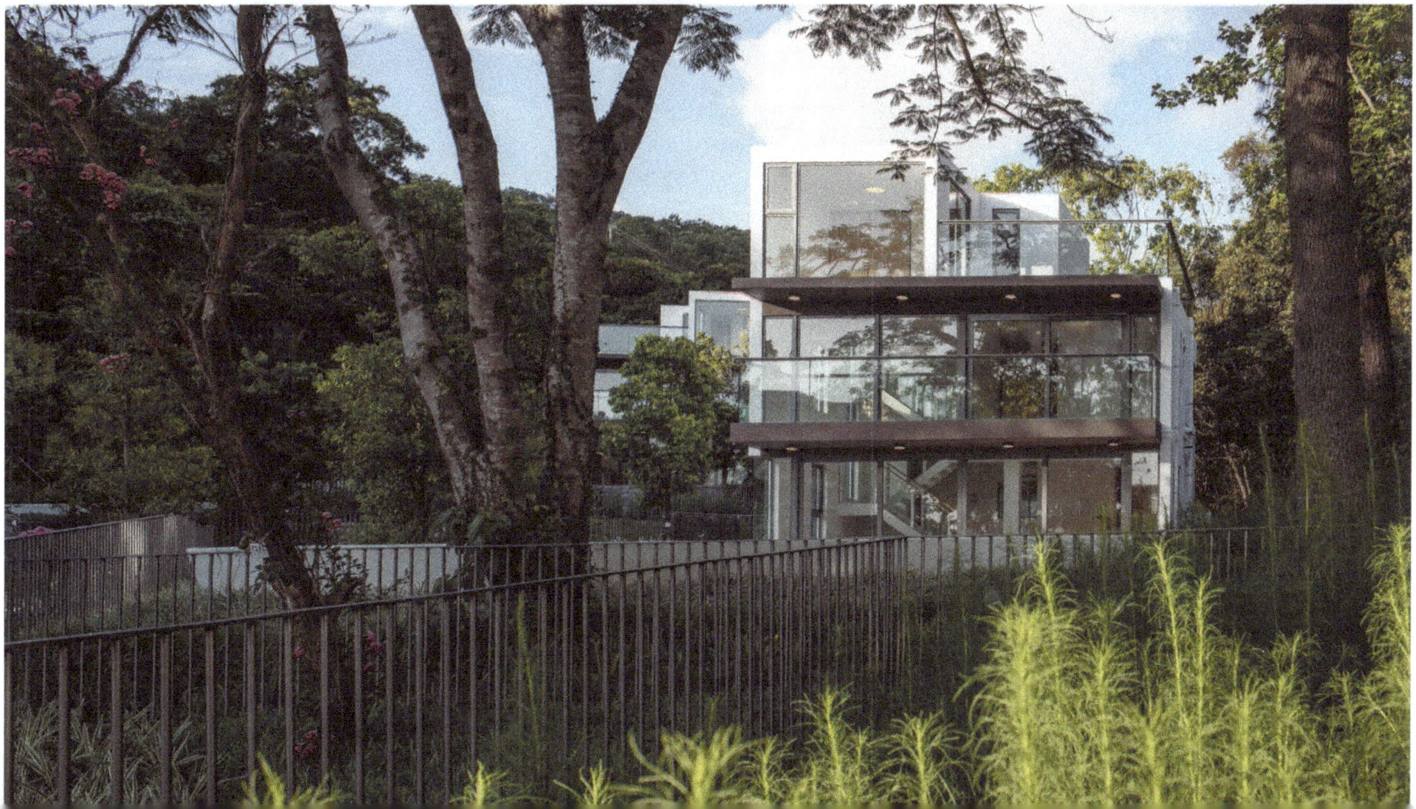

給年輕建築師一個機會

除與個別建築師訪談，我們的團隊有幸趕及在香港新冠病毒大爆發前夕，即嚴厲執行限聚令前的星期日，舉辦了現場及結合視像的座談會；內容圍繞年輕建築師的創業機遇及小型公司如何壯大等等問題；席間，聽取與會者的現身說法與實戰經驗，讓大家知己知彼，有所得着。

我們還邀請了長久以來支持年輕建築師及倡議建築設計比賽的幾位資深建築師，他們是：蔡宏興、陳翠兒、陳麗喬，與較年輕的建築師：李昭明、阮文韜、吳鎮麟、謝怡邦、梅詩華、陳嘉麗，以及一些較有經驗的建築師如張豔芬、余嘯峰、廖偉廉、歐暉、彭耀輝分享得失。筆者亦留意到當中幾位是參加公共戶外雕塑比賽的常客，他們也因而步入另類建築的發展道路。除此之外，當中更有不少是透過贏取建築設計比賽，從而踏上人生坦途。

在這個集合不同年代建築師的平台上，大家感受到彼此真誠的分享及專業的識見，亦聽到懇切的建議及無私的奉獻，這些可貴的交流一一記錄在這個章節⋯⋯

陳翠兒：我們的建築師為了生存，從很多不同的出路去成就創意，包括不少建築師都是透過參加比賽，實踐意念，他們才比較能夠得到公眾注意。

謝宜邦：比賽於我而言是一個探索，尤其是在沒有甚麼事情可做時，可以藉此下一點功夫、花點心思思考。與此同時，比賽的好處就是有一個很完整的概念支撐設計。

余嘯峰：偶爾會參加香港或內地的比賽，但整體而言不算多。現在國內不論是公營機構，還是私營機構，時常都是透過比賽取得項目，其實這是一個不太健康的狀態。有很多比賽吸引了過百間建築公司競逐一個私人項目，就算最後選出前三名，最終設計的決定權還是在發展商手上。試想一下，他們就這樣一下子拿到了逾百份設計，而且每一個設計都構思得相當成熟了⋯⋯所以我們大多傾向直接委託熟客。

張豔芬：比賽從某程度而言，就是從收到的一百個設計中僅僅挑選一個，其實是資源浪費。

陳麗喬：其實參加比賽與否也是願者上鈎，這是自己決定的。輸了未必是浪費，從中或許也有得着。

歐　暉：近年我對比賽比較挑剔。五年前、十年前，我連一些海外的比賽都會參加，一來項目有趣，二來容易找到一些靈感和想法。後來發現參加海外比賽贏面較低，但如廖偉廉所說，這些設計提案都是資源。近年發現香港多了很多本地比賽，那是好事。

彭耀輝：參加比賽前，其實公司也開了五六年，主要還是做一些改建和加建的項目和室內設計。因為以前香港的比賽大多需要受邀參加，所以參加比賽的機會也不多。直到見到西九的比賽，那是一個香港本地公司都可以參加的比賽，當下馬上產生興趣。

李昭明：以前在英國讀書，經常和同學參加比賽。但當時是痛苦的，因為就算贏了，也未必能夠執行。比如有一次我們參加港珠澳大橋的比賽，贏了 Norman Foster 和 SOM，拿了第一，但這個項目最終不會交給一間這麼年輕的公司去做。

馮永基：以前參加比賽，即使贏了也未必有機會實踐，到後來可以付諸實行了，背後其實有很多人在努力爭取。時代不同了，從小項目開始，慢慢做大，也是一個好嘗試。

廖偉廉：其實客戶的投資是一個很大的信任，但前提是能給客人信心，別人才會相信你。對於較年輕的公司，大多是從小項目做起，其實也很不容易。

蔡宏興：如果説參加一個建築比賽，建築師贏了，卻無法實踐意念，又或是沒有接過大規模、複雜一點的項目，就認為那位建築師不值得被信任，其實也很可惜。回看霍朗明，他建香港滙豐銀行總行之前，也沒建過超過三層樓的房子，但他依舊拿下項目，讓客戶投資。我們在這麼多年以來，卻一直容許贏了比賽卻無法實踐的事發生，這是需要反思的。

陳翠兒：其實比賽這件事，到現在也未成為一種氣候和文化。舉個例子，北歐規定所有公共建築都要拿出來做比賽，透過比賽去投標。或許這個做法對於香港建築師而言很驚訝。我當時訪問過一些北歐的年輕建築師，我問他們一個問題：「你們這麼年輕，贏了一個這麼大型的比賽，在執行上有沒有難處？」原來在北歐，這群年輕的建築師會得到政府很大的支持，比如背後會有很多有經驗的建築師，不管是在分工、行政，還是執行上，都會給予支持，因為政府知道這群年輕建築師的天賦在於創意和創新，所以會支持他們。

阮文韜：由比賽到能否得到實踐，那是從結果去想。我們經常説有競爭才有好設計，但其實我們並不是活在一個二元的社會中，而是一個資源整合的社會。所以除了透過比賽去讓自己進步，我認為往後值得探討的還有一件事 —— collaboration，即合作。我覺得有時我們需要的未必是競爭，而是合作。

李昭明：合作是對的，說得坦率一些，在讀建築時，我們經常要批判對方，就算項目多好，也要挑一些不好的東西來說，這好像是我們的天性。來到三十多歲這個年紀，逐漸發現也要懂得欣賞行家的作品，學校未必會教我們如何去欣賞別人，反而會教怎麼批判別人的作品，但學會欣賞對方，尊重對方，其實對行業也是好的。

吳鎮麟：香港人總是墨守成規，總要有標準答案，但其實這是錯誤的假設。近十年，大家的接受能力都高了，相信可以改革一個固有的東西、一些大家害怕的東西——那就是變，現在是一個適合變的時候。就好像我們現在的同事，除了建築師，還有室內設計師、社會學等不同專業的人一起去做建築，而這件事很適合在香港這個彈丸之地去做。

阮文韜：現在的世界已經與二十年前不一樣了。有時候完成了設計，準備要建一棟樓，你會發現有很多東西不是建築師可以控制，所以除了建築師與建築師之間的合作，還得和材料商、製作商合作。比如說，一棟建築該怎麼建出來，用甚麼組裝方法，當我們不知道還有沒有其他新方法時，客戶未必有最大得益。關於我們究竟要怎麼和不同界別的人合作、探索一些新的建造方法、環保的建築方法等，我相信香港的建築師也在走這條路，但還沒去到一個非常理想化的層次，很多時候我們還在應付一些框架內或者法律上的東西。如何有效推動我們和行家的合作、與建造商的合作、跟大公司的合作，這些問題很值得探討。

蔡宏興：這本書是關於建築的，我會思考室內設計算不算建築？我們看建築還是處於一個很狹隘和荒蕪的看法。我們做建築時，都有一個審美標準，但除了重視外在，還需要關心如何做一個能讓人好好生活的環境。當我們在街上看到一個建築，它的優點未必只流露於外表，內在一樣重要。

馮永基：建築應該是多元的，室內設計未必是一個貶意，不論是建築還是室內設計，同樣有價值。

陳麗喬：我認同有時我們對建築的看法太過狹義。建築一定要有造型嗎？地鐵是不是建築？很多人一開始做設計時，就怕別人看不到；到後來做建築，就怕別人看得到。其實甚麼時候應該用力，甚麼時候應該謙讓，都是需要思考的，比如建在別人的地標旁，是不是一定要鬥搶眼？忍讓的建築可以有很多種態度，小的也可以很好看。如果我們只是專注於誇張的造型，其實我們也比不上別人，但我們的厲害之處，就是在這種情況下也可以做到特別的作品。

阮文韜：重要的是，近二十年這群香港建築師在做甚麼？有時將界限放太大也是一個侷限。我覺得香港建築師在亞洲而言，是處於弱勢的。在硬件上，當其他地方的建築師在建房子，我們未必有空間去做這件事，反而百分之八十的建築人在香港都是室內設計師。這個世界天外有天，我們首先要清楚知道自己在整個亞洲的位置。

陳翠兒：相比其他地方的建築師，我們是弱勢，這點對建築界來說也是一個警鐘。這不僅是年輕建築師有沒有發揮空間的問題，而是整個專業有沒有未來可言。十幾年前，從嚴迅奇的時代開始，香港的情況就是沒有一個土壤可以培育我們未來的年輕建築師或下一代，這個問題依然存在。

余嘯峰：我在2003年創業，當時內地的發展比較快，但大部份的設計院都不像香港建築師這麼有經驗與細心，這裏的經驗指的可能是與國外公司合作或是所接觸過的項目等，所以相對來說，我們的優勢比較大。當然，過了二十年後的今天，我們不能再說同一番話，現在的設計院已經很厲害了。

陳麗喬：以1980年代為例，香港人在內地人眼中是天之驕子。後來我們看到的是，別人走得很快，甚至比較下來我們或許會自卑，但不需要怕。我想說的是小建築也有大意義，香港人不一定要跟別人鬥有趣、鬥有型。

吳鎮麟：香港很小，但很適合實踐，而且很容易遇到古靈精怪的人。正

如我們會做很多設施和室內設計等,不僅僅集中於建築本身和建築外形……我覺得建築是包括整個裏裏外外。

謝宜邦:香港很極端,東西要不就很小,要不就很大,那是一個很對立的空間,就算在曼哈頓都沒有這麼對立。近幾年,我越來越注重小的建築,因為從小空間中,反而可以更直接看到建築空間與人之間的關係。

張豔芬:從前很多決策都是由上至下,現在看到的變化是多了很多機會「由下至上」。就算我們未必做到很大型的項目,還可以和大公司合作,做整個建築的室內設計,有時往往就是因着這些機會,得以從室內設計開始,再回頭去做建築,所以也不要太過小看室內設計。正如 Q 姐(陳麗喬)所說,香港人最厲害的地方,就是在縫隙中找自己發光發熱的位置。

歐　暉:我覺得現在很多年輕建築師都能找到自己的路,比如說 LAAB Architects,雖然不是做傳統意義上的建築為主,但也能殺出一條血路,畢竟建築也有很多層面。再者,建築作為一門專業,要怎麼持續發展,我覺得是靠自己的熱情找到自己的路。

陳翠兒:來到了這個年代,建築作為專業已經開始慢慢出現改變,不再像傳統般只一味執行或建造一個建築,而是擴展到念及一個空間營造的影響和改變。這可以說是香港建築師被環境逼出來的創新想法。我們要去想:「What is the future of architecture?」剛剛談及比賽,其實比賽不僅是比賽,它理應是連繫社區和市民,關於我們未來的建築、未來的城市,甚至關乎下一代,而不只是單純的建築比賽。馮永基這本書在這個時刻出版很重要,重點不是說只看幾件精彩的建築,而是關於我們是否能為這裏將來的建築師培育一個土壤。

馮永基:為甚麼會出現這本書,其實就是想告訴香港市民,香港建築與他們息息相關。與此同時,建築並不一定要很高深,也可以是在地的。所以本書想以旅遊的角度出發,輕鬆的帶讀者認識建築。就正如梅詩華的幾個空間營造項目,能讓香港市民認識到好的建築不一定出自世界名家,簡單來說,就是想帶出平常人、平常事的精神價值。

梅詩華:這兩年我經常問自己:Are we ready? Ready to be ourselves? 我相信大家喜歡建築是因為它具有約束力,而這些約束就是來自你的城市與制度,好玩的地方就是如何讓一些事情在其間發生。我想我是在座之中最常被誤會不是建築師的建築師,但我會嘗試去和自己說,這就是一個探索的過程。

阮文韜:建築師一直都是一門專業,但現在變得越來越不像專業。其實我們是一個資源整合者,我們所面對的問題已經不再是怎麼令到一座建築不倒這麼簡單,而是要做很多關於客戶的研究,幫他們了解市場。如果說我們的客戶是政府,我們就要幫他們了解市民的需求。

梅詩華:談起建築,我們很習慣去想怎麼建造「自己」的建築,隨之就會忽略了身處城市的建成環境。我經常想,建築師不是一個促進者嗎?我們不應該着重樹立明星建築師,尤其是在教育上。以我喜歡的包浩斯為例,那不只是興建一棟建築,而是一個未來。做建築師需要具備前瞻性的思維去思考這個世界,甚至思考生活模式應該是怎樣的。這就是我對建築教育的看法。

阮文韜:在座有不少建築師都有在外國讀書或工作的經驗,這個潛台詞是否解釋了香港本身的建築教育不太成熟?我的問題是:大家受了不少外國文化的薰陶,想將外國那套搬來香港,這其實很影響我們自己所做的東西。反觀香港的教育體系,可能老師也是外國人。我會由此思考,我們的教育和訓練問題到底出自哪裏?為甚麼要經歷這麼多外國的教育和洗禮才有現在的局面?現時建築教育教的不是去做一些未來的東西,而是關於三四十年前這個世界怎麼運行,那是一個來自外國的系統,不是為了香港而設的系統。這未必是一個批判性的問題,但是一個很有趣的現象。

陳麗喬:我是百分百土生土長的香港人,在我看來,不一定是某種模式

才會產出特定的東西。在我的年代，沒有人玩比賽，簡報技巧又不夠，甚麼都不會。但我很自豪，我很自豪自己參加比賽輸了，因為每次輸了就有反思的空間，也練就了不認輸的態度。

梅詩華： 中西合璧其實就是我們成長的文化，我們能夠融會兩邊的文化去尋找自己的特色，這就是我們要面對的，就像Q姐（陳麗喬）經常提及的「執生」。

蔡宏興： 現在回頭做三十年前的東西當然會失敗，但其實講到合作，不看科技，不看環境，每個年代都有不同年代的方法。在我看來，design and build 沒有限制，在創意上也沒有。

謝宜邦： 建築本身好像是一個偏向西方的學科，我中學就出國了，回來香港後，忽然有個感覺就是要重新認識這個地方，所以展開了一個研究項目，叫作「Middle Man Hong Kong」。這個項目主要拍了十二條影片，每條影片分享香港其中一個元素，而命名為「Middle Man」，也跟香港本身的特色有關。首先，香港是一個東西文化融合的城市，其次，香港在商業上也處於一個中間人的角色。我們地少，沒有產業鏈，沒有自然資源，很多時就是靠「可行性」去動員不同的東西，而這個想法與建築很像，所以當時就拿了這個主題去看香港的建築。

梅詩華： 在我們的城市中，有很多空間都會被忽視。我記得當時做完一個位於天台的球場，有個朋友就發信息跟我說，「我看着這個球場二十多年，從來沒想過會變成這樣。」我們的城市不像國外擁有很大的空間，一般人家裏都沒有花園，讓你去和不同人打招呼。不過我們的城市有很多地舖，我們有些項目就將這些空置的地舖變成限定的社區中心。美國社會學家 Ray Oldenburg 曾經說過，每一個社區，都應該有一個第三空間。那在我們身處的地方，它的第三空間（Third Space）是甚麼呢？這些地舖是否就是答案呢？

陳嘉麗： 從小在香港長大，但直到讀完建築後，才慢慢理解建築或設計帶給地方的價值，而這個價值是難以量化的。比如說，我們透過比賽贏得一個天文台的項目，我們的角色就是用一個有創意、設計的理念，為這個碼頭增加價值。同時，我也會想對於一個用家來說，他們可以從這個設計中得到一些甚麼呢？至於市民怎麼知道這個地方透過設計增加了價值，就得讓市民自己去體驗。

梅詩華： 提及用家，經常會聽到有人說香港人不知道怎麼去使用空間，我就會反過來想，你有沒有告訴他們怎麼用？我們沒有鼓勵用家去問問題，你問他們喜歡甚麼，他們自然未必能夠回答，答案可能只介乎於美與不美之間。這是關於教育和文化的問題，我們從來沒有將建築應用在公眾教育上，這是否值得我們反思呢？
因此讓公眾一起參與建築的設計，可以促進和推動對建築的理解，設計時更貼合大家的需求。我曾做過一個印象非常深刻的項目，那是一個公廁項目，其中有一位輪椅人士給我們提意見。通常談及殘疾人士洗手間，我們下意識想到的是這些洗手間只有一格，輪候時間會很長，沒想到那位女士提出的是，為甚麼殘疾人士洗手間的洗手盆沒有鏡子和化妝台？她們也有化妝的需要。其實我們不能獨善其身，不能單純地覺得解決了空間的問題就算，而應思考是否需要利用設計去改變行為，讓大家擁有好一點的生活質素。世界的問題都是互相連繫，比如一個古建築物，不是找一個非牟利機構進來經營就算。

張豔芬： 這就是一個如何讓建築延續的關鍵之處。

蔡宏興： 這牽涉對建築物生命週期的關心。我們的建築師經常說，把建築做完了就走，但如果找一個新的項目是如此困難，而手上又已經有一個客人了，這個建築也一定有它的生命週期，為甚麼我們不保留這個關係？為甚麼我們不把跟每一位客人的關係變成一個長期的服務呢？這是我們的致命傷。

後記

為甚麼我要出版這書

筆者從中大建築系退休後,已有出版這書的心願。隨後因為教授水墨畫及頻密的展覽,計劃一直被擱置……

2020年的一個星期日,從《明報》看到一篇有關本地公共建築的報道,突然感觸良多。

筆者感慨報道中一位傑出的建築師快將退休,同時聯想到香港應該還有更多不為人知的優秀建築師,到底有誰願意講述他們的故事?

要完成這本書,確是一大工程,需要有人物專訪經驗的助手。筆者非常感謝兩位有心有力的年輕人,自願加入工作團隊:徐子晴及侯穎賢並肩走訪幾十間本地建築師事務所,並分擔了最繁重的專訪記錄及撰寫內文。另外還要感謝李培基建築師及丁新豹博士樂意擔任顧問,施琪珊建築師及陳維正建築師負責平面設計,並得董正綱建築師借出其攝影珍藏,用於扉頁,令書本的資料更為豐富及美觀,以還多年心願,最終計劃2022年正值筆者年屆七十時出版這書。

這一代建築師

本書啟發自香港建築師學會出版的《熱戀建築：與拾伍香港資深建築師的對話》及《筆生建築；29 位資深建築師的香港建築》，兩本都是介紹香港建築大師的專書。這本《你所不知的香港建築故事》，可視為香港新晉建築師的介紹。主角為中生代及年輕代，以設計作品為引子，剖析設計者內心的故事。

在此多謝幾十位建築師朋友及其同事的妥善安排，讓我們在疫情前後，皆有充裕時間完成每一個訪問；同時團隊兩位年輕助手能藉此認識到她們的偶像，並與他們合照，亦大有收穫。

撰寫這本書的內容，需要靠親身與各位建築師做專訪。除了馬不停蹄走訪幾十間建築師事務所，亦需要耐心等待各公開建築比賽結果出爐，好讓我們訪問新晉得獎建築師。中途更遇上嚴峻疫情，導致尾段訪問壓縮為圓桌形式，或透過視像集體進行；當中牽涉六十位建築師的對談，輾轉共花了一年時間才完成，以趕及 2022 年夏季書展出版。

透過面談，筆者深深體會到各位建築師即使投身行業多年，依然熱情無減，繼續履行建築使命；在此要特別感謝熱心的建築師們所提供的寶貴建議。參觀建築師的工作室，由工作室設計與裝潢皆可體現建築師的喜好和品味，可說是別具風味。例如當中一個工作室，位於柴灣的平凡廠廈，外觀普通，甚至有點齷齪，惟踏入大門，便傳來拉丁風情的心靈音樂，配以紅酒、白酒、三文魚，沉澱於波希米亞的浪漫不羈，有點兒像紐約東村當年的末世情懷。筆者與主人曾是紐約過客，在四小時的訪問中，只覺惺惺相惜，懷緬從前，光陰飛逝，憶苦思甜。

四個收穫

好不容易才完成這書，很欣慰能為這城市帶來四個收穫：
（一）為香港記下不為人知的建築師故事；
（二）理解個別建築師的人生觀及欣賞建築背後的理念；
（三）傳播正能量；
（四）無價的友誼。

最後萬分感謝中華書局（香港）有限公司的支持，才得以講述這約七十個你所不知的香港建築故事。

鳴謝

陳維正

侯善恒

李培基

施琪珊

薛求理

丁新豹

董正綱

王福義

王永輝

王斯琪

葉婉玲

參考文獻

余震宇:《上半山・下中環:一個城區的蛻變》(香港:中華書局,2017)。

林中偉:《建築保育與本土文化》(香港:中華書局,2015)。

建築遊人:《築覺:閱讀香港建築》(香港:三聯書店,2013)。

香港建築中心:《筆講建築:當城市、人文、自然遇上建築》(香港:三聯書店,2021)。

香港建築師學會:《建築宏圖》(香港:香港建築師學會,2006)。

香港建築師學會:《筆生建築:29位資深建築師的香港建築》(香港:三聯書店,2016)。

香港設計中心:《香港城區設計散步》(香港:商務印書館,2012)。

高馬可:《香港簡史》(香港:中華書局,2013)。

高添強:《香港今昔》(香港:三聯書店,1994)。

陳翠兒、蔡宏興:《空間之旅:香港建築百年》(香港:三聯書店,2005)。

單霽翔:《宅茲香港:活化歷史建築》(香港:中華書局,2022)。

馮永基:《誰把爛泥扶上壁:你所不知的香港建築故事》(香港:中華書局,2016)。

魯金:《九龍城寨史話》(香港:三聯書店,1988)。

劉智鵬:《香港早期華人菁英》(香港:中華書局,2011)。

龍炳頤:《香港古今建築》(香港:三聯書店,1992)。

薛求理:《城景:香港建築 1946-2011》(香港:商務印書館,2014)。

饒久才、王福義:《香港林業及自然護理:回顧與前瞻》(香港:郊野公園之友會,2021)。

饒久才:《香港的地名與地方歷史》上(香港:天地圖書,2011)。

饒久才:《香港的地名與地方歷史》下(香港:天地圖書,2012)。

Bing Thom Architects, *Bing Thom Works* (New York: Princeton Architectural Press, 2011).

Chris van Uffelen, China: *The New Creative Power in Architecture* (Switzerland : Braun Publishing, 2019).

James Saywell, *Presence: the architecture of Rocco Design* (Hong Kong: MCCM Creations, 2012).

Ulf Meyer, *Architectural Guide 2021 Hong Kong* (Berlin: DOM publishers, 2013).

你不所知的香港建築故事

主編	馮永基
作者	侯穎賢　徐子晴

責任編輯	白靜薇
裝幀設計	陳維正　馮永基　施琪珊
排　　版	簡雋盈
印　　務	劉漢舉

出版
中華書局（香港）有限公司
香港北角英皇道四九九號北角工業大廈一樓 B
電話：(852) 2137 2338
傳真：(852) 2713 8202
電子郵件：info@chunghwabook.com.hk
網址：http://www.chunghwabook.com.hk

發行
香港聯合書刊物流有限公司
香港新界荃灣德士古道 220-248 號
荃灣工業中心 16 樓
電話：(852) 2150 2100
傳真：(852) 2407 3062
電子郵件：info@suplogistics.com.hk

版次
二○二二年七月初版
©2022 中華書局（香港）有限公司

ISBN
978-988-8807-44-4

www.ingramcontent.com/pod-product-compliance
Lightning Source LLC
Chambersburg PA
CBHW061130010526
44117CB00024B/2999